遵义医科大学优秀著作出版资助项目

社会主义核心价值观融入大学生思想政治教育研究

邢瑞娟 王纪鹏 著

Shehuizhuyi Hexin Jiazhiguan Rongru
Daxuesheng Sixiangzhengzhi Jiaoyu Yanjiu

中国社会科学出版社

图书在版编目（CIP）数据

社会主义核心价值观融入大学生思想政治教育研究／邢瑞娟，
王纪鹏著.—北京：中国社会科学出版社，2020.12
ISBN 978 - 7 - 5203 - 7685 - 3

Ⅰ.①社… Ⅱ.①邢…②王… Ⅲ.①大学生—思想政治
教育—研究—中国 Ⅳ.①G641

中国版本图书馆 CIP 数据核字（2020）第 268579 号

出 版 人 赵剑英
责任编辑 田 文
责任校对 张爱华
责任印制 王 超

出 版 中国社会科学出版社
社 址 北京鼓楼西大街甲 158 号
邮 编 100720
网 址 http://www.csspw.cn
发 行 部 010 - 84083685
门 市 部 010 - 84029450
经 销 新华书店及其他书店

印 刷 北京君升印刷有限公司
装 订 廊坊市广阳区广增装订厂
版 次 2020 年 12 月第 1 版
印 次 2020 年 12 月第 1 次印刷

开 本 710 × 1000 1/16
印 张 21.75
插 页 2
字 数 325 千字
定 价 118.00 元

凡购买中国社会科学出版社图书，如有质量问题请与本社营销中心联系调换
电话：010 - 84083683

序

孙熙国[*]

如何把社会主义核心价值观融入思想政治教育，是新时代思想政治教育面临的重大课题。遵义医科大学邢瑞娟教授、王纪鹏教授的新著《社会主义核心价值观融入大学生思想政治教育研究》即将出版，邀我写序。恭敬不如从命，我读了以后，认为该书有以下几个特点。

一是很强的前瞻性。该书立足时代实践，紧扣时代脉搏，将社会主义核心价值观培育与思想政治教育结合起来，从研究思路、研究内容、研究方法上对社会主义核心价值观融入大学生思想政治教育进行了形而上的理性探析和形而下的对策研究。问题意识突出，前瞻性强。

二是一定的系统性。该书较为系统地论述了社会主义核心价值观融入大学生思想政治教育的理论与实践问题。从社会主义核心价值观的理论渊源及其形成入手，重点探究社会主义核心价值观融入大学生思想政治教育所遵循的基本原则与所采取的实践路径，最后提出实现社会主义核心价值观融入大学生思想政治教育的长效机制。

三是较强的理论性。该书运用马克思主义基本原理作指导，立足中国特色社会主义实践，厘清社会主义核心价值观的基本理论，廓清

[*] 孙熙国，北京大学马克思主义学院教授、博士生导师，北京大学习近平新时代中国特色社会主义思想研究院常务副院长，中央马克思主义理论研究和建设工程"中国哲学史"课题组首席专家，国务院学位委员会马克思主义理论学科评议组成员，教育部马克思主义理论类专业教学指导委员会副主任委员。

了在一些重大理论问题上的迷雾，有较大的理论价值。

四是实现了理论研究与实践研究的紧密结合。该书运用问卷调查法、访谈法、文献研究法和理论联系实际等研究方法，实现了理论研究与实践研究的紧密结合。研究中既有社会主义核心价值观融入大学生思想政治教育的理论基础和科学依据，又有社会主义核心价值观融入大学生思想政治教育的现实基础和实践路径，从而保证了研究的理论基础和现实基础。

总之，《社会主义核心价值观融入大学生思想政治教育研究》在理论与实践、历史与现实紧密结合的基础上，阐释了新时代我国主流意识形态建设的特点规律，为新时代社会主义核心价值观的培育和践行提供了理论支撑和实践借鉴。

2020 年 11 月 20 日

前　　言

　　2012 年，党的十八大报告提出，"倡导富强、民主、文明、和谐，倡导自由、平等、公正、法治，倡导爱国、敬业、诚信、友善，积极培育和践行社会主义核心价值观"。2013 年底，中共中央办公厅印发了《关于培育和践行社会主义核心价值观的意见》，明确指出要把培育和践行社会主义核心价值观融入国民教育全过程。2017 年 2 月，中共中央、国务院印发《关于加强和改进新形势下高校思想政治工作的意见》，明确指出："要培育和践行社会主义核心价值观，把社会主义核心价值观体现到教书育人全过程，引导师生树立正确的世界观、人生观、价值观，加强国家意识、法治意识、社会责任意识教育，加强民族团结进步教育、国家安全教育、科学精神教育，以诚信建设为重点，加强社会公德、职业道德、家庭美德、个人品德教育，提升师生道德素养。"可见，把社会主义核心价值观融入大学生思想政治教育成为当前重要的时代命题，由此也萌生了我出版此书的心愿。

　　本书主要内容包括导论部分和正文六章。

　　导论部分主要对选题依据、研究内容、研究重点与难点、研究思路与方法等进行了逐一分析、归纳与概括。

　　第一章：社会主义核心价值观的理论渊源。本章主要从两个方面梳理了社会主义核心价值观的理论渊源：一方面，马克思主义经典作家关于社会主义的价值追求与实践探索是社会主义核心价值观的理论基础。另一方面，中华优秀传统文化是涵养社会主义核心价值观的重要源泉。

第二章：社会主义核心价值观的形成及其与社会主义核心价值体系的关系。本章首先探究了中国共产党人关于社会主义核心价值观的接力探索，使得社会主义核心价值观得以形成。其次，论述了社会主义核心价值观的内涵、特征及其与社会主义核心价值体系的关系。

第三章：社会主义核心价值观融入大学生思想政治教育的必要性。本章首先通过对部分高校大学生问卷调查、访谈等途径考察当前大学生思想政治教育状况和价值观现状，找出所存在的问题；其次，对存在问题进行原因剖析；最后重点从五个方面探讨社会主义核心价值观融入大学生思想政治教育的必要性。

第四章：社会主义核心价值观融入大学生思想政治教育的原则。本章首先探究价值观形成的内在机理及其形成过程；其次，对影响大学生价值观形成的外在因素进行了分析；最后指出社会主义核心价值观融入大学生思想政治教育要坚持以人为本原则、坚持理论灌输与实践体验相结合原则、坚持显性教育与隐性教育相结合原则、坚持解决思想问题同解决实际问题相结合原则。

第五章：社会主义核心价值观融入大学生思想政治教育的实践路径。本章是本书的重点部分，主要从四个方面进行了探究，即：以社会主义核心价值观为主旨加强高校思想政治理论课课堂建设、以社会主义核心价值观引领高校校园文化建设、以社会主义核心价值观为指导加强大学生社会实践、以社会主义核心价值观为主导推进高校网络思想政治教育阵地建设。

第六章：探究社会主义核心价值观融入大学生思想政治教育的长效机制。本章重点从五个方面深入探究，即：加强理论研究，为大学生社会主义核心价值观教育提供学术涵养；改革教育方式方法，为大学生社会主义核心价值观教育搭建平台；加强教师队伍建设，为大学生社会主义核心价值观教育奠定人才基础；健全管理机制，为大学生社会主义核心价值观教育提供制度保障。

本书的突出特色是从理论层面与实践层面对社会主义核心价值观

融入大学生思想政治教育进行系统地探索，既有对社会主义核心价值观融入大学生思想政治教育原则、长效机制等理论方面的探究，也有对社会主义核心价值观融入大学生思想政治教育实践路径的研究。大致说来，主要表现为以下三方面：

一是对社会主义核心价值观融入大学生思想政治教育的系统性研究。本书针对大学生思想政治教育状况和价值观现状，从社会主义核心价值观融入大学生思想政治教育的必要性入手，重点探究社会主义核心价值观融入大学生思想政治教育所遵循的基本原则与所采取的实践路径，最后探究社会主义核心价值观融入大学生思想政治教育的长效机制。该研究具有一定的系统性。

二是对社会主义核心价值观融入大学生思想政治教育实践路径的探究。本书主要从四个方面进行了重点探究：第一，以社会主义核心价值观为主旨加强高校思想政治理论课课堂建设；第二，以社会主义核心价值观引领高校校园文化建设；第三，以社会主义核心价值观为指导加强大学生社会实践；第四，以社会主义核心价值观为主导推进高校网络思想政治教育阵地建设。这一探究具有一定的启发性与现实性。

三是对社会主义核心价值观融入大学生思想政治教育长效机制的探究。本书从四个方面对社会主义核心价值观融入大学生思想政治教育的长效机制进行了深入探究：第一，加强理论研究，为大学生社会主义核心价值观教育提供学术涵养；第二，改革教育模式，为大学生社会主义核心价值观教育搭建平台；第三，加强教师队伍建设，为大学生社会主义核心价值观教育奠定人才基础；第四，健全管理机制，为大学生社会主义核心价值观教育提供制度保障。这一探究较为新颖。

目　　录

导　言 ……………………………………………………（1）

一　选题依据 ……………………………………………（1）

（一）国内外相关研究的学术史梳理及研究动态 ……（1）

（二）研究的学术价值和应用价值 …………………（4）

二　研究内容 ……………………………………………（5）

（一）研究对象 ………………………………………（5）

（二）总体框架 ………………………………………（5）

三　研究重点与难点 ……………………………………（6）

（一）研究重点 ………………………………………（6）

（二）研究难点 ………………………………………（7）

四　研究目标 ……………………………………………（7）

五　研究思路与方法 ……………………………………（7）

（一）研究思路 ………………………………………（7）

（二）研究方法 ………………………………………（8）

六　创新之处 ……………………………………………（9）

（一）研究内容创新 …………………………………（9）

（二）研究方法创新 …………………………………（9）

第一章　社会主义核心价值观的理论渊源 ……………（11）

第一节　马克思主义经典作家关于社会主义的价值追求与
　　　　实践探索是社会主义核心价值观的理论基础 ……（12）

一 马克思、恩格斯关于社会主义的价值追求 ………（13）

二 列宁关于社会主义的价值追求与实践探索 ………（34）

第二节 中华优秀传统文化是涵养社会主义核心价值观的

重要源泉 ………………………………………（49）

一 中华优秀传统文化是社会主义核心价值观的

文化根基 ………………………………………（49）

二 中华优秀传统文化是社会主义核心价值观的

思想源泉 ………………………………………（55）

第二章 社会主义核心价值观的形成及其与社会主义核心

价值体系的关系 …………………………………（65）

第一节 社会主义核心价值观的形成 ………………（65）

一 毛泽东关于社会主义的价值思考与实践探索 ……（66）

二 邓小平关于社会主义核心价值观的思考与探索 ……（93）

三 江泽民关于社会主义核心价值观的思考与探索 ……（103）

四 胡锦涛关于社会主义核心价值观的思考与探索 ……（112）

第二节 社会主义核心价值观的内涵、特征及其与社会

主义核心价值体系的关系 ………………………（120）

一 社会主义核心价值观的内涵 ……………………（120）

二 社会主义核心价值观的特征 ……………………（130）

三 社会主义核心价值观与社会主义核心价值

体系的关系 ………………………………………（138）

第三章 社会主义核心价值观融入大学生思想政治教育的

必要性 ……………………………………………（144）

第一节 大学生价值观现状统计与概括 ………………（145）

一 大学生价值观所呈现出的积极方面 ……………（146）

二 大学生价值观所呈现出的消极方面 ……………（150）

第二节 大学生价值观现状的成因分析 ………………（154）

　　一　大学生价值观呈现积极方面的原因 ……………（154）

　　二　大学生价值观呈现消极方面的原因 ……………（167）

第三节　社会主义核心价值观融入大学生思想政治

　　　　教育的必要性 ……………………………………（170）

　　一　社会主义核心价值观融入大学生思想政治教育是

　　　　维护国家意识形态安全的需要 …………………（171）

　　二　社会主义核心价值观融入大学生思想政治教育是

　　　　实现"中国梦"的强大精神力量 ………………（175）

　　三　社会主义核心价值观融入大学生思想政治教育是

　　　　提升国家文化软实力、抵御西方资本主义价值观的

　　　　需要 ……………………………………………（177）

　　四　社会主义核心价值观融入大学生思想政治教育是

　　　　社会主义先进文化建设的需要 …………………（178）

　　五　社会主义核心价值观融入大学生思想政治教育是

　　　　大学生健康成长的需要 …………………………（180）

第四章　社会主义核心价值观融入大学生思想政治教育的

　　　　原则 ……………………………………………（183）

第一节　价值观形成的内在机理及其过程 ……………（183）

　　一　价值观形成的内在机理 ………………………（184）

　　二　影响价值观形成的内在因素 …………………（187）

　　三　价值观形成的过程 ……………………………（190）

第二节　影响大学生价值观形成的外在因素 …………（190）

　　一　学校教育对大学生的价值观发挥重要作用 ……（191）

　　二　经济体制转型对大学生价值观形成的影响 ……（193）

　　三　社会意识形态对大学生价值观形成的影响 ……（194）

　　四　文化对大学生价值观形成的影响 ……………（195）

第三节　社会主义核心价值观融入大学生思想政治

　　　　教育的原则 ……………………………………（197）

一 以人为本原则 ……………………………（199）

二 理论灌输与实践体验原则 ……………………（202）

三 显性教育与隐性教育相结合的原则 …………（205）

四 解决思想问题与解决实际问题相结合原则 ……（207）

第五章 社会主义核心价值观融入大学生思想政治教育的
实践路径 ……………………………………（210）

第一节 以社会主义核心价值观为主旨加强高校思想政治
理论课课堂建设 ……………………………（211）

一 思想政治理论课在社会主义核心价值观教育中的
重要作用 ………………………………（212）

二 外部环境对大学生思想和高校思想政治理论课
教学带来的冲击 ………………………（215）

三 高校思想政治理论课在社会主义核心价值观
教育中存在的问题 ……………………（218）

四 以社会主义核心价值观为主旨加强高校思想政
治理论课课堂建设的路径选择 ……………（220）

第二节 以社会主义核心价值观引领高校校园文化
建设 …………………………………………（231）

一 校园文化的内涵、形态及其功能 ……………（233）

二 新时代高校校园文化的新特点 ………………（236）

三 高校校园文化对大学生价值观形成的影响………（238）

四 以社会主义核心价值观引领高校校园文化
建设的意义 ………………………………（239）

五 以社会主义核心价值观引领高校校园文化
建设的路径选择 ………………………（242）

第三节 以社会主义核心价值观为指导加强大学生社会
实践 …………………………………………（250）

一 大学生社会实践活动的基本状况……………（252）

　　二　以社会主义核心价值观为指导加强大学生社会
　　　　实践的意义 ……………………………………（255）

　　三　以社会主义核心价值观为指导加强大学生社会
　　　　实践的路径选择 ………………………………（258）

　　四　加强大学生社会实践的长效机制建设 ………（268）

　　五　将社会主义核心价值观外化为大学生的
　　　　自觉行动 ………………………………………（270）

第四节　以社会主义核心价值观为主导推进高校网络思想
　　　　政治教育阵地建设 ……………………………（274）

　　一　互联网对大学生的影响 ………………………（275）

　　二　高校网络思想政治教育的必要性与重要性 …（280）

　　三　高校网络思想政治教育的现状 ………………（282）

　　四　以社会主义核心价值观为主导推进高校网络
　　　　思想政治教育阵地建设的路径选择 …………（284）

第六章　社会主义核心价值观融入大学生思想政治教育的
　　　　长效机制 ………………………………………（292）

第一节　加强理论研究，为大学生社会主义核心价值观
　　　　教育提供学术涵养 ……………………………（293）

　　一　探究社会主义核心价值观与大学生思想政治教育
　　　　所具有的契合点，为有效融入提供切入点 ……（294）

　　二　加强对大学生思想政治品德形成规律的研究，
　　　　为有效融入提供方法指导 ……………………（294）

　　三　加强对大学生认知规律的研究，为有效融入提供
　　　　理论依据 ………………………………………（295）

第二节　创新教育模式，为大学生社会主义核心价值观
　　　　教育搭建平台 ……………………………………（296）

　　一　推动第一课堂教育与第二课堂教育紧密结合 …（296）

　　二　推动灌输式教育与体验式教育紧密结合 ………（297）

三　推动实体思想教育与网络思想教育紧密结合 …… （298）

第三节　加强教师队伍建设，为大学生社会主义核心
　　　　价值观教育奠定人才基础 ………………………… （300）

　一　加强高校教师的师德建设 ………………………… （301）

　二　增强高校教师的政治自觉 ………………………… （303）

　三　提升高校教师的业务素质 ………………………… （304）

第四节　健全管理机制，为大学生社会主义核心价值观
　　　　教育提供制度保障 ………………………………… （305）

　一　完善大学生社会主义核心价值观教育的领导
　　　机制和协作机制 ………………………………… （306）

　二　构建大学生社会主义核心价值观教育的典型
　　　选树机制和推广机制 …………………………… （307）

　三　完善社会主义核心价值观教育的评估机制 ……… （309）

参考文献 …………………………………………………… （312）

附录　2016 年高校大学生思想政治教育状况调查问卷 ……… （322）

后　记 ……………………………………………………… （334）

导　言

一　选题依据

（一）国内外相关研究的学术史梳理及研究动态

2017 年 2 月，中共中央、国务院印发《关于加强和改进新形势下高校思想政治工作的意见》，明确指出："要培育和践行社会主义核心价值观，把社会主义核心价值观体现到教书育人全过程，引导师生树立正确的世界观、人生观、价值观，加强国家意识、法治意识、社会责任意识教育，加强民族团结进步教育、国家安全教育、科学精神教育，以诚信建设为重点，加强社会公德、职业道德、家庭美德、个人品德教育，提升师生道德素养。"①

当前，由于经济体制的深刻变革、社会结构的深刻变动、利益格局的深刻调整和生活方式的深刻变化，给大学生的思想价值观念带来了较大冲击，表现为大学生价值观的差异性和多样性明显增强，"价值失落""价值混乱""价值扭曲"在部分大学生身上较为明显地存在。如何校准大学生的人生航程、找到正确的人生坐标，是亟待解决的时代问题。

大学生历来是各种思想和思潮争夺的对象，大学生思想政治教育关乎党和国家事业的兴衰成败。社会主义核心价值体系和社会主义核

---

① 中共中央、国务院：《关于加强和改进新形势下高校思想政治工作的意见》，《人民日报》2017 年 2 月 28 日第 1 版。

心价值观是大学生思想政治教育的核心，在大学生思想政治教育中强化社会主义核心价值体系和社会主义核心价值观教育，不仅能为大学生提供共同的思想基础和价值追求，而且能够明确大学生的成才方向和成才目标。

党的十六届六中全会首次提出社会主义核心价值体系。党的十七大要求，"切实把社会主义核心价值体系融入国民教育和精神文明建设全过程"。党的十八大以社会主义核心价值体系为基础，明确提出了以"三个倡导"为主要内容的社会主义核心价值观。2013 年年底，中共中央、办公厅印发了《关于培育和践行社会主义核心价值观的意见》，明确指出要把培育和践行社会主义核心价值观融入国民教育全过程。2015 年 1 月，中共中央办公厅、国务院办公厅印发《关于进一步加强和改进新形势下高校宣传思想工作的意见》，强调指出："意识形态工作是党和国家一项极端重要的工作，高校作为意识形态工作前沿阵地，肩负着学习研究宣传马克思主义，培育和弘扬社会主义核心价值观，为实现中华民族伟大复兴的中国梦提供人才保障和智力支持的重要任务。"[1] 2017 年 2 月，中共中央、国务院印发《关于加强和改进新形势下高校思想政治工作的意见》，明确指出："加强和改进高校思想政治工作的指导思想是：高举中国特色社会主义伟大旗帜，全面贯彻党的十八大和十八届三中、四中、五中、六中全会精神，以马克思列宁主义、毛泽东思想、邓小平理论、'三个代表'重要思想、科学发展观为指导，深入学习贯彻习近平总书记系列重要讲话精神和治国理政新理念新思想新战略，全面贯彻党的教育方针，坚持社会主义办学方向，扎根中国大地办大学，以立德树人为根本，以理想信念教育为核心，以社会主义核心价值观为引领，切实抓好各方面基础性建设和基础性工作，切实加强和改善党的领导，全面提升思想政治工作水平，紧密团结在以习近平同志为核心的党中央周围，牢

---

① 中共中央、国务院：《关于进一步加强和改进新形势下高校宣传思想工作的意见》，《人民日报》2015 年 1 月 20 日第 1 版。

固树立政治意识、大局意识、核心意识、看齐意识，坚定不移维护党中央权威和党中央集中统一领导，为实现'两个一百年'奋斗目标、实现中华民族伟大复兴的中国梦，培养又红又专、德才兼备、全面发展的中国特色社会主义合格建设者和可靠接班人。"①

可见，把社会主义核心价值体系和社会主义核心价值观融入大学生思想政治教育成为当前重要的时代命题，这也成为国内高校思想政治教育工作者研究的重要课题，现已形成了一批有代表性的专著及相关的学术论文。其中学者陈志军（2009）对社会主义核心价值体系融入高校思想政治理论课教学、大学生社会实践、高校学生管理、校园文化建设等过程作了深入研究；学者杨晓慧（2011）以"融入"为切入点，重点对社会主义核心价值体系融入大学生思想政治教育全过程的接受主体、价值观整合、运行机制和实践探索作了较为深入的研究；学者陈芝海（2013）主要从大学生社会主义核心价值观教育的内容、方法、模式及评价等方面进行了有效的探索；学者杨业华（2014）认为，把培育和践行核心价值观融入大学生思想政治教育全过程，就是要充分发挥社会实践的育人功能、充分发挥文化化人的功能和充分发挥思想政治理论课的主渠道作用。以上这些研究成果对推动社会主义核心价值体系和社会主义核心价值观融入思想政治教育研究提供了很好的理论借鉴和资料支撑。

在国外没有核心价值观教育、思想政治教育这样的提法，但这并不是说国外不重视对其国民的思想政治教育，只是教育内容的提法有所不同。例如，英国采取公民教育，新西兰采取价值观教育，新加坡采取共同价值观教育，这些都是价值观文化认同的教育，也是统摄其国民意识形态的教育，因而在国外直接涉及本课题的研究成果也很少。

纵观已有研究成果，在研究内容、研究深度、研究重点、研究视角以及问题的针对性方面还存在以下问题：

---

① 中共中央、国务院：《关于加强和改进新形势下高校思想政治工作的意见》，《人民日报》2017年2月28日第1版。

第一，研究内容有待于进一步拓宽。已有的研究成果多是针对社会主义核心价值体系融入大学生思想政治教育的研究，而系统探究社会主义核心价值观融入大学生思想政治教育的专著或系列成果很少。第二，研究的系统性需进一步加强。已有研究成果往往选择社会主义核心价值观融入大学生思想政治教育的某一两个方面加以深刻论证，而不是作为一个可以良性互动的有机系统加以研究，因而系统性有待于进一步加强。第三，研究重点需要进一步转换。已有的研究成果重点多倾向于社会主义核心价值观如何统领思想政治教育，而以融入为切入点系统探究社会主义核心价值观融入思想政治教育的实效性方面的成果尚不多见。第四，研究的针对性需要进一步加强。已有的研究成果自上而下的理论阐释和宏观论述较多，往往缺乏对现状的深入调研，因而未能做到有的放矢、对症下药，针对性不强。

因此，作为一名从事高校思想政治教育专业的教师来说，研究社会主义核心价值观融入大学生思想政治教育这样的课题，更好地弘扬、培育和践行社会主义核心价值观，这既是时代所赋予的历史使命，也是自身所应有的责任担当。

（二）研究的学术价值和应用价值

从学术价值上讲，本书从社会主义核心价值观的理论渊源及其形成入手，针对当前大学生思想政治教育状况和价值观教育现状，通过对社会主义核心价值观融入大学生思想政治教育的重要性、社会主义核心价值观融入大学生思想政治教育所遵循的原则、社会主义核心价值观融入大学生思想政治教育的实践路径及长效机制等方面的系统研究，既能为思想政治教育提供正确的价值导向、树立正确的思想政治观念，又能为社会主义核心价值观的弘扬、培育和践行提供理论支撑，进而为实现中华民族的伟大复兴凝神聚气。

从应用价值上来讲，本书的完成，一方面能推动思想政治教育工作的顺利开展，进一步巩固高校作为意识形态工作的前沿阵地，牢牢把握马克思主义在意识形态领域的指导地位；另一方面能加快我们在新的历史时期弘扬、培育和践行社会主义核心价值观的步伐，进而为实现中华民族伟大复兴中国梦提供人才保障和智力支持。

二　研究内容

（一）研究对象

本书主要以社会主义核心价值观融入大学生思想政治教育为研究对象，通过问卷调查、访谈等方法考察大学生思想政治教育状况及价值观现状，找出所存在的问题并进行原因剖析，针对所存在的问题从理论与实践两个层面对社会主义核心价值观融入大学生思想政治教育进行深入系统的研究。

（二）总体框架

1. 梳理社会主义核心价值观的理论渊源

①马克思主义经典作家关于社会主义的价值追求与实践探索是社会主义核心价值观的理论基础。②中华优秀传统文化是涵养社会主义核心价值观重要的源泉。

2. 社会主义核心价值观的形成及其与社会主义核心价值体系的关系

①中国共产党人毛泽东、邓小平、江泽民、胡锦涛、习近平对社会主义核心价值观的接力探索。②社会主义核心价值观的内涵、特征及其与社会主义核心价值体系的关系。

3. 探讨社会主义核心价值观融入大学生思想政治教育的必要性

①通过对部分高校大学生问卷调查、访谈等途径考察当前大学生思想政治教育状况和价值观现状，找出所存在的问题。②对所存在的问题进行原因剖析。③探讨社会主义核心价值观融入大学生思想政治教育的必要性。其必要性主要体现在五个方面：第一，社会主义核心价值观融入大学生思想政治教育是维护国家意识形态安全的需要；第二，社会主义核心价值观融入大学生思想政治教育是实现

中国梦的强大精神力量；第三，社会主义核心价值观融入大学生思想政治教育是抵御资本主义价值观、提升我国文化软实力的需要；第四，社会主义核心价值观融入大学生思想政治教育是建设社会主义先进文化的需要；第五，社会主义核心价值观融入大学生思想政治教育是大学生健康成长的需要。

4. 探究社会主义核心价值观融入大学生思想政治教育所遵循的科学原则

①坚持以人为本的原则；②坚持理论灌输与实践体验相结合的原则；③坚持显性教育与隐性教育相结合的原则；④坚持解决思想问题同解决实际问题相结合的原则。

5. 探究社会主义核心价值观融入大学生思想政治教育所采取的实践路径

主要从四个方面进行探究：①以社会主义核心价值观为主旨加强高校思想政治理论课课堂建设；②以社会主义核心价值观引领高校校园文化建设；③以社会主义核心价值观为指导加强大学生社会实践；④以社会主义核心价值观为主导推进高校网络思想政治教育阵地建设。

6. 探究社会主义核心价值观融入大学生思想政治教育的长效机制

重点从五个方面进行深入探究：①加强理论研究，为大学生社会主义核心价值观教育提供学术涵养；②改革教育方式方法，为大学生社会主义核心价值观教育搭建平台；③加强教师队伍建设，为大学生社会主义核心价值观教育奠定人才基础；④健全管理机制，为大学生社会主义核心价值观教育提供制度保障。

三　研究重点与难点

（一）研究重点

社会主义核心价值观融入大学生思想政治教育所遵循的原则和所

采取的实践路径这两部分是本书研究的重点。社会主义核心价值观融入大学生思想政治教育既要遵循科学的原则，又要采取切实可行的实践路径，这关系着社会主义核心价值观培育的效果。

（二）研究难点

学术界关于社会主义核心价值观融入大学生思想政治教育的研究成果较少，系统性的成果更是缺乏，因此，笔者借鉴的资料不多。在这种情况下，如何将社会主义核心价值观有效地融入大学生思想政治教育，既要从理论上进行深入剖析以寻找融入的契合点与融入所遵循的原则，又要紧密结合当前大学生思想政治教育的实际，提出科学合理的可操作性建议和实践路径及长效机制，这对笔者来说有一定的难度和挑战。

四　研究目标

本书研究的主要目标有两方面：一方面，为弘扬、培育和践行社会主义核心价值观提供切实可行的理论指导和实践借鉴，进而为实现中华民族伟大复兴的中国梦提供人才保障和智力支持；另一方面，引导大学生确立正确的价值取向、形成正确的思想政治观念，从而进一步巩固高校作为意识形态工作的前沿阵地和马克思主义在意识形态领域的指导地位。

五　研究思路与方法

（一）研究思路

首先，探究社会主义核心价值观形成的理论渊源及其形成；其次，通过调查当前部分大学生思想政治教育状况和大学生价值观现状，分析其中所存在的问题，并针对所存在的问题，明确社会主义核心价值观融入大学生思想政治教育的必要性；再次，重点探究社会主义核心价值观融入大学生思想政治教育所遵循的原则和所采取的实践路径；最后，深入探究社会主义核心价值观融入大学生思想政治教育的长效机制。

（二）研究方法

1. 文献研究法

研究社会主义核心价值观融入大学生思想政治教育要认真研读已有的相关论著、著述等文献资料，从中梳理出有价值的观点。同时，在借鉴理论界现有成果的基础上，力求提出启发性、创新性的观点。

2. 理论联系实际的方法

马克思认为："观念的东西不外是移入人的头脑并在人的头脑中改造过的物质的东西而已。"[①] 同样，理论来源于实践，又服务于实践。对社会主义核心价值观融入大学生思想政治教育的研究，不仅要从理论上把握，更应从实践的角度开展研究，以增强研究的现实性、针对性和实效性。

3. 问卷调查法

以部分大学生为调研对象，设计、发放问卷进行实际调查，对调查结果进行系统统计与综合分析，以把握当前大学生思想政治教育状况、价值观现状以及所存在的问题，并进行原因剖析，为更好地进行研究提供更为可靠的资料。

4. 访谈法

为了研究的需要，本书将对部分大学生和部分高校教师就有关大学生思想政治教育、价值观教育以及社会主义核心价值观融入大学生思想政治教育等方面的内容进行访谈，以便为分析问题、解决问题提供更为有效的实证资料。

---

① 《马克思恩格斯文集》（第5卷），人民出版社2009年版，第22页。

六　创新之处

（一）研究内容创新

1. 对社会主义核心价值观理论渊源及其形成的探究，本部分主要梳理了经典作家包括马克思、恩格斯和列宁对社会主义的价值追求与实践探索是社会主义核心价值观的理论基础，中华优秀传统文化是涵养社会主义核心价值观的重要源泉，以及中国共产党人毛泽东、邓小平、江泽民、胡锦涛、习近平关于社会主义核心价值观的不断思考与探索，更好地呈现出中国共产党人对社会主义核心价值观的接力探索，从而更好地凸显了理论的继承性与创新性。这一探究具有一定的系统性与创新性。

2. 对社会主义核心价值观融入大学生思想政治教育实践路径的探究。本书从四个方面对社会主义核心价值观融入大学生思想政治教育的实践路径进行探究：第一，以社会主义核心价值观为主旨加强高校思想政治理论课课堂建设；第二，以社会主义核心价值观引领高校校园文化建设；第三，以社会主义核心价值观为指导加强大学生社会实践；第四，以社会主义核心价值观为主导推进高校网络思想政治教育阵地建设。这一探究具有一定的启发性。

3. 对社会主义核心价值观融入大学生思想政治教育长效机制的探究。本书从四个方面对社会主义核心价值观融入大学生思想政治教育的长效机制作了探究：第一，加强理论研究，为大学生社会主义核心价值观教育提供学术涵养；第二，改革教育模式，为大学生社会主义核心价值观教育搭建平台；第三，加强教师队伍建设，为大学生社会主义核心价值观教育奠定人才基础；第四，健全管理机制，为大学生社会主义核心价值观教育提供制度保障。这一探究较为新颖。

（二）研究方法创新

本书运用问卷调查法、访谈法、文献研究法和理论联系实际等研究方法，实现了理论研究与实践研究的紧密结合。研究中既有社会主义核心价值观融入大学生思想政治教育的理论基础和科学依据，又有社会主义核心价值观融入大学生思想政治教育的现实基础和实践路径，从而保证了研究的理论基础和现实基础，使研究具有一定的理论深度和实践维度。

第一章　社会主义核心价值观的
　　　　　理论渊源

党的十八大从国家层面、社会层面和公民层面提出了以"三个倡导"为主要内容的社会主义核心价值观，即国家层面的价值目标——倡导富强、民主、文明、和谐，社会层面的价值取向——倡导自由、平等、公正、法治，公民层面的价值准则——倡导爱国、敬业、诚信、友善。至此，社会主义核心价值观最终形成。

社会主义核心价值观的形成是一定历史时代的产物。马克思、恩格斯曾说过："一切划时代的体系的真正的内容都是由于产生这些体系的那个时期的需要而形成起来的。所有这些体系都是以本国过去的整个发展为基础的，是以阶级关系的历史形式及其政治的、道德的、哲学的以及其他的后果为基础的。"① 对此，恩格斯也指出："如果说马克思发现了唯物史观，那么梯叶里、米涅、基佐以及 1850 年以前英国所有的历史编纂学家则表明，人们已经在这方面作过努力，而摩尔根对于同一观点的发现表明，发现这一观点的时机已经成熟了，这一观点必定被发现。"② 在这里，恩格斯主要是说唯物史观的创立离不开对以往优秀成果的借鉴和吸收。同样，社会主义核心价值观的形成理所当然也有其丰富的理论积累，离不开对前人优秀成果的合理吸收与批判继承。

---

① 《马克思恩格斯全集》（第 3 卷），人民出版社 1960 年版，第 544 页。
② 《马克思恩格斯文集》（第 10 卷），人民出版社 2009 年版，第 669 页。

社会主义核心价值观的基本内容"富强、民主、文明、和谐、自由、平等、公正、法治、爱国、敬业、诚信、友善"的表述,体现了中国特色社会主义事业的发展要求,昭示了中国共产党长期奋斗的一贯主张,继承了中华优秀传统文化,既坚持了马克思主义的共性又涵盖着中国特色社会主义的个性,既有深厚的传统底蕴又有鲜明的时代特征,能够发挥出广泛的感召力、强大的凝聚力和持久的引导力。"社会主义核心价值观根植于中国传统文化价值观,是对中华优秀传统文化的继承和发展,具有鲜明的中国特色。社会主义核心价值观借鉴了人类发展进程共有的文明价值观,是对世界优秀文化的借鉴与发展,体现了海纳百川的气概。社会主义核心价值观立足于中国共产党各项事业的伟大实践,是中国共产党思想政治教育发展的理论创新成果。"① 可见,任何一种思想体系都有其赖以形成的具体的历史条件,都有其产生的思想渊源。社会主义核心价值观的形成也必须从已有的思想出发,通过对人类历史上积淀下来的价值观的批判和继承,科学地总结经验,同时又批判继承人类历史的优秀成果的结晶。

第一节 马克思主义经典作家关于社会主义的 价值追求与实践探索是社会主义核心 价值观的理论基础

马克思主义经典作家在他们的文献中虽然没有直接提出或论述有关社会主义核心价值观的思想,但仔细研读他们的文献,就不难发现,他们思想中蕴含着丰富的有关社会主义的价值追求,这些价值追求为社会主义核心价值观的形成提供了科学的理论来源和坚实的理论基础。新时代,充分梳理和挖掘经典作家的这些思想,对我们更好地理解社会主义核心价值观的科学内涵和理论来源有着极为重要的意义。

① 张军成:《价值观的力量:大学生社会主义核心价值观教育研究》,光明日报出版社 2016 年版,第 39 页。

一 马克思、恩格斯关于社会主义的价值追求

马克思、恩格斯是无产阶级的伟大导师，科学社会主义的创始人。在他们的文献中有关社会主义的价值追求主要体现为他们关于民主、文明、自由和法治等思想的论述，而这些思想既是社会主义的价值追求，又是社会主义核心价值观的应有之义，成为社会主义核心价值观的重要理论渊源。

（一）马克思、恩格斯有关民主的思想

马克思、恩格斯认为：民主是一种制度，是维护一定的社会秩序的组织形式或手段，在一定的生产力发展的水平上，由经济基础所决定。为一定的经济基础服务的民主，是历史的、具体的，抽象的民主是没有的。民主在阶级社会中有着鲜明的阶级性。

1. 古代的民主

关于古代的民主，恩格斯在 1844 年就指出："常设的权力机关为议事会（bule），这种议事会最初大概是由各氏族的酋长组成的，后来，由于其人数增加得太多，便由其中选出的一部分人组成"；"我们在易洛魁人中间已经看到，当议事会开会时，人民——男男女女都站在周围，有秩序地参加讨论，这样来影响它的决定。在荷马所描写的希腊人中间，这种'围立'［Umstand］（这是古代德意志人的法庭用语）已经发展成为一种真正的人民大会，这种情形在古代德意志人那里也有。人民大会由议事会召集，以解决各项重要事务；每个男子都可以发言。决定是用举手（埃斯库罗斯的《求援女》）或欢呼通过的。人民大会是最高级的权力，因为，正如舍曼所说（《希腊的古代》），'当谈到一件须要人民协助来办的事情的时候，荷马并未向我们指出任何可以违反人民意志而强迫他们来这样做的手段。'"① 可见，在古代社会，古代原始的民主的组织形式，是自然形成的人民大会和常设的权力机关——议事会以及军事首长。

---

① 《马克思恩格斯选集》（第4卷），人民出版社1995年版，第103页。

随着生产力的发展和社会的进步，逐渐出现了阶级，阶级社会的民主是在古代社会民主的基础上发展起来的。社会分裂为阶级以后，奴隶社会的国民军是贵族用来对抗奴隶的公共权力，正如马克思、恩格斯所说："雅典民主制的国民军，是一种贵族的、用来对付奴隶的公共权力，它控制奴隶使之服从；但是如前所述，为了也控制公民使之服从，宪兵队也成为必要了。"① 马克思在1843年《黑格尔法哲学批判》一书中就谈道："在商业和地产还不自由、还没有达到独立存在的地方，也就不会有政治制度。中世纪是不自由的民主制。"② 可见，古代的民主比较资产阶级的民主而言，是不自由的民主，奴隶不可能享有真正的民主。

2. 资产阶级的民主

在资本主义社会里，资产阶级为了争得自己的统治，要求民主，在它争得统治后却不赞成给工人以民主。1852年马克思在《选举中的舞弊》一文中一针见血地指出："如果看一下1831年以来的各次大选，那就会发现，占国内人口大多数的没有选举权的居民对享有特权的选民圈施加的压力愈大，资产阶级要求扩大这个圈子的呼声和工人阶级要求彻底消灭这个圈子的呼声愈高，真正参加投票的选民也就愈来愈少，因而，选民圈也就愈来愈缩小。这在最近这次选举中表现得再明显不过了。"③

可见，资产阶级民主只能是少数人享有的民主。同时，资产阶级民主是资产阶级专政的一种形式，对此，马克思、恩格斯指出："民主制和其他任何一种政体一样，归根到底也是自相矛盾的，骗人的，也无非是一种伪善。……所以，民主制和任何其他一种政体一样，最终总要破产，因为伪善是不能持久的，其中隐藏的矛盾必然要暴露出来；要末是真正的奴隶制，即赤裸裸的专制制度，要末是真正的自由

① 《马克思恩格斯选集》（第4卷），人民出版社2012年版，第187页。
② 《马克思恩格斯全集》（第1卷），人民出版社1956年版，第284页。
③ 《马克思恩格斯全集》（第8卷），人民出版社1961年版，第403页。

和平等,即共产主义。"① 因此,马克思、恩格斯认为:"自由主义的君主立宪政体是资产阶级统治的适当形式:(1)在初期,当资产阶级还没有和君主专制政体彻底决裂的时候;(2)在后期,当无产阶级已经使民主共和国面临严重的危险的时候。不过无论如何,民主共和国毕竟是资产阶级统治的最后形式:资产阶级统治将在这种形式下走向灭亡。"②

3. 无产阶级的民主

关于无产阶级的民主,马克思、恩格斯认为:"一切文明国家中民主运动的最终目的都是取得无产阶级的政治统治。因此,只有存在着无产阶级,存在着占统治地位的资产阶级,存在着产生无产阶级并使资产阶级走上统治地位的工业,才可能有这一运动。"③ 无产阶级为了夺取政权也需要民主的形式,这种形式和其他政治形式一样,也是一种手段。无产阶级民主运动的目的是无产阶级的政治统治。工人革命的第一步,就是变为统治阶级,争得民主。因此,"首先无产阶级革命将建立民主的国家制度,从而直接或间接地建立无产阶级的政治统治"④。可见,工人革命的第一步就是使无产阶级上升为统治阶级,争得民主。恩格斯 1891 年在《致麦·奥本海姆》一文中指出:"真正导致解放的措施,只有在经济变革促使广大工人群众意识到自身的地位,从而为他们取得政治统治开辟了道路的时候,才有可能。"⑤ 马克思、恩格斯为无产阶级争得民主指明了方向和道路,事实上,后来的无产阶级革命实践也证实了马克思、恩格斯关于民主的正确认识。

从上面一系列的论述中可以看出,早在马克思、恩格斯生活的年代,他们就已经对民主表现出了极大的关注,并且科学地预见了民主

---

① 《马克思恩格斯全集》(第1卷),人民出版社 1956 年版,第 576 页。
② 《马克思恩格斯全集》(第36卷),人民出版社 1975 年版,第 131 页。
③ 《马克思恩格斯全集》(第4卷),人民出版社 1958 年版,第 386 页。
④ 《马克思恩格斯选集》(第1卷),人民出版社 2012 年版,第 304 页。
⑤ 《马克思恩格斯全集》(第38卷),人民出版社 1972 年版,第 59 页。

的真正实现要经历一个过程。古代民主是民主的最初形式，资产阶级民主是不彻底的民主，只有社会主义民主才是真正意义上的民主。社会主义民主也是今天我们积极弘扬、培育和践行的社会主义核心价值观的应有之义。

（二）马克思、恩格斯有关文明的思想

在马克思、恩格斯所留存的文献中，我们可以发现，文明同文化是等同的，它们之间并没有明显的区分。马克思、恩格斯认为，文化主要包括社会的等级制度、科学、艺术、宗教以及生活方式和交往方式等。马克思、恩格斯关于文明的论述可以归纳为三个方面：一是文化的阶级性和继承性；二是不同文化之间的影响与融合；三是文化的社会影响和作用。

1. 文化的阶级性和继承性

第一，文化具有阶级性。关于文化的阶级性，马克思、恩格斯在《德意志意识形态》一书中指出："统治阶级的思想在每一时代都是占统治地位的思想。这就是说，一个阶级是社会上占统治地位的物质力量，同时也是社会上占统治地位的精神力量。支配着物质生产资料的阶级，同时也支配着精神生产资料。"① 1842 年马克思在《第六届莱茵省议会的辩论（第一篇论文）》中再次指出："自由的出版物是人民精神的慧眼，是人民自我信任的体现，是把个人同国家和整个世界联系起来的有声的纽带。"② 从上面的论述中我们可以看出，文化作为一种社会的和总体的精神现象，是由社会的经济结构所决定和制约的，在阶级社会中具有一定的阶级性。

第二，文化具有继承性。关于文化的继承性，恩格斯指出："正是由于这种工业革命，人的劳动生产力才达到了相当高的水平，以至在人类历史上破天荒第一次创造了这样的可能性：在所有的人实行明智分工的条件下，不仅生产的东西可以满足全体社会成员丰裕的消费

---

① 《马克思恩格斯选集》（第 1 卷），人民出版社 1995 年版，第 98 页。
② 《马克思恩格斯全集》（第 1 卷），人民出版社 1956 年版，第 74 页。

和造成充足的储备，而且使每个人都有充分的闲暇时间去获得历史上遗留下来的文化——科学、艺术、社交方式等等——中一切真正有价值的东西；并且不仅是获得，而且还要把这一切从统治阶级的独占品变成全社会的共同财富并加以进一步发展。"①

同时，人类文化现象的发展又具有历史的继承性，对此，马克思、恩格斯指出："只有奴隶制才使农业和工业之间的更大规模的分工成为可能，从而为古代文化的繁荣，即为希腊文化创造了条件。没有奴隶制，就没有希腊国家，就没有希腊的艺术和科学；没有奴隶制，就没有罗马帝国。没有希腊文化和罗马帝国所奠定的基础，也就没有现代的欧洲。我们永远不应该忘记，我们的全部经济、政治和智慧的发展，是以奴隶制既为人所公认、同样又为人所必需这种状况为前提的。"② 可见，没有古代希腊的文化就没有现代欧洲的文明，没有古代的奴隶制就没有现代的社会主义。

总之，文化具有阶级性和继承性，今天我们要建设社会主义先进文化，应该充分继承中华优秀传统文化，大胆借鉴和吸收传统文化中的积极因素，在继承的基础上有所创新，才能使社会主义先进文化既有坚实的文化底蕴，又具有鲜明的时代特色，也才能使社会主义先进文化永葆生机和活力。

2. 不同文化之间的影响与融合

关于不同文化之间的影响和融合，马克思、恩格斯有着大量的论述。首先，马克思、恩格斯指出："通过上述各种不同道路而输入日耳曼尼亚的其他罗马商品，有家用器具、装饰品、化妆品等。家用器具之中，有青铜制的碗、尺子、杯子、容器、烹饪用具、滤器、匙子、剪子、勺子等以及个别的金银制的容器和传布很广的黏土制的灯。青铜或金银制的装饰品有：颈饰、头饰、手镯、指环和同我们的胸针相似的扣子。在化妆品中，我们发现有梳子、镊子、耳挖子等，

---

① 《马克思恩格斯选集》（第 3 卷），人民出版社 1995 年版，第 150 页。
② 《马克思恩格斯全集》（第 20 卷），人民出版社 1971 年版，第 196 页。

至于那些用途还有争论的物品就不谈了。这些制品，按照沃尔索的意见，大多数都是一世纪时在罗马流行的风尚的影响下产生的"①；"定居下来的征服者所采纳的共同体形式，应当适应于他们面临的生产力发展水平，如果起初情况不是这样，那么共同体形式就应当按照生产力来改变。这也就说明了民族大迁移后的时期到处可见的一件事实，即奴隶成了主人，征服者很快就接受了被征服民族的语言、教育和风俗。"② 恩格斯在《英国工人阶级状况》一书中也指出："对于那些必须有多年的训练或者需要持久的、正规的活动的劳动部门，轻浮的、无耐心的、酗酒的爱尔兰人是不适合的。要当个机匠（mecha—nic——在英国，凡是在机器制造部门工作的工人都叫做机匠），要当个工厂工人，他就必须先接受英格兰的文化和英格兰的习俗，即在本质上变成英格兰人。但是，凡工作比较简单、比较粗糙、需要体力甚于需要技能的地方，爱尔兰人就一点也不亚于英格兰人。因此，这些劳动部门都首先被爱尔兰人所包围。手工织工、泥瓦匠、搬运工人、小工等等中都有许多爱尔兰人，爱尔兰人的侵入在这里大大地促进了工资的降低和工人阶级状况的恶化。即使那些侵入其他部门的爱尔兰人已经不得不接受一定程度的文化，他们仍然保存了一些旧习惯，这些旧习惯足以使那些在他们影响之下的英国同伴趋于堕落。实际上，如果注意到，几乎每一个大城市中都有 1/5 或 1/4 的工人是爱尔兰人或在爱尔兰式的肮脏环境中长大的爱尔兰人的孩子，那就会了解，为什么整个工人阶级的生活、他们的习俗、他们的才智和道德的发展、他们的整个性格，都染上了爱尔兰人的许多特征。"③

马克思在《路易斯·亨·摩尔根〈古代社会〉一书摘要》一文中再次指出："有一些在地理上与外界隔绝，以致独自经历了各个不同的发展阶段；另外一些则由于外来的影响而混杂不纯。例如非洲过

① 《马克思恩格斯全集》（第 19 卷），人民出版社 1963 年版，第 512 页。
② 《马克思恩格斯文集》（第 1 卷），人民出版社 2009 年版，第 578 页。
③ 《马克思恩格斯全集》（第 2 卷），人民出版社 1957 年版，第 377—378 页。

去和现在都处于蒙昧时代和野蛮时代两种文化交织混杂状态；澳大利亚和波利尼西亚则曾经处于完完全全的蒙昧状态。美洲印第安人族系，和其他一切现存的族系不同，他们提供了三个顺序相承的文化时期的人类状态。"① 通过以上马克思、恩格斯的论述可以看出，在征服或移民条件下，不同地区或民族的文化之间会发生转移或融合，不同文化之间会相互影响。

3. 文化的社会影响和作用

马克思、恩格斯在论述了文化的阶级性、继承性以及文化之间的融合后，还分析了文化的社会影响和作用。他们认为："印刷术的推广，古代文化研究的复兴，从 1450 年起日益强大和日益普遍的整个文化运动，所有这一切都给市民阶级和王权反对封建制度的斗争带来了好处。所有这些原因的共同作用（由于这些原因朝同一方向日益加快的互相影响不断增长，其共同作用便一年年强大），在十五世纪下半叶就保证了对封建制度的胜利，尽管还不是市民阶级的胜利，而是王权的胜利。"②

同时，马克思、恩格斯指出："作为现代军事体系的前提的这个普遍的平均的文化水平，只是最先进的国家的士兵才有：例如在英国，那里的兵士虽然都是最粗野的农民出身，可是也进过城市里的文明的学校；在法国，那里的军队是由解放了的小农和城市游民（rempacants）组成的；在德国北部，那里的封建制度或者已被完全消灭，或者多多少少采取了资产阶级的形式，所以在那里军队有相当一部分名额由城市补充；最后，从最近几次战争来判断，这样的文化水平，甚至在从封建成分最少的地区所招募的那一部分奥地利军队中也是有的……但是不仅是单个兵士的运动性，而且军队本身的运动性也以适应于资产阶级时代的文化水平为前提。"③ 对于文化的社会影响和作用，马克思、恩格斯还深刻指出："工人劳动能力的日价值就是维持

---

① 《马克思恩格斯全集》（第 45 卷），人民出版社 1985 年版，第 331 页。
② 《马克思恩格斯全集》（第 21 卷），人民出版社 1965 年版，第 457 页。
③ 《马克思恩格斯全集》（第 7 卷），人民出版社 1959 年版，第 559 页。

工人一天生活平均所需要的劳动时间，是劳动能力每天再生产自身所需要的劳动时间，或者在这里同样也可以说，是劳动能力在相同的条件下维持自身所需要的劳动时间，而上面已经说过，决定这些条件的，不是纯粹的自然需要，而是历史上随着一定的文化水平而发生变化的自然需要。"①

通过上面对马克思、恩格斯有关文明、文化思想的梳理，我们可以清楚地认识到，文明与文化在社会发展中的巨大作用，特别是当今社会，随着全球化的深入和改革开放的推进，文化作为软实力在综合国力中的作用日益凸显。可以说，当今世界国家之间的竞争在很大程度上取决于文化软实力的竞争。所以，我们要积极建设一个富强、民主、文明、和谐的国家，实现社会主义核心价值观在国家层面的价值目标。

（三）马克思、恩格斯关于自由的思想

自从人类诞生以来，自由就成为人们孜孜以求的目标之一，随着生产力的不断发展和科学技术的不断进步，人们获得自由的程度也在不断提高。马克思、恩格斯作为经典作家，对于自由的认识也给予了高度关注，他们关于自由的论述，大致说来，主要有以下几方面。

1. 关于自由的内涵

马克思、恩格斯深刻阐释了自由的科学内涵，认为："自由不仅包括我靠什么生存，而且也包括我怎样生存，不仅包括我实现着自由，而且也包括我在自由地实现自由。不然，建筑师同海狸的区别就只在于海狸是披着兽皮的建筑师，而建筑师则是不披兽皮的海狸。"② 同时，马克思、恩格斯认为，自由是人所固有的东西，谁都没有权利剥夺别人的自由，因为，"自由确实是人所固有的东西，连自由的反对者在反对实现自由的同时也实现着自由；他们想把曾被他们当作人类天性的装饰品而否定了的东西攫取过来，作为自己最珍贵的装饰

---

① 《马克思恩格斯全集》（第47卷），人民出版社1979年版，第52页。
② 《马克思恩格斯全集》（第1卷），人民出版社1956年版，第77页。

品。没有一个人反对自由，如果有的话，最多也只是反对别人的自由。可见各种自由向来就是存在的，不过有时表现为特权，有时表现为普遍权利而已"①。

2. 自由是对必然的认识和运用

马克思、恩格斯认为，自由是对必然的认识和运用。对此，他们明确地指出："自由不在于幻想中摆脱自然规律而独立，而在于认识这些规律，从而能够有计划地使自然规律为一定的目的服务。这无论对外部自然界的规律，或对支配人本身的肉体存在和精神存在的规律来说，都是一样的。……最初的、从动物界分离出来的人，在一切本质方面是和动物本身一样不自由的；但是文化上的每一个进步，都是迈向自由的一步。"② 可见，最初从动物界分离出来的人是不自由的，随着人们需要的扩大，促使了生产力不断提高，人们控制必然规律的能力也不断增强，从而一步步地向自由迈进。但是，只有在生产力高度发达的、没有阶级差别的社会，人们才能够得到真正的自由，因此，马克思、恩格斯指出："只有在共同体中，个人才能获得全面发展其才能的手段，也就是说，只有在共同体中才可能有个人自由。……在真正的共同体的条件下，各个人在自己的联合中并通过这种联合获得自己的自由。"③

3. 关于资产阶级社会的自由

"自由"是资产阶级在反对封建专制斗争中提出的重要口号。马克思认为，与封建社会相比，资本主义社会是一个巨大进步，但对于无产阶级而言，"自由"这个口号要加以批判和改造，确定科学的内容，才能够鼓舞无产阶级的斗争。正如恩格斯在对待资产阶级"平等"口号一样，"我们对平等观念本身的论述没有因此结束，这一观念特别是通过卢梭起了一种理论的作用，在大革命中和大革命之后起了一种实际的政治的作用，而今天在差不多所有的国家的社会主义运

---

① 《马克思恩格斯全集》（第1卷），人民出版社1956年版，第63页。
② 《马克思恩格斯文集》（第9卷），人民出版社2009年版，第120页。
③ 《马克思恩格斯选集》（第1卷），人民出版社1995年版，第119页。

动中仍然起着巨大的鼓动作用。这一观念的科学内容的确立，也将确定它对无产阶级鼓动的价值"①。

马克思、恩格斯把自由的价值观念放到一定经济关系和社会生产中进行分析，指出了它产生的根源。"作为纯粹观念，平等和自由仅仅是交换价值的交换的一种理想化的表现；作为在法律的、政治的、社会的关系上发展了的东西，平等和自由不过是另一次方的这种基础而已。"② 马克思指出自由平等的概念来自经济领域，也只有在经济领域才能实现真正的自由和平等。如果在经济领域得不到平等和自由，政治上和法律上的平等和自由都要沦为空谈。在资本主义社会中，工人不可能有自由发展，因为工人在经济上始终处于被奴役、被压迫的地位。从表面上看，工人很自由，既可以劳动，也可以不劳动，既可以选择在这家工厂劳动，也可以选择在那家工厂劳动，自由地缔结契约。但实际上这是一种假象，一离开流通领域，情况就不同了。马克思指出："一离开这个简单流通领域或商品交换领域……原来的货币占有者作为资本家，昂首前行；劳动力占有者作为他的工人，尾随于后。一个笑容满面，雄心勃勃；一个战战兢兢，畏缩不前，像在市场上出卖了自己的皮一样，只有一个前途——让人家来鞣。"③ 工人为了生存，只有被迫出卖劳动力的"自由"。

同时，在这种生产条件下，工人劳动始终被局限在一定的特殊的活动范围，属于片面发展、畸形发展。资本主义生产关系成为统治工人的异己力量，马克思一针见血地指出："工人的产品越完美，工人自己越畸形，工人创造的对象越文明，工人自己越野蛮"④。可见劳动生产了美，但是这种美不属于工人，工人在异化劳动中只会变得畸形、贫穷和愚钝。在资本主义生产中，劳动者只能发展自己某方面的才能而偏废了其他方面，工人的潜能、素质和能力无法得到整体的开

---

① 《马克思恩格斯选集》（第 3 卷），人民出版社 1995 年版，第 444 页。
② 《马克思恩格斯全集》第 46 卷（上册），人民出版社 1979 年版，第 197 页。
③ 《马克思恩格斯选集》（第 2 卷），人民出版社 1995 年版，第 176 页。
④ 《马克思恩格斯选集》（第 1 卷），人民出版社 1995 年版，第 42 页。

发和充分的展现，不能实现全面发展。"任何人都有自己一定的特殊的活动范围，这个范围是强加于他的，他不能超出这个范围：他是一个猎人、渔夫或牧人，或者是一个批判的批判者，只要他不想失去生活资料，他就始终应该是这样的人。"①

马克思、恩格斯认为，资产阶级为了争得和巩固自己的统治地位，为了发展经济，需要自由。在现今的资产阶级生产关系的范围内，所谓自由就是自由贸易，自由买卖。"但是，买卖一消失，自由买卖也就会消失。关于自由买卖的言论，也像我们的资产阶级的其他一切关于自由的大话一样，仅仅对于不自由的买卖来说，对于中世纪被奴役的市民来说，才是有意义的，而对于共产主义要消灭买卖、消灭资产阶级生产关系和资产阶级本身这一点来说，却是毫无意义的。"②

在资本主义社会，劳动力成为商品，表面上可以自由买卖，实际上强制代替了自由。资产阶级的自由就是资本榨取工人最后脂膏的自由，就是资产阶级的特权。因此，马克思告诫人们："不要受自由这个抽象字眼的蒙蔽！这是谁的自由呢？这不是一个普通的个人在对待另一个人的关系上的自由。这是资本压榨劳动者的自由。"③ 可见，自由是具有历史局限性的自由，而工人阶级则可以利用资产阶级社会的政治自由，为实现自己的目的创造条件。对此，马克思、恩格斯指出："农奴可以通过各种道路获得解放：或者是逃到城市里去做手工业者；或者是交钱给地主代替劳役和产品，从而成为自由的佃农；或者是把他们的封建主赶走，自己变成财产所有者。总之，农奴可以通过不同的办法加入有产阶级的队伍并进入竞争领域而获得解放。无产者只有通过消灭竞争、私有制和一切阶级差别才能获得解放。"④ 马克思、恩格斯揭示了资产阶级的所谓"自由"不是真正的自由，资

---

① 《马克思恩格斯文集》（第 1 卷），人民出版社 2009 年版，第 537 页。
② 《马克思恩格斯选集》（第 1 卷），人民出版社 1995 年版，第 288 页。
③ 《马克思恩格斯选集》（第 1 卷），人民出版社 1995 年版，第 227 页。
④ 《马克思恩格斯选集》（第 1 卷），人民出版社 1995 年版，第 233 页。

产阶级的自由具有虚伪性。"行业自由、财产自由、信仰自由、出版自由、审判自由，这一切都是同一类别，即没有特定名称的一般自由的不同种……自由的每一特定范围就是一定范围的自由……"① 同时，马克思、恩格斯还指出，资产阶级社会的政治自由是有产阶级的特权，认为："人身、新闻出版、言论、结社、集会、教育和宗教等自由，都穿了宪法制服而成为不可侵犯的了。……资产阶级可以不受其他阶级的同等权利的任何妨碍而享受这些自由。"②

关于资产阶级社会的所谓劳动自由，马克思、恩格斯认为："所谓的自由工人有一种感觉，感到他是一个自由的工人，但是事实上他却处于资本的权力之下，因为他不得不出卖自己的劳动，好赚得一点可怜的工资以满足自己最迫切的生活需要。在大多数的场合下，自由工人的物质状况比奴隶和农奴还差。"③ 为了争取真正的自由，工人阶级可以利用资产阶级社会的政治自由来实现，因为，"工人阶级没有政治权利就不能进行自己的经济斗争——和组成战斗的阶级。（为了进行经济斗争和组成战斗的阶级，它必须拥有随着它的成就而扩大的政治自由和平等权利？）——其余不动"④。因此，"自由、平等"等口号如果不与消灭阶级相联系就是虚伪的，"消灭阶级，这才是无产阶级运动的真正秘密，也是国际工人协会的伟大目标"⑤。

关于实现自由的途径，马克思、恩格斯也给予了科学的指导，他们指出："一条道路是推动资产阶级违反它的意愿前进，尽可能地迫使它扩大选举权，保障出版、结社和集会自由，从而为无产阶级创造取得运动自由和组织自由的条件。"⑥ 对于工人靠什么来获得自由即争取自由的武器，马克思、恩格斯是这样认为的，"帮助争取出版、

---

① 《马克思恩格斯全集》（第 1 卷），人民出版社 1956 年版，第 85 页。
② 《马克思恩格斯选集》（第 1 卷），人民出版社 1995 年版，第 597 页。
③ 《马克思恩格斯全集》（第 16 卷），人民出版社 1964 年版，第 604 页。
④ 《马克思恩格斯全集》（第 38 卷），人民出版社 1972 年版，第 152 页。
⑤ 《马克思恩格斯全集》（第 16 卷），人民出版社 1964 年版，第 394 页。
⑥ 《马克思恩格斯全集》（第 16 卷），人民出版社 1964 年版，第 86 页。

结社和集会自由、普选权、地方自治等等；尽管这一切是资产阶级性质的，但是怯懦的资产阶级没有它们也能过得去，而工人没有它们却永远不能为自己争得解放。"① 可见，工人要获得自由，必须首先获得政治自由、集会结社的权利和出版自由，这是首要的前提条件。

4. 关于共产主义的自由

马克思、恩格斯认为，未来共产主义建立在公有制基础之上，真正实现人的自由与解放。只有在共产主义条件下的自由才是真正的自由。共产主义自由，是建立在生产力高度发展，有计划地合作而组织起来的社会占有制基础上的自由，是人类从必然王国进入自由王国的飞跃。"在共产主义社会里，已经积累起来的劳动只是扩大、丰富和提高工人的生活的一种手段。"② 任何人都没有特殊的活动范围，可以在任何部门内发展，社会调节着整个生产，真正实现人的自由而全面发展。"因而使我有可能随自己的兴趣今天干这事，明天干那事，上午打猎，下午捕鱼，傍晚从事畜牧，晚饭后从事批判，这样就不会使我老是一个猎人、渔夫、牧人或批判者。"③ 因此，"为了把社会生产变为一种广泛的、和谐的自由合作劳动的制度，必须进行全面的社会变革，社会制度基础的变革，而这种变革只有把社会的有组织的力量即国家政权从资本家和大地主手中转移到生产者本人的手中才能实现"④。这样，"无产阶级使生产资料摆脱了它们迄今具有的资本属性，给它们的社会性以充分发展的自由。从此按照预定计划进行的社会生产就成为可能的了。生产的发展使不同社会阶级的继续存在成为时代的错误。随着社会生产的无政府状态的消失，国家的政治权威也将消失。人终于成为自己的社会结合的主人，从而也就成为自然界的主人，成为自己本身的主人——自由的人"⑤。"在共产主义社会中，

---

① 《马克思恩格斯全集》（第 16 卷），人民出版社 1964 年版，第 76 页。
② 《马克思恩格斯选集》（第 1 卷），人民出版社 1995 年版，第 287 页。
③ 《马克思恩格斯选集》（第 1 卷），人民出版社 1995 年版，第 85 页。
④ 《马克思恩格斯全集》（第 16 卷），人民出版社 1964 年版，第 219 页。
⑤ 《马克思恩格斯全集》（第 20 卷），人民出版社 1971 年版，第 710 页。

即在个人的独创的和自由的发展不再是一句空话的唯一的社会中，这种发展正是取决于个人间的联系，而这种个人间的联系则表现在下列三个方面，即经济前提，一切人的自由发展的必要的团结一致以及在现有生产力基础上的个人的共同活动方式。"①

通过以上梳理可以看出，在马克思、恩格斯的文献中，蕴含着丰富的有关自由的思想，这些思想为我们正确认识自由、争得自由提供了科学的理论指导。今天，人们在更广的范围和领域内实现了自由、获得了自由，从而为实现人的自由全面发展奠定了基础。当下我们要构建一个自由、平等、公正、法治的社会，也需要借鉴马克思、恩格斯关于自由的思想，更快更好地构建一个自由、平等、公正、法治的社会，尽快实现社会主义核心价值观在社会层面的价值追求。

（四）马克思、恩格斯有关平等的思想

马克思、恩格斯的思想博大精深，涵盖了自然、社会及其人类发展的方方面面，有关平等的思想自然也在他们的研究之中，归纳起来，他们主要探究了平等的起源、不平等的根源、无产阶级的平等观与共产主义的平等观。

1. 关于平等的起源

马克思、恩格斯认为，平等不是从来就有的，平等是在一定的历史条件下，是一定的历史关系的产物，"平等的观念，无论以资产阶级的形式出现，还是以无产阶级的形式出现，本身都是一种历史的产物，这一观念的形成，需要一定的历史条件，而这种历史条件本身又以长期的以往的历史为前提。所以，这样的平等观念说它什么都行，就不说是永恒的真理。"② 从这段论述可以看出，平等是受一定的历史条件限制的，不同的历史时代有不同性质的平等思想，世界上从来没有什么抽象的、绝对的平等，抽象的、绝对的平等是不存在的。

---

① 《马克思恩格斯全集》（第3卷），人民出版社1960年版，第516页。
② 《马克思恩格斯选集》（第3卷），人民出版社1995年版，第448页。

2. 关于不平等的根源

马克思、恩格斯在论述了平等的起源后，进一步揭露了不平等的社会根源。他们认为，私有制和阶级的产生，是社会不平等的根源。资产阶级依靠无偿占有他人的劳动发财致富，就使资产阶级的平等权利和平等义务这类虚伪的空话失去了最后的根据。所谓"法律面前人人平等"不过是限制在当前主要的不平等的范围内的平等，对此，马克思、恩格斯指出，"现代资本家，也像奴隶主或剥削农奴劳动的封建主一样，是靠占有他人无偿劳动发财致富的。……这样一来，有产阶级的所谓现代社会制度中占支配地位的是公道、正义、权利平等、义务平等和利益普遍协调这一类虚伪的空话，就失去了最后的根据。"①

同时，马克思、恩格斯一针见血地揭露了资产阶级所谓的平等具有虚伪性和欺骗性。他们认为："资产阶级消灭了国内各个现存等级之间一切旧的差别，取消了一切依靠专横而取得的特权和豁免权。……但是资产阶级实行这一切改良，只是为了用金钱的特权代替已往的一切个人特权和世袭特权。……平等原则又由于被限制为仅仅在'法律上的平等'而一笔勾销了，法律上的平等就是在富人和穷人不平等的前提下的平等。"②"现在我们知道，这个理性的王国不过是资产阶级的理想化的王国；永恒的正义在资产阶级的司法中得到实现；平等归结为法律面前的资产阶级的平等。"③

3. 关于无产阶级的平等

马克思、恩格斯认为，无产阶级的平等观是最革命、最科学的平等观，它的平等要求的实质内容从来都是消灭一切阶级。对于这一点，马克思、恩格斯有过两次论述：第一，马克思、恩格斯认为："各阶级的平等，照字面上理解，就是资产阶级社会主义者所拼命鼓吹的'资本和劳动的协调'。不是各阶级的平等——这是谬论，实际

① 《马克思恩格斯全集》（第19卷），人民出版社1963年版，第125页。
② 《马克思恩格斯全集》（第2卷），人民出版社1957年版，第647—648页。
③ 《马克思恩格斯全集》（第3卷），人民出版社1995年版，第720页。

上是做不到的——相反地是消灭阶级，这才是无产阶级运动的真正秘密。"① 第二，马克思、恩格斯认为："工人阶级的解放应该由工人阶级自己去争取；工人阶级的解放斗争不是要争取新的阶级特权，而是要争取平等的权利和义务，并消灭任何阶级统治。"②

4. 关于共产主义的平等

马克思、恩格斯在论述了平等的科学内涵、不平等的社会根源、无产阶级的平等等思想后，对共产主义的平等也作了科学的预见。他们认为，在共产主义社会的第一个阶段——社会主义社会，仍然存在着权利不平等的现象。"但是这些弊病，在经过长久阵痛刚刚从资本主义社会产生出来的共产主义社会第一阶段，是不可避免的。权利决不能超出社会的经济结构以及由经济结构制约的社会的文化发展。"③

总之，马克思、恩格斯关于平等的起源、不平等的社会根源、无产阶级的平等和共产主义平等等思想的一系列论述，为我们更好地认识平等、实现平等提供了很好的理论视角。如今，实现人与人之间的平等、国家与国家之间的平等，构建一个平等的社会、一个平等的世界是大势所趋，也是我们践行社会主义核心价值观的应有之义。

（五）马克思、恩格斯有关法治的思想

法治思想是社会主义核心价值观在社会层面的价值追求之一，关于法治思想，马克思、恩格斯也作了深刻的论述，提出了科学的见解。当下，认真梳理这些思想，一方面，对于弘扬、培育和践行社会主义核心价值观有着极为重要的意义；另一方面，对于推进依法治国和构建社会主义法治国家也具有重要的借鉴意义。马克思、恩格斯关于法治的思想主要有以下两个方面。

1. 关于法的本质

马克思、恩格斯是从经济基础与上层建筑的关系中来阐明法的本质的。他们认为，法属于上层建筑，是由经济基础决定的，法的关系

---

① 《马克思恩格斯全集》（第 18 卷），人民出版社 1964 年版，第 15 页。
② 《马克思恩格斯全集》（第 16 卷），人民出版社 1964 年版，第 599 页。
③ 《马克思恩格斯选集》（第 3 卷），人民出版社 2012 年版，第 364 页。

根源于物质的生活关系，是一种反映经济关系的意志关系。因为，"法的关系正像国家的形式一样，既不能从它们本身来理解，也不能从所谓人类精神的一般发展来理解。相反，它们根源于物质的生活关系"①。可见，统治者除了必须以国家的形式组织自己的力量外，还必须给予他们的意志以国家意志即法律的一般表现形式，而这个阶级的关系决定着这种表现形式的内容。

2. 关于法的产生

关于法的产生，马克思、恩格斯也作了研究，他们认为，法不是人类社会一产生就存在的，它是在生产力发展到一定程度，出现了社会分工的时候才产生的。对此，马克思、恩格斯指出："在社会发展某个很早的阶段，产生了这样的一种需要：把每天重复着的生产、分配和交换产品的行为用一个共同规则概括起来，设法使个人服从生产和交换的一般条件。这个规则首先表现为习惯，后来便成了法律。随着法律的产生，就必然产生出以维护法律为职责的机关——公共权力，即国家。在社会进一步发展的进程中，法律便发展成或多或少广泛的立法。"② 由此可见，法不是从来就有的，它是社会发展到一定程度的产物，随着人类社会的不断发展，法也会日益完善。

同时，马克思、恩格斯还批判了法学家们对于法的幻想，揭露了他们把法与社会关系颠倒的错误思想。德国哲学家马克斯·施蒂纳认为，法不是从人们的物质关系以及人们由此而产生的互相斗争中产生，而是从人们头脑里观念的斗争中产生的；改良主义和无政府思潮的法国蒲鲁东不是用社会生产条件，而是用国家法律来解释一切经济现象。马克思、恩格斯批判了各种错误的法学观点，深刻指出："社会不是以法律为基础的，那是法学家们的幻想。相反地，法律应该以社会为基础。法律应该是社会共同的、由一定物质生产方式所产生的利益和需要的表现，而不是单个的个人恣意横行。"③

---

① 《马克思恩格斯选集》（第 2 卷），人民出版社 2012 年版，第 2 页。
② 《马克思恩格斯全集》（第 18 卷），人民出版社 1964 年版，第 309 页。
③ 《马克思恩格斯全集》（第 6 卷），人民出版社 1961 年版，第 291—292 页。

总之，马克思、恩格斯对法的本质、法的产生和法的形式都作了研究。对于法的本质，他们认为，由统治者的共同利益所决定的这种意志的表现，就是法律。随着法律的产生，必然产生出以维护法律为职责的机关，即国家。对于法的形式，他们认为："奴隶制的罗马法是简单商品生产即资本主义前商品生产的完善的法。中世纪的政治和法律都掌握在僧侣手中，圣经词句在各法庭中都有法律的效力。在资产阶级大革命以后，以罗马法为基础，创造了象法兰西民法典这样典型的资产阶级社会的法典。"① 资产阶级的宪法则首先是要确立资产阶级的统治，因此，宪法所说的结社权显然只是指容许那些能与资产阶级统治，即与资产阶级制度共处的社团存在。

（六）关于集体主义的价值追求

在《共产党宣言》中，马克思、恩格斯指明了无产阶级运动的价值取向。"过去的一切运动都是少数人的或者为少数人谋利益的运动。无产阶级的运动是绝大多数人的、为绝大多数人谋利益的独立的运动。"②

1. 关于无产阶级运动的性质

马克思、恩格斯从运动的参与力量和价值取向两个方面来界定无产阶级运动的独特性，指出过去的一切革命运动的特征：要么是少数人参与的，要么是为少数人谋利益的运动。这的确是历史经验的深刻总结。在无产阶级的运动之前，有奴隶阶级的运动、农民阶级的运动和资产阶级的运动。这些运动从参与者来说，有少数人参与的，如一国局部地区的起义；也有多数人参与的，如席卷全国的起义。但是从运动的价值取向来说，这些运动实质上最终都成了为少数人谋利益的运动，因为即使席卷全国的古代农民起义取得胜利，新的政权也不过是建立在私有制基础上的旧式政权，成为新贵族谋取少数人利益的工具，历史又陷入新的循环周期。"过去一切阶级在争得统治之后，总是使整个社会服从于它们发财致富的条件，企图以此来巩固它们已经

---

① 转引自天津市社会科学界联合会、中共中央编译局马恩室《马克思恩格斯学说集要》（下册），天津人民出版社1995年版，第3229页。

② 《马克思恩格斯选集》（第1卷），人民出版社1995年版，第283页。

获得的生活地位。"① 马克思、恩格斯在批判过去运动的价值取向后，提出无产阶级运动是绝大多数人参与的并且是为绝大多数人谋利益的。这"两个绝大多数"之间不是用"或"连接，它们同属必要条件，缺一不可，成为无产阶级运动与其他运动的本质区别。马克思、恩格斯以绝大多数人的利益为评价善恶是非的标准。相对个体而言，"绝大多数人"即是集体，为此这一价值取向实质上就是集体主义原则。当然"集体"是一个相对的概念，一个小集体相对大集体而言是个体，大集体又属于更大集体中的个体。马克思、恩格斯所说的集体，反映了世界工人阶级的大视野，体现了民族主义和国际主义的统一。

2. 关于利己主义的批判与揭露

与集体主义原则相对立的是利己主义，马克思、恩格斯提出未来共产主义社会要消除利己思想，共产主义革命就是要"同传统的观念实行最彻底的决裂"。这里所说的传统观念是指以"利己"为核心的建立在私有制基础之上的剥削阶级观念。"你们的利己观念使你们把自己的生产关系和所有制关系从历史的、在生产过程中是暂时的关系变成永恒的自然规律和理性规律，这种利己观念是你们和一切灭亡了的统治阶级所共有的。"② 马克思指出利己思想是维系资本主义生产方式的纽带，直接催生出个人主义、利己主义的价值观，它使整个社会都陷入追求金钱的迷途之中。"边沁！因为双方都只顾自己。使他们连在一起并发生关系的唯一力量，是他们的利己心，是他们的特殊利益，是他们的私人利益。"③ "它使人和人之间除了赤裸裸的利害关系，除了冷酷无情的'现金交易'，就再也没有任何别的联系了。它把宗教虔诚、骑士热忱、小市民伤感这些情感的神圣发作，淹没在利己主义打算的冰水之中。"④

---

① 《马克思恩格斯选集》（第 1 卷），人民出版社 1995 年版，第 283 页。
② 《马克思恩格斯选集》（第 1 卷），人民出版社 1995 年版，第 289 页。
③ 《马克思恩格斯选集》（第 2 卷），人民出版社 1995 年版，第 176 页。
④ 《马克思恩格斯选集》（第 1 卷），人民出版社 1995 年版，第 275 页。

3. 实现集体主义的途径

实现与传统观念彻底的决裂，要经历一个漫长的历史过程。最先做到的是无产阶级队伍中的先进分子——共产党人，"共产党人强调和坚持整个无产阶级共同的不分民族的利益"①。共产党人是无产阶级运动的领导者、组织者，他们必须具有丰富的理论知识，了解共产主义运动的条件、进程和一般结果，具有坚定的共产主义信念，行动上成为共产主义运动的领导者，不畏牺牲，为无产阶级的利益奋斗。共产党人都是"社会公仆"，除了为大多数人谋利益的价值追求之外，没有任何自己的特殊利益。马克思本人就是共产党人的楷模。中学时代的马克思就立志选择"最能为人类而工作的职业"。1841 年，马克思在博士论文中引述希腊神话传说中盗火者普罗米修斯，表明自己致力于造福人类的崇高信念。马克思用实际行动表明他的人生追求，他一生为世界无产阶级的利益奔走与呐喊，遭到世界各地反动势力的诅咒和驱逐，因此马克思不得不携家四处流浪，生活常常陷入极端窘迫的境地。马克思曾在一封信中表达了自己的生活困境。"一个星期以来，我已达到非常痛快的地步：因为外衣进了当铺，我不能再出门，因为不让赊账，我不能再吃肉。"② 但是贫困并没有动摇马克思的信念，他继续坚持斗争，指导工人运动，战斗到生命的最后一息，为共产党人树立了一座不朽的丰碑。

（七）对异化劳动的批判和对劳动的尊崇

劳动是人类有意识、有目的、有计划地改造自然的活动。在古代阶级分化的社会，"劳心者治人，劳力者治于人"。物质生产劳动受到普遍轻视，获者不劳、劳者不获的现象十分普遍。"不稼不穑，胡取禾三百廛兮？""四海无闲田，农夫犹饿死。""遍身罗绮者，不是养蚕人。"劳动人民处于社会的底层，常常辛勤劳作，仍然过着食不果腹、衣不蔽体的生活。

---

① 《马克思恩格斯选集》（第 1 卷），人民出版社 1995 年版，第 285 页。
② 《马克思恩格斯全集》（第 28 卷），人民出版社 1973 年版，第 28 页。

1. 对异化劳动的批判与揭露

在古代阶级社会，劳动成为套在人们身上沉重的枷锁，正如马克思、恩格斯所批判的资本主义社会异化劳动，劳动者为社会生产了财富，为自己生产了贫困。"只要肉体的强制或其他强制一停止，人们就会像逃避瘟疫那样逃避劳动。"① 异化劳动对劳动者绝不是一种自觉、自愿、快乐的事情。他们在批判资本主义社会异化劳动的同时，对未来共产主义社会劳动的意义给予高度评价。到那时，"生产劳动就不再是奴役人的手段，而成了解放人的手段，因此，生产劳动就从一种负担变成一种快乐"②。"生产劳动同智育和体育相结合，它不仅是提高社会生产的一种方法，而且是造就全面发展的人的惟一方法。"③ 马克思、恩格斯认为，到了共产主义社会，劳动成为人的第一需要，劳动不再是一种负担或包袱，将由谋生的手段变成"乐生"的要素。这种劳动完全是一种"自由自觉的活动"，是人实现自由全面发展的手段。

2. 对劳动的尊崇

马克思、恩格斯还从人类社会发展史角度认识劳动的重要意义。人类起源是长期困扰人们的难解之谜。古往今来有各种各样的解释和传说，达尔文的生物进化论提出了"从猿到人"的理论，但是达尔文只是从生物进化的角度来看待人类起源于动物，没有弄清楚人是怎样从猿演变而来，更不清楚人和动物的本质区别。恩格斯指出，人类的手、语言、思维、社会等等，都是在劳动过程中形成和发展起来的，劳动创造了人本身。"人类社会区别于猿群的特征在我们看来又是什么呢？是劳动。"④ 人类在劳动中不仅改造了客观世界，而且也改造了人自身。劳动是人类社会中最基本的活动，是人类社会得以维系的基础和理解全部社会史的钥匙。"整个所谓世界历史不外是人通

---

① 《马克思恩格斯文集》（第1卷），人民出版社2009年版，第159页。
② 《马克思恩格斯选集》（第3卷），人民出版社1995年版，第644页。
③ 《马克思恩格斯全集》（第44卷），人民出版社2001年版，第557页。
④ 《马克思恩格斯选集》（第4卷），人民出版社1995年版，第378页。

过人的劳动而诞生的过程。"① 社会生产方式是人类社会存在和发展的基础，马克思正是在生产劳动中发现了历史唯物主义，揭示了人类社会发展的规律。

总之，劳动创造了人，劳动是社会存在的基础，人的解放只有从劳动中才能获得。在未来共产主义社会，只有尊重劳动、热爱劳动，把劳动放在优先地位，人们才能不断获得自由而全面的发展。党的十八大以来，习近平总书记多次围绕"劳动的价值、弘扬劳动精神、构建和谐劳动关系"等内容进行深刻阐述，内涵丰富、思想深邃，为决胜全面建成小康社会、夺取新时代中国特色社会主义伟大胜利、实现中华民族伟大复兴的中国梦提供了强大的思想引领和精神支撑。2018年9月10日，习近平在全国教育大会发表讲话时再次强调："要在学生中弘扬劳动精神，教育引导学生崇尚劳动、尊重劳动，懂得劳动最光荣、劳动最崇高、劳动最伟大、劳动最美丽的道理，长大后能够辛勤劳动、诚实劳动、创造性劳动。"②

二　列宁关于社会主义的价值追求与实践探索

列宁作为无产阶级的革命导师和伟大的马克思主义者，在极端艰苦的革命岁月，他刻苦钻研马克思、恩格斯的理论著作，由于长期的过度操劳，使他的健康受到了严重的摧残。1922年12月，列宁再次中风，右手和左脚完全瘫痪。在他意识到自己可能将不久于人世的情况下，以对革命事业的高度责任感和惊人的毅力，并以口授的形式写下了许多论文和书信。仔细梳理这些论文和书信不难发现，其中包含着大量关于社会主义意识和社会主义思想体系灌输、社会主义民主建设、社会主义文化建设、共产主义道德教育等社会主义的价值追求和实践探索，这些举措有力地保障了俄国的健康发展，同时也为我们留下了宝贵的精神财富，这也成为社会主义核心价值观的重要理论渊源。当下，重新梳理并认识

---

① 《马克思恩格斯文集》（第1卷），人民出版社2009年版，第196页。
② 《习近平谈劳动：最光荣、最崇高、最伟大、最美丽》，人民网，2019年5月2日。

这些思想，无疑具有重要的理论意义和现实意义。

（一）提出对工人进行社会主义理论灌输的必要性、长期性与艰巨性

列宁作为伟大的马克思主义者，完整系统地掌握了马克思主义基本理论。他一贯坚持历史唯物主义原理，并十分重视上层建筑的反作用，强调"思想的社会关系"的重要功能，提出"没有革命的理论，就不会有革命的运动"的著名论断。列宁还把是否掌握革命理论、具有社会主义意识作为区分革命者、奴隶和奴才的标准。"意识到自己的奴隶地位而与之作斗争的奴隶，是革命者。没有意识到自己的奴隶地位而过着默默无言、浑浑噩噩、忍气吞声的奴隶生活的奴隶，是十足的奴隶。对奴隶生活的种种好处津津乐道并对和善的好主人赞赏不已以致垂涎欲滴的奴隶是奴才，是无耻之徒。"[①] 在这里，列宁所说的社会主义意识就是社会主义理论，可见，列宁已经明确地提出了社会主义理论，并认识到对工人灌输社会主义理论的必要性、长期性和艰巨性。

1. 对工人灌输社会主义理论的必要性

列宁提出了社会主义意识，并认为在革命斗争中社会主义理论并不会在工人群众中自发产生，要对工人灌输社会主义理论，因为"社会主义意识是一种从外面灌输到无产阶级的阶级斗争中去的东西，而不是一种从这个斗争中自发地产生出来的东西"[②]。为此，列宁进一步分析了其中的原因，指出：社会主义学说是有教养的知识分子通过对社会研究、在继承前人研究成果的基础上创立的，而普通工人缺乏足够的理论修养和分析能力，不能自觉创立社会主义学说。因此非常有必要对工人群众进行理论灌输。列宁深刻地认识到不对工人灌输社会主义理论的危害性。他指出，如果不对工人灌输社会主义理论，自发的工人运动必然走向工联主义，即主张"纯粹工会的斗争就是为了自己本人和自己的儿女，而不是为了什么未来的后代和什么未来的社

---

① 《列宁全集》（第16卷），人民出版社1988年版，第37页。
② 《列宁选集》（第1卷），人民出版社1995年版，第326页。

会主义"①，其结果必然要滑向资产阶级思想的深渊。资产阶级思想以利己主义为出发点，而且历史久远。自英国光荣革命建立资产阶级统治以来，资本主义生产方式在世界许多国家逐步建立起来。正如马克思所说："统治阶级的思想在每一时代都是占统治地位的思想。这就是说，一个阶级是社会上占统治地位的物质力量，同时也是社会上占统治地位的精神力量。"② 在资本主义社会，资产阶级利用各种途径和方式向工人传播资产阶级思想，工人每天都处在资产阶级思想体系的侵蚀之中。列宁指出："对社会主义思想体系的任何轻视和任何脱离，都意味着资产阶级思想体系的加强。"③ "轻视理论，对待社会主义思想体系躲躲闪闪、摇摆不定，就必然有利于资产阶级思想体系。"④ 可见，工人运动中如果放松社会主义思想体系的灌输，就等于加强资产阶级思想体系对工人的影响。

2. 对工人灌输社会主义理论的长期性和艰巨性

难能可贵的是，列宁还远见卓识地认识到："工人和旧社会之间从来没有一道万里长城。工人同样保留着许多资本主义社会的传统心理。工人在建设新社会，但他还没有变成新人，没有清除掉旧世界的污泥，他还站在这种没膝的污泥里面。"⑤ 也就是说，资产阶级思想体系的影响在社会主义革命胜利之后仍然将长期存在，它不会随着资本主义社会经济基础的消灭而立刻消失。因此，在无产阶级革命战胜资产阶级革命以后的无产阶级专政时期，思想领域的斗争和较量仍会长期存在，并且斗争可能更复杂、更隐蔽，因为"无产阶级专政是对旧社会的势力和传统进行的顽强斗争，流血的和不流血的，暴力的和和平的，军事的和经济的，教育的和行政的斗争"⑥。列宁的这些论述足以表明对工人灌输社会主义理论的长期性和艰巨性。今天，我们

---

① 《列宁选集》（第 1 卷），人民出版社 1995 年版，第 323 页。
② 《马克思恩格斯文集》（第 1 卷），人民出版社 2009 年版，第 550 页。
③ 《列宁选集》（第 1 卷），人民出版社 1995 年版，第 327 页。
④ 《列宁全集》（第 6 卷），人民出版社 1986 年版，第 362 页。
⑤ 《列宁全集》（第 35 卷），人民出版社 1985 年版，第 438 页。
⑥ 《列宁选集》（第 4 卷），人民出版社 1995 年版，第 154 页。

也要充分借鉴列宁的灌输理论，有效利用各种途径和载体加强对广大人民群众的新时代中国特色社会主义理论教育，为实现中华民族伟大复兴的中国梦提供强大的精神动力。

（二）关于社会主义民主及其建设的实践探索

关于社会主义民主及其建设的实践探索是列宁对社会主义实践探索的一大贡献。列宁认为，在阶级社会中不存在"纯粹民主"，民主都是一定阶级的民主，社会主义民主与资本主义民主具有本质的不同。"资本主义社会里的民主是一种残缺不全的、贫乏的和虚伪的民主，是只供富人、只供少数人享受的民主。"① 而社会主义民主是由广大人民群众参与管理国家事务，"民主就是全体居民群众真正平等地、真正普遍地参与一切国家事务，参与解决有关消灭资本主义的一切复杂问题"②。列宁一再强调："与资产阶级民主相比，社会主义民主是更高形式的新型民主。" 为了建设社会主义民主，列宁进行了一系列实践探索。

1. 改革党内的政治制度，使党内生活逐步走向民主化

纵观布尔什维克党的整个历史，不难看出，尽管民主集中制是党内生活的基本准则，但由于布尔什维克党在长期的革命斗争中所面临的特殊环境，使得党内生活实际存在着民主不足、集中有余的情况。经过战时共产主义，党内的集中制又进一步得到了强化。党的这种组织形式和活动方式，在夺取政权和巩固政权的斗争中起了积极作用，但随着和平建设的开始和新经济政策的实行，这种高度集权的组织形式已大大不能适应形势的要求，并且成了发展社会主义民主的障碍。为了改变这种高度集中的政治体制，从 1920 年 9 月俄共（布）第九次代表会议到 1921 年 3 月党的十大期间，列宁提出并开始实施一系列措施，例如通过采取选举制、监督制、废除委任制、设立党的监察委员会等举措，从而在一定程度上实现了党内生活民主化。列宁晚年

---

① 《列宁选集》（第 3 卷），人民出版社 2012 年版，第 191 页。
② 《列宁全集》（第 28 卷），人民出版社 1990 年版，第 111 页。

再次把实现党内民主放在首位，并对布尔什维克党内的政治制度进行了深刻的反思，得出了一系列新的认识。在此基础上，列宁建议在党的政治制度和组织制度上要进行重大变革。首先，对党的领导机构进行改善和重建。长期以来，列宁一贯强调和坚持划清党的核心组织和群众组织之间的界线，强调由十来个职业革命家组成的党的领袖集团的中坚和骨干作用。过去的历届中央委员会都是按照这一指导思想设置的，都是由职业革命家组成的核心小组组成的。一大中央委员只有5 人，布拉格代表大会只有 7 人；十月革命后的七大、八大、九大、十大、十一大，分别只有 15 人、19 人、19 人、25 人、27 人。上述机构，特别是政治局和后来由斯大林领导的书记处，成了实际的权力核心。在列宁的最后构想中，他的指导思想发生了重大变化。他设想从两个方面来重新改造中央委员会本身：一是改变中央委员会规模、壮大队伍。这样，中央委员会能有效地防止由于个别人的原因而导致党的分裂。二是吸收普通工农群众，改变中央委员会组成成分。为此，列宁提出了大胆的设想："工人中央委员主要应当是这样的工人，他们的岗位低于五年来被我们提拔为苏维埃职员的那一层人，他们更接近于普通的工人和没有成为直接或间接剥削者的农民。"① 其次，把斯大林调离总书记岗位，以防止总书记和主要领袖个人专权和滥用职权。这一人事变动建议是列宁深思熟虑的结果，以防止党的核心领导集团分裂，并将其置于全党的监督之下，避免领袖个人专权。列宁指出："斯大林同志当了总书记，掌握了无限的权力，他能不能永远十分谨慎地使用这一权力，我没有把握。"② 后来的事实证明了列宁的这一建议是正确的和富有远见的。新时代，中国共产党党员干部队伍的主流是好的。同时，我们也要清醒地认识到，一些领域消极腐败现象仍不同程度地存在，反腐败斗争形势依然严峻。要改变这一现状，需要党员干部时刻铭记并践行习近平总书记提出的"把权力关进

---

① 《列宁全集》（第 43 卷），人民出版社 1987 年版，第 342 页。
② 《列宁全集》（第 36 卷），人民出版社 1959 年版，第 617 页。

制度的笼子里"这一要求，时刻警醒自己。

2. 将党的监察委员会与工农检查院合并起来，强化人民的监督权

列宁关于强化人民监督权的思想，是在实践中逐步得到深化的。十月革命后的最初阶段，他就把实现工农监督权看作是实现社会主义的重要步骤。不过当时他所讲的工人监督，主要是对生产的监督，而不是对党和国家领导机关和领袖人物的监督。1918 年 5 月，为了加强对国家机关的监督，根据列宁的建议，成立了国家监察人民委员部。1920 年 3 月，列宁提出了监察工作全盘工农化的原则，以加强人民群众的监督权。根据列宁的提议，将国家监察人民委员部改组为工农检查院。在此期间，列宁多次要求监察工作必须贯彻普遍吸收劳动群众的原则，并强调指出："工农检查院的任务，不仅仅是甚至主要不是'捕捉'和'揭发'（这是法院的事，工农检查院虽然和法院密切有关，但决不等同），而是善于纠正"①，也就是说，不应对人民群众的监督作行政化的狭隘的理解，而应为其提供更为广阔的职权范围和活动余地。同时，列宁着手建立和强化党的监督系统。第九次代表会议根据列宁的建议，开始建立党的监督系统，成立了中央监察委员会。依靠党外普通群众进行清党的实践经验，加深了列宁对人民监督权的认识。布尔什维克成为执政党后，许多人进入了党内，为了纯洁党的队伍，俄共（布）十大决定进行清党。在清党过程中，广泛听取非党群众的意见，有 17 万人被清除出党，占当时党员总数的25%。经验表明："在揭露'混进党的'、'摆委员架子的'、'官僚化的'人的时候，非党无产阶级群众的意见以及在许多场合下非党农民群众的意见是极其宝贵的。"② 列宁这些思想和举措在今天看来仍然具有重要的启示意义。新时代，以习近平同志为核心的党中央也高度重视同人民群众的密切联系，发表了"群众路线是党的生命线和根本工作路线"、"准确把握党的群众路线教育实践活动的指导思想和目

---

① 《列宁全集》（第 42 卷），人民出版社 1987 年版，第 150 页。
② 《列宁全集》（第 42 卷），人民出版社 1987 年版，第 145—146 页。

标要求"等一系列讲话，并要求全党努力践行。

3. 从根本上对整个国家机构进行改造

为了更好地遏制官僚主义、推动社会主义民主，列宁对整个国家机构进行了改革。列宁一再毫不留情地指出了当时苏维埃国家机关的可悲现状和严重弊端，认为，"这些机关仅仅在表面上稍微粉饰了一下，而从其他方面来看，仍然是一些最典型的旧式国家机关"①；并且是"原封不动地从旧时代接收过来的简直毫无用处的国家机关"②。为了改善国家机关，列宁首先提出要到专政最深厚的力量——工农中去寻找力量源泉，依靠工农群众的直接参与和监督来解决改善国家机关的问题。工农检查院之所以成为列宁最后关注的焦点，原因也正在这里。列宁设想首先将工农检察院改造为真正的模范机关，大大提高它的地位和作用，将其作为改造整个国家机关的工具。在这一总构想的基础上，列宁对改造国家机关提出了一些具体的建议。首先，提倡节约、反对奢华和浪费。列宁强调要："通过大力节约把自己社会关系中任何浪费现象的任何痕迹铲除干净。"③ 其次，大力精简机构和人员，提高工作效率。在《我们怎样改组工农检查院》中，他提出将工农检查院的 1.2 万人精简到 400—500 人。虽然这一措施是专门针对工农检查院的，但联系列宁晚年的有关思想，完全可以说，这是列宁改造国家机关的一项基本原则。最后，贯彻持之不懈的原则，力避急躁。特别是在文化问题上，列宁指出，对于改善国家机关来说，"只有那些已经深入文化，深入日常生活和成为习惯的东西，才能算作已达到的成就"④。正是基于这种科学的认识，列宁主张"宁肯少些，但要好些"，要"七次量衣一次裁"，要认真调查、深入研究、持之以恒，反对鲁莽急躁、反复改组，要有步骤、坚持不懈地进行。他一再告诫人们：在改善国家机关问题上，"最有害的就是急躁"，

---

① 《列宁全集》（第 43 卷），人民出版社 1987 年版，第 373 页。
② 《列宁全集》（第 43 卷），人民出版社 1987 年版，第 367 页。
③ 《列宁全集》（第 43 卷），人民出版社 1987 年版，第 391 页。
④ 《列宁全集》（第 43 卷），人民出版社 1987 年版，第 379 页。

"所以我们必须记住，为了建立这样的机关，不应该舍不得时间，而应该花上许多许多年的时间"①。新时代，我们所进行的各项改革举措也要充分借鉴列宁的这些宝贵经验。

（三）进行文化革命，提高全民族的文化水平

列宁反复强调，与资产阶级民主相比，苏维埃政权、无产阶级专政是更高形式的新型民主，但是当他着手实行这种无产阶级的新型民主时，却遇到了俄国文化落后的巨大障碍。俄国文化的落后和与之相联系的官僚主义，给社会主义民主建设带来了巨大障碍，并使苏维埃政权面临变质的危险。可以说，俄国落后的经济文化成为苏维埃新型民主建设道路上的绊脚石，使新型民主建设步履艰难。鉴于此，当列宁对社会主义民主建设作最后的战略思考时，把进行文化革命、提高全民族的文化水平放在重要的地位。他认为，文化革命是使俄国摆脱落后的经济文化最有效的途径，"只要实现了这个文化革命，我们的国家就能成为完全社会主义的国家了"②。列宁关于文化教育的《日记摘录》，就证实了这一点。在这篇摘录中，他规划了建设社会主义的完整纲领，包括：文化建设、经济建设和政治建设三部分。在这三部分中，列宁重点论述了文化建设对于经济建设和政治建设的重要作用。他认为，文化建设是经济建设和政治建设的先决条件。

众所周知，俄国在十月革命前城乡居民多数是文盲和半文盲，文化水平相当落后。对于这种落后的文化状况，列宁在 1923 年就指出："问题就在于我们直到今天还没有摆脱半亚洲式的不文明状态，如果我们不作重大的努力，是不能摆脱的。"③ 大致说来，列宁的文化革命举措主要体现在以下几个方面。

1. 强化文化教育，不断提高人的文化素质

列宁清醒地意识到，要改变当时俄国文化落后的现状，必须进行文化教育。为此，他深刻地指出："如果说我们容易地摧毁了外部障

---

① 《列宁全集》（第 43 卷），人民出版社 1987 年版，第 379 页。
② 《列宁全集》（第 43 卷），人民出版社 1987 年版，第 368 页。
③ 《列宁专题文集·论无产阶级专政》，人民出版社 2009 年版，第 344 页。

碍，那么我们非常突出地感到十分艰巨的工作是重新教育群众，组织和训练群众，普及知识，同我们接受下来的愚昧、不文明、粗野等遗产作斗争。"① 为了加强文化教育，列宁在1919年3月就明确地规定："（1）对未满16岁的男女儿童一律实行免费的义务的普通教育和综合技术教育（从理论上和实践上熟悉各主要生产部门）。（2）把教育和社会生产劳动紧密结合起来"②，以培养共产主义社会的全面发展的成员。可见，列宁十分重视对青少年的文化教育，并努力提高他们的文化素质。同时，针对俄国文化落后的悲惨状况，列宁在《日记摘录》中提出了一系列发展教育、提高全民族文化水平的措施，包括："大大提高教师的地位，增加教育投资，组织城市工人帮助农村提高文化水平等等。"③ 文化是一个民族的血脉，人民的精神家园，一个政权，一个国家要是没有大量掌握了先进文化的领导阶级，没有一大批文化素质较高的群众，想要取得革命与建设的成功是不可能的。以毛泽东为代表的第一代领导集体就非常重视文化的建设，在革命战争年代无论条件怎样艰苦，都开办各种层次的学校，培养党的各级领导干部和不断提高广大人民群众的文化素质和阶级觉悟水平。中国革命之所以能够取得成功与毛泽东认真将马克思列宁主义文化的基本原理与中国实际相结合是分不开的。新时代，建设中国特色社会主义也要充分借鉴吸收列宁关于文化建设的论断，不断加强全民族的思想道德文化建设。实现中华民族伟大复兴的中国梦，没有全民族文化素质的极大提高也是不可能的。加强文化建设是不断提高文化软实力，建设文化强国的重要举措。社会越发展，我们越要重视文化建设，让精神文明和物质文明提供更加强大的智力支撑，为实现可持续发展奠定牢固的基础。

2. 珍惜和严格选拔人才

列宁认识到，文化落后、人才奇缺是俄国条件下改善国家机关的

---

① 《列宁全集》（第36卷），人民出版社1985年版，第319页。
② 《列宁全集》（第36卷），人民出版社1985年版，第87页。
③ 梁树发、陈先奎：《马克思主义史》（第3卷），人民出版社1996年版，第35页。

最大障碍。因此，他提出在改造国家机构的过程中，要特别注意珍惜和选拔人才。在录用国家机关工作人员时，要建立严格的考试制度；要成立专门的委员会来拟定录用人员的考试大纲；考试要严格、公正；要不拘一格，广揽人才，使机关中有各种类型的人员，达到各种优点和各种品质的最佳组合。中国共产党人继承了列宁的这一思想，党的十九大报告中提出："实行更加积极、更加开放、更加有效的人才政策，以识才的慧眼、爱才的诚意、用才的胆识、容才的雅量、聚才的良方，把党内和党外、国内和国外各方面优秀人才集聚到党和人民的伟大奋斗中来……努力形成人人渴望成才、人人努力成才、人人皆可成才、人人尽展其才的良好局面，让各类人才的创造活力竞相迸发、聪明才智充分涌流。"[①] 近些年来，中国经济社会获得了飞速的发展，令世界瞩目，一个重要的原因就是重视各种人才，提供各种优厚的政策，落实各种丰厚的待遇，为创业者提供了一个良好的环境，中国吸引了世界的眼光。各种人才充分发挥自己的聪明才智，为中国这艘巨轮提供了强劲的动力。

（四）高度重视共产主义道德教育

高度重视共产主义道德教育是马克思主义一项极其重要的原则，也是社会主义建设的必然要求。1920 年 10 月 2 日，列宁在俄国共产主义青年团第三次代表大会上发表演说《青年团的任务》，明确提出"共产主义道德"概念。列宁认为道德并不是超人类社会和超阶级的，它具有明显的阶级性，共产主义道德是为无产阶级斗争服务的，"我们也要使我们的共产主义道德服从这个任务。我们说：道德是为摧毁剥削者的旧社会、把全体劳动者团结到创立共产主义者新社会的无产阶级周围服务的"[②]。共产主义道德同以往旧社会的道德实现最彻底的决裂，它是人类社会崭新的道德形态。列宁一针见血地指出，建立在私有制基础上的道德准则是利己主义，"旧社会依据的原则是：

---

① 习近平：《决胜全面建成小康社会 夺取新时代中国特色社会主义伟大胜利——在中国共产党第十九次全国代表大会上的报告》，人民出版社 2017 年版，第 65 页。
② 《列宁选集》（第 4 卷），人民出版社 2012 年版，第 290 页。

不是你掠夺别人，就是别人掠夺你；不是你给别人做工，就是别人给你做工；你不是奴隶主，就是奴隶。……总之，是一个人只关心自己而不顾别人的人"①，即"我赚我的钱，其他一切都与我无关"，"人人为自己，上帝为大家"。列宁提出要建设共产主义道德就要反对这种小私有制的心理和情绪，因为共产主义道德是以"大家为一人，一人为大家"为准则的。"我们将努力消灭'人人为自己，上帝为大家'这个可诅咒的准则。"② 列宁深刻地认识到共产主义道德要落地生根就必须与社会生活相结合，为此，他提出："我们要努力把'大家为一人，一人为大家'和'各尽所能，按需分配'的准则渗透到群众的意识中去，渗透到他们的习惯中去，渗透到他们的生活常规中去，要逐步地却又坚持不懈地推行共产主义纪律和共产主义劳动。"③列宁指出了共产主义道德教育在社会主义建设中所发挥的重要作用。在列宁早期，他就远见卓识地认识到，俄国在当时经济、文化落后的状况下进行社会主义建设，如果不开展共产主义道德教育，不用马克思主义来武装人们的头脑，就不能实现马克思主义在思想道德领域和精神领域中的主导地位，社会主义建设的任务也就不能实现。关于共产主义道德教育的目的，列宁明确指出："教育工作者和斗争的先锋队共产党的基本任务，就是帮助培养和教育劳动群众，使他们克服旧制度遗留下来的旧习惯、旧风气，那些在群众中根深蒂固的私有者的习惯和风气。"④ 为了实现这一目的，列宁针对不同的教育对象提出共产主义道德教育的主要方法。

1. 告诫青年学生要加强马克思主义理论学习

列宁认为，马克思、恩格斯研究了人类社会发展的规律，是对资本主义社会所作的最确切、最缜密的研究，马克思主义著作中每一句话都是根据大量的史料和政治材料写成的。因此，要领会马克思主义

---

① 《列宁选集》（第4卷），人民出版社2012年版，第291页。
② 《列宁全集》（第39卷），人民出版社1986年版，第100页。
③ 《列宁全集》（第39卷），人民出版社1986年版，第100页。
④ 《列宁选集》（第4卷），人民出版社1995年版，第303页。

理论，就要下一番功夫，认真学习共产主义本身借以产生的全部知识。"如果以为不必领会共产主义本身借以产生的全部知识，只要领会共产主义的口号，领会共产主义科学的结论就足够了，那是错误的。共产主义是从人类知识的总和中产生出来的，马克思主义就是这方面的典范。"① 只有掌握马克思主义理论才能更好地培育共产主义道德，没有理论上的自觉认识，就不会有行动上的自觉实践。为此，列宁提出关于青年学习经典著作的方法，他告诫青年学生开始学习时，"你们应该把不理解或不明白的地方记下来，三番五次地加以研究，将来在看书听讲中进一步把不明白的地方弄清楚"②。在学习时要坚持循序渐进的原则，要有耐心。有的著作不能一下子读懂，当以后一旦发生兴趣再来研究时，即使不能全部读懂，也一定能读懂绝大部分。"不过起初也许有人又会因为难懂而被吓住，所以要再次提醒你们不要因此懊丧，第一次阅读时不明白的地方，下次再读的时候，或者以后从另一方面来研究这个问题的时候，就会明白的。"③ 更为重要的是，列宁十分重视在学校中加强共产主义道德教育，反对学校不问政治的倾向。在实行普遍的义务教育和实施综合技术教育的教学内容方面，列宁首先强调教育内容的阶级性。"与过去那些谎言不同，我们不能不公开提出问题，公开承认教育不能不联系政治。"④ 他指出最重要的是课程的思想政治方向，"在任何学校里，最重要的是课程的思想政治方向。"⑤ 就是职业技术学校教育，列宁提出同样要注意共产主义教育，防止把职业技术学校变成培养手艺匠的学校，加强共产主义、通史、革命史、1917 年革命史的教育，扩大普通教育课程。党的十八大以来，在以习近平同志为核心的党中央的号召下，全国掀起了群众路线教育实践活动，以及"两学一做"学习教育等活

---

① 《列宁选集》（第 4 卷），人民出版社 1995 年版，第 284 页。
② 《列宁选集》（第 4 卷），人民出版社 1995 年版，第 24 页。
③ 《列宁选集》（第 4 卷），人民出版社 1995 年版，第 24—25 页。
④ 《列宁选集》（第 4 卷），人民出版社 1995 年版，第 303 页。
⑤ 《列宁全集》（第 45 卷），人民出版社 1990 年版，第 249 页。

动，目的就是要不断提高全党全国各族人民群众的马克思主义理论水平，树立无产阶级的世界观、人生观和价值观，以适应新时代中国特色社会主义所面临的各种困难与挑战。习近平总书记也十分重视青年道德教育。他认为一个民族的文明素养很大程度上体现在青年一代的道德水准和精神风貌上。他希望青年们要把正确的道德认知、自觉的道德养成、积极的道德实践紧密结合起来，自觉树立和践行社会主义核心价值观，带头倡导良好的社会风气，主动承担社会责任，热诚关爱他人，多做扶贫济困、扶弱助残的实事好事，以实际行动促进社会进步。

2. 培养共产主义青年要把学校教育与社会实践相结合

列宁提出培养共产主义青年，绝不是向他们灌输关于道德的各种美丽动听的言辞和准则，而是要与当前的社会生活紧密联系起来。"训练、培养和教育要是只限于学校以内，而与沸腾的实际生活脱离，那我们是不会信赖的。"① "沸腾的实际生活" 就是苏维埃俄国在各条战线开展得轰轰烈烈的建设活动。列宁列举建设中种种问题和困难，比如说农村中存在大量的文盲、粮食短缺、老人和病人缺乏关心、全部家务都压在妇女身上等等。列宁要求理论与实际相联系，除了掌握各种知识，还要到农村帮助扫除文盲，发展菜园，到各家各户协助搞卫生工作或分配食物。"做一个青年团员，就要把自己的工作和精力全部贡献给公共事业，这就是共产主义教育。"② 因此要培养共产主义道德，除了要接受理论上的教育之外，还要深入生活，在社会实践中不断提高认识，只有在与工农的共同劳动中，才能成为真正的共产主义者。习近平总书记十分重视青年理论学习与社会实践的充分结合，他希望青年增强知识更新的急迫感，如饥似渴地学习，不断提高与时代发展和事业要求相适应的素质和能力，在2013年"五四讲话"中就明确提出："要坚持学以致用，深入基层、深入群众，在改革开

---

① 《列宁选集》（第4卷），人民出版社1995年版，第292页。
② 《列宁选集》（第4卷），人民出版社1995年版，第294页。

放和社会主义现代化建设的大熔炉中，在社会的大学校里，掌握真才实学，增益其所不能，努力成为可堪大用、能担重任的栋梁之材……要不怕困难、攻坚克难，勇于到条件艰苦的基层、国家建设的一线、项目攻关的前沿，经受锻炼，增长才干。"①

3. 坚持循序渐进的原则和联系实际的方法推进农民的共产主义道德教育

由于农民在俄国人口中占绝大多数，列宁十分重视农民的共产主义道德教育问题，指出："应当对劳动群众中的半无产者和非无产者阶层传播无产阶级在思想、组织、教育等方面的影响，以培养能够最终实现共产主义的一代人。"② 列宁在这里所说的劳动群众主要是指农民。首先，列宁提出坚持循序渐进的原则来推进农民的共产主义道德教育。由于农民长期处于社会底层，他们文化水平不高，又是小私有者，旧的传统习气在他们头脑中根深蒂固。因此，列宁提出坚持循序渐进的原则来推进农民的思想教育，"决不能把这话理解为我们应当马上把纯粹的和狭义的共产主义思想带到农村去。在我们农村中奠定共产主义的物质基础之前，这样做对于共产主义可以说是有害的，可以说是致命的。"③ 其次，列宁认为，要用联系实际的方法推进农民的共产主义道德教育。其一，鉴于城市和农村的物质基础和文明程度有很大差异，因此在农村进行共产主义教育之前，需要做更多的基础性工作，可以对他们进行无神论教育，进行初步的思想启蒙，逐步唤起理论兴趣。为此，"应该向他们提供各种无神论的宣传材料，告诉他们实际生活各个方面的事实，用各种办法接近他们，以引起他们的兴趣，唤醒他们的宗教迷梦，用种种方法从各方面使他们振作起来，如此等等"④。其二，列宁认识到农民是最大的实际主义者，要

---

① 《习近平谈治国理政》，外文出版社 2014 年版，第 51—52 页。
② 《列宁选集》（第 3 卷），人民出版社 1995 年版，第 725—726 页。
③ 《列宁选集》（第 4 卷），人民出版社 1995 年版，第 765 页。
④ 《列宁专题文集·论辩证唯物主义和历史唯物主义》，人民出版社 2009 年版，第 325 页。

用实际生活的具体实例来进行教育会更有说服力，因为"他们只会相信行动，相信实际经验"①。因此，要取得共产主义道德教育的实效性，就必须充分保障农民的个人利益，给农民以实际的物质支持，"如果我们明天能够拿出 10 万台头等拖拉机，供给汽油，供给驾驶员（你们很清楚，这在目前还是一种幻想），那么中农就会说：'我赞成康姆尼（即赞成共产主义）。'"②最后，列宁提出坚持形式多样的原则，拓展农民思想教育的载体。在农村建立图书馆和阅览室，并把报纸和书籍免费分配给各地图书馆和阅览室，方便广大农民阅读。1918 年 3 月，俄共（布）中央创办供农民阅读的报纸《贫苦农民报》，该报主要面向农民发行，语言通俗，内容多为反映农民生活，对农民有很大的教育作用。列宁认为电影也是十分有效的教育载体，"要特别注意在农村和在东部地区兴建电影院的工作，在这些地方电影院还是新鲜事，因而我们的宣传将会特别有效"③。我国作为一个农民人口较多的社会主义国家，要建设社会主义文化强国、建成社会主义现代化强国，也要充分借鉴列宁关于农民共产主义道德教育的方法，密切联系新时代中国特色社会主义建设的实践，不断提高广大农民的思想道德水平，在中国共产党的正确领导下，让广大人民群众迸发出智慧的火花，为实现中华民族伟大复兴贡献自己的力量。

总之，列宁关于社会主义的价值追求与实践探索是从当时俄国的实际情况出发，从人的因素、制度因素、思想道德因素等不同的方面分析并提出建设社会主义价值的理论与实践。结合我国实际情况学习、继承、创新列宁关于社会主义的价值追求与实践探索，对于新时代中国特色社会主义建设不仅具有重要的理论意义，更具有重要的现实意义。

---

① 《列宁选集》（第 3 卷），人民出版社 1995 年版，第 831 页。
② 《列宁选集》（第 3 卷），人民出版社 1995 年版，第 787 页。
③ 《列宁全集》（第 42 卷），人民出版社 1987 年版，第 383 页。

第二节　中华优秀传统文化是涵养社会主义
核心价值观的重要源泉

中华优秀传统文化源远流长、博大精深，凝聚着几千年华夏子孙的集体智慧，积淀了丰厚的优秀文化遗产，是无数思想家对自然界、人类社会等进行探索与思考的结晶。离开中华优秀传统文化的滋养，社会主义核心价值观将变成无源之水、无本之木。正如习近平总书记在文艺工作座谈会上所强调的："中华优秀传统文化是中华民族的精神命脉，是涵养社会主义核心价值观的重要源泉，也是我们在世界文化激荡中站稳脚跟的坚实根基。"①

一　中华优秀传统文化是社会主义核心价值观的文化根基

习近平总书记 2014 年 4 月 1 日在比利时欧洲学院的演讲中指出："中国是有着悠久文明的国家，在世界几大古代文明中，中华文明是没有中断、延续发展至今的文明，已经有 5000 多年历史了。……中国人独特而悠久的精神世界，让中国人具有很强的民族自信心，也培育了以爱国主义为核心的民族精神。"② 学者沈壮海也认为："几千年来，我们的先民根据农业社会的生产活动和社会实践，总结出一系列思维定式、审美取向、道德伦理、人生信条和处世原则，这便是中国传统的价值观。历代中国人践行这些价值观，不仅以之约束自己的为人处世，而且自觉维护和传承这些价值观。这些价值观作为一种文化基因，至今仍然鲜活地流淌在中国人的血液中。"③ 中华优秀传统文化所蕴含的思想根基因为社会主义核心价值观奠定了坚实的文化基础，成为涵养社会主义核心价值观的重要源泉。因此，社会主义核心

---

① 习近平：《在文艺工作座谈会上的讲话》，人民出版社 2015 年版，第 25 页。
② 习近平：《在布鲁日欧洲学院的演讲》，《人民日报》2014 年 4 月 2 日。
③ 沈壮海：《兴国之魂：社会主义核心价值体系释讲》，湖北教育出版社 2015 年版，第 116 页。

价值观深深地植根于中华民族的传统文化之中，是悠久历史的积淀，这些文化基因，至今仍然鲜活地流淌在中国人的血液中。

社会主义核心价值观的基本内容，即"富强、民主、文明、和谐，自由、平等、公正、法治，爱国、敬业、诚信、友善"，具有深厚的中华优秀传统文化的底蕴。今天，社会主义核心价值观培育必须植根于中华优秀传统文化的沃土，以优秀传统文化为思想源泉，只有从优秀传统文化基因中萃取精神符码，进行符合时代精神的再凝练，所构建的社会主义核心价值观才会具有民族个性和生命活力。这既体现了中华民族具有高度的文化自觉，又体现了中华民族坚定的文化自信，正因为如此，中华民族才能一直保持着强大的生命力。

（一）社会主义核心价值观在国家层面的内涵：富强、民主、文明、和谐

中华优秀传统文化中蕴含着丰富的"富强、民主、文明、和谐"的文化基因，从而成为社会主义核心价值观的活水源头。当然，社会主义核心价值观国家层面的"富强、民主、文明、和谐"不仅仅是对传统文化的批判与继承，更是结合新时代条件下的凝练与创新。

关于富强。纵观我国历史，国富民强始终成为人们梦寐以求的奋斗目标。《尚书·五子之歌》中讲："民惟邦本，本固邦宁。"意思就是百姓是国家的根本和基础，唯有百姓富足安康，国家才能和谐稳定。"富强"也就是国富民强，这就要求以人民为中心，关注民生，践行全心全意为人民服务的宗旨，唯有人民安居乐业、幸福美满，国家才能富强昌盛。中国历代贤君实行仁政，重视发展农业、鼓励生产，希望百姓富足、国家强盛。汉唐盛世可以说是我国历史上最有代表性的国富民强的时代，是执政者对富强的践行。可见，今天社会主义核心价值观所倡导的"富强"是古代中国富强观在新时代的升华。

关于民主。在很多人看来，民主是现代西方国家才有的权利，社会主义核心价值观的民主是对西方现代民主制度的借鉴。但是，仔细探究可以发现中国传统文化中不乏民主的影子，主要体现在民本思想中。"从孔子的仁政，到孟子的民贵君轻，到荀子的立君为民，到贾

谊的民为政本，最后到黄宗羲的民主君客，经历了萌芽、兴起、继承和发展的过程。"① 这是历代政治中一贯的坚持，可以视为我国民主的起源。由此可见，中国古代社会并不完全是黑暗的封建专制制度，其中也包含着民主的一面，比如说净谏制度、监察制度，汉有御史大夫、唐有谏议大夫、明有言官，这些无不说明了封建统治者也极力发扬民主。因此，社会主义核心价值观所倡导的民主也与中华优秀传统文化相得益彰、互为补充的。

关于文明。文明往往是社会发展进步程度的标识。文明在古代常常体现在"仁"和"礼"上。仁作为古代文明的基本规范，不论儒家提倡的"仁爱"还是墨家主张的"兼爱"，都是最重要的传统价值理念。礼是实现古代文明的根本路径，它针对文明制定了相应的行为规范，提出了一系列的道德要求。西周由于礼的完善被孔子认为是完美理想的社会。"周礼是周初确定的一整套的典章、制度、规矩、仪节。其特征确是将以祭神（祖先）为核心的原始礼仪，加以改造制作，予以系统经、扩展化，成为一整套习惯统治法规。"② 可见，社会主义核心价值观所倡导的文明，也是借鉴了我国古代文明的优秀基因，并吸收了西方文明的合理成分，结合新时代进行了批判性继承和创新性发展。

关于和谐。"和合"是中华优秀传统文化的核心思想，古代先人强调天人合一、道法自然，都强调了人与人、人与自然、人与社会之间和谐相处，展现了中华民族几千年来的理想追求。社会在进步，时代在发展，和谐思想不仅强调人的活动应顺应自然规律，维护人与自然的和谐，而且强调人与人、国家与国家的交往中既能与之保持和平友善关系，又能坚守自己的立场。这与社会主义制度下强调保持人与人之间自由、民主、平等的关系，在人与自然的相处中保护环境，实现人与自然的和谐，在处理国家关系中坚持和平共处、互利共赢，是

---

① 姚宏：《中华优秀传统文化涵养社会主义核心价值观研究》，陕西科技大学，2016年5月。
② 李泽厚：《孔子再评价》，《中国社会科学》1980年第2期。

一脉相承的。新时代，我国正处于全面深化改革的关键时期，各方面的矛盾相互叠加、问题更加突出，在这种形势下，人与人之间的和睦相处、人与自然的和谐共生、人与社会的安定有序，对于国家富强、民主和文明至关重要，也是当代社会理所应当构建的核心价值理念。

（二）社会主义核心价值观在社会层面的内涵：自由、平等、公正、法治

"自由、平等、公正、法治"这些价值理念是适应新时代中国特色社会主义建设而提出的，也是从中华优秀传统文化中不断汲取营养发展而来的。

关于自由。自由是中华民族始终不渝的价值追求，以儒释道为代表的传统文化都内涵自由精神：儒家"入世的自由"主张在承担责任和义务中求得自由，道家"忘世的自由"追求心灵的自由，佛家"出世的自由"强调通过自度和普度达到个体和群体的自由。可见，中华传统文化中的自由既强调身体自由，也强调精神自由和思想自由。它在追求内在自由的同时，更注重修身养性与慎独巧行，讲求"不逾矩"的自我规范，成为中华民族独特的情怀。社会主义核心价值观所倡导的自由正是着眼于这种独特的情怀，将传统意义上的自由与人们实现自由全面发展相结合，提出了社会层面应当遵循的和每个人努力追求的价值目标。

关于平等。平等观念是人们孜孜以求的价值目标，中国几千年的君主制，虽然君权高于一切，等级森严，但古人对平等的价值追求绵延不绝，孔子主张的"仁者爱人"、"有教无类"，墨子主张的"兼相爱、交相利"，法家主张的卿相臣民违法同罪，而在中国古代历次农民起义中，都有关于平等的追求。陈胜、吴广提出"王侯将相、宁有种乎"，李自成以"均田免赋"为政治口号，太平天国《天朝田亩》制中的"有田同耕、有食同吃、有衣同穿、有钱同使"等都是社会最底层人民对平等最深刻的疾呼。社会主义核心价值观所倡导的平等观念是对中华优秀传统文化中平等观念的继承与创新，但它不再是单纯的不患寡患不均的绝对平均主义，而是广大人民群众具有平等的权利，享有均等的就业机会和选择权利，这种平等能够充分调动人民的

积极性和参与感，从而能够更好地实现个人自身价值的平等观念。

关于公正。在旧中国，公正虽然是为封建统治阶级服务的，不可能得到真正的实现，但公正思想闪耀在诸多先贤的言论里，《论语·子路篇》讲道："其身正，不令而行；其身不正，虽令不从。"《礼记·大学》讲道："心正而后身修，身修而后家齐，家齐而后国治，国治而后天下平。"再从春秋孔子讲"大道之行，天下为公"，老子讲"以正治国"，到近代康有为讲"人人相亲、人人平等，天下为公"，孙中山"三民主义"等等都内含"公正"这一理念。"天下为公"和"均贫富"的社会政治理念和道德思想历来成为治国安民的基本法则。因此，"公正"这一理念，成为涵养社会主义核心价值观的沃土。

关于法治。中国历来有法治的传统，诸子百家中的法家追求"变法""尊法""依法"，主张用法律来规范社会，既强调法律的约束性，又主张维护法律的权威性，并寄希望于君权转化为国家法律，成为社会化的规范。唐房玄龄《公平正直对》强调："理国要道，实在公平正直。"《慎子》逸文："治国无其法必乱，守法而不变则衰。"《韩非子·饰邪》："明法制，去私恩。令必行，禁必止。"古代朝堂和衙门高悬的"正大光明"、"公正廉明"，作为君臣和官吏的座右铭不管是否践行，毕竟是一种价值原则。在封建社会少有清官良吏的情况下，包拯、狄仁杰、况钟、于成龙等清官廉吏以他们清正廉洁、刚毅正直、为民做主、惩恶扬善的品格和作为，成为民间称颂的典范，世代相传。诚然，古代法治是与古代封建专制制度相适应的，不可能完全对接现代意义上的法治。但是其遗留下的"法家不别亲疏，不殊贵贱，一断于法"等理念，和其主张的"法大于权"的法律至上思想为社会主义核心价值观提供了宝贵的思想资源。

（三）社会主义核心价值观在个人层面的内涵：爱国、敬业、诚信、友善

"爱国、敬业、诚信、友善"，作为社会主义核心价值观个人层面的价值准则，要求每个公民都应该遵循。

关于爱国。自古以来，中华民族就有一种胸怀天下、心系家国的

爱国情怀，无数英雄儿女用实际行动诠释着"天下兴亡、匹夫有责"的责任担当。"从'亲民如子、爱国如家'到'匈奴未灭，何以成家'，从'苟利国家生死以，岂因祸福避趋之'到'革命尚未成功，同志仍需努力'。"① 屈原的"路漫漫其修远兮，吾将上下而求索"，司马迁的"常思奋不顾身，而殉国家之急"，曹植的"捐躯赴国难，视死忽如归"，文天祥的"人生自古谁无死，留取丹心照汗青"，顾炎武的"天下兴亡，匹夫有责"，爱国主义传统犹如一枚烙印，深深刻在了中华民族的灵魂深处，成为外御强敌、内聚人心的强大动力。这些爱国名句世代相传。投江殉国的屈原、留胡节不辱的苏武、精忠报国的岳飞、视死如归的文天祥、抗倭英雄戚继光、虎门销烟的林则徐等爱国志士万古流芳，成为爱国主义教育的生动教材。尤其是近代以来，中国沦为半殖民地半封建社会，人民生灵涂炭、国将不国，更是激发了广大人民对国家最深厚、最高尚的情感。这种情感亘古不灭，成为激励中华民族不断开创美好未来的精神动力。

关于敬业。中华民族历来崇尚敬业精神，孔子和弟子的"天道酬勤""敬事而信""敬其事而后其食"，《易经》里的"劳谦君子有终吉"，都彰显了敬业精神和奉献精神。诸葛孔明的"鞠躬尽瘁死而后已"，韩愈的"业精于勤荒于嬉"，朱熹的"敬业者，专心致志以事其业"，都是对人们在职业活动中持之以恒、坚韧不拔、自强不息的要求。"从远古时的大禹治水十三年三过家门而不入，李冰父子历尽艰险修筑都江堰福泽后世，李春建造举世闻名的赵州桥，其敬业奉献精神千古颂扬，正是中国人民的勤劳、敬业和奉献精神，才能有影响世界历史发展进程的指南针、造纸术、印刷术和火药的四大发明……也正是中国人民的勤劳、敬业和奉献精神，谱写了中华民族绵延不绝的灿烂文明。"② 无论时代如何变迁，敬业精神都成为激发人们干事

① 姚宏：《中华优秀传统文化涵养社会主义核心价值观研究》，陕西科技大学，2016年5月。

② 赵建华：《社会主义核心价值观与中华优秀传统文化传承》，河北美术出版社2016年版，第14—15页。

创业奋发有为的强大动力。特别是在新时代，中华民族伟大复兴中国梦的实现，更需要我们每一个人秉承任劳任怨、兢兢业业的精神，一以贯之地敬业拼搏。

关于诚信。诚实守信是中华民族一直崇尚、代代传承的优良品德，已经内化为华夏民族的一种精神特质。儒家认为："人而无信，不知其可也"；道家认为："信言不美，美言不信"；墨家认为："言必行、行必果"；法家认为："巧诈不如拙诚"；杂家认为："信而又信，谁人不亲"；等等，这些无不在强调诚信的重要性。"天道酬勤，地道酬善，商道酬信，人道酬诚"短短十六个字，高度概括了中国古人对诚信的追求。中国古代所倡导的诚信理念，与我们今天所倡导的诚信价值观是一脉相承、相得益彰的，对当下营造诚信的社会氛围、建设诚信社会具有积极的意义。

关于友善。中华民族是一个友善的民族，强调以包容之心对待别人，主张"己所不欲勿施于人""仁民爱物""和为贵""出入相友，守望相助""老吾老以及人之老，幼吾幼以及人之幼""君子喻于义，小人喻于利""言必信，行必果""君子莫大乎与人为善"等等，这些古代名言的精华在社会主义核心价值观所倡导的友善中得到了充分的体现。友善已经深深渗透在每个中国人的心里和思维方式之中，内化为一种行动自觉。只有人人都充满善意善言善举，善待自然、善待他人，整个社会、民族、国家才会形成和谐、向上的社会氛围。

综上所述，中华优秀传统文化所蕴含的精神追求和价值目标在当今社会仍闪烁着熠熠光辉，仍具有借鉴意义，社会主义核心价值观充分体现了对中华优秀传统文化的继承和创新。新时代，我们应全面认识中华优秀传统文化与社会主义核心价值观的关系，大力弘扬与传承中华优秀传统文化，更好地推进社会主义核心价值观的培育和践行。

二　中华优秀传统文化是社会主义核心价值观的思想源泉

中华民族在五千多年的文明发展进程中，创造了博大精深的文化，它积淀了中华民族最深沉的精神追求，包含着中华民族最根本的精神基因，代表着中华民族最独特的精神标志，是中华民族生生不息、发展壮大的丰厚滋养。社会主义核心价值观的形成是在中华优秀传统文化传承、创新与升华的基础上形成的。社会主义核心价值观是根植于中华优秀传统文化的沃土中，吸收精髓从而形成和发展起来的。对此，习近平总书记强调："培育和弘扬社会主义核心价值观必须立足中华优秀传统文化，要认真汲取中华优秀传统文化的思想精华和道德精髓，大力弘扬以爱国主义为核心的民族精神和以改革创新为核心的时代精神，深入挖掘和阐发中华优秀传统文化讲仁爱、重民本、守诚信、崇正义、尚和合、求大同的时代价值，使中华优秀传统文化成为涵养社会主义核心价值观的重要源泉。"① 而中华传统文化的形成又综合吸收了国内各家学派的思想精华，其中尤以"儒""释""道"思想最为显著。千百年来，这些思想仍深刻地影响着中国人的价值观念和生活方式。尽管这些思想形成和发展于我国古代社会，但是其中所包含的一些思想精华仍然适用于我们当今社会。正因为如此，这些优秀传统文化在很大程度上构成了我国社会主义核心价值观的重要思想源泉。

（一）儒家文化理念与社会主义核心价值观一脉相承

在中国传统文化中儒家思想对中国古代影响最大，儒家思想也是中国古代的主流意识，对中国、东亚乃至全世界都产生过深远影响。儒家文化在中国几千年的历史长河中一直是主流文化。在不同的历史发展阶段，儒家文化不断地发展，但其核心价值和精神并未发生太大的变化。"儒家文化经过先秦儒学、两汉儒学和宋明理学三个阶段的不断发展和完善，形成了丰富的理论内涵。从国家、社会和个人三个层面归纳，主要有大同之世的社会理想，以礼为纲的基本制度和忠信笃行的行为准则。"② 这些思想成为社会主义核心价值观的丰厚滋养，

---

① 习近平：《把培育和弘扬社会主义核心价值观作为凝魂聚气强基固本的基础工程》，《人民日报》2014 年 2 月 26 日。

② 包虹：《儒家文化与社会主义核心价值观的培育》，沈阳师范大学，2014 年 5 月 30 日。

对其形成和凝练起到了重要作用。

1. 以"仁爱"为核心的人文精神

"仁爱"是中华民族最核心的价值理念，也是儒家文化的核心思想。"广义的'仁'包括仁、义、礼、智、信'五常'；狭义的'仁'则是五常之一。'孝悌忠信，礼义廉耻'等四维八德的基本精神是'仁爱'。"[1] 孔子第一次明确地把"仁爱"作为礼乐文明的核心精神，把"仁"界定为"爱人"："樊迟问仁，子曰：'爱人。'"孔子又提出了"泛爱众而亲仁"的思想。孔子高度肯定了"博施于民而能济众"的行为，强调"修己以安人""修己以安百姓"。"他反对滥用权力，以随意的态度使用民力，主张以庄敬的态度尊重、呵护百姓。他讲五种美政'恭、宽、信、敏、惠'，强调'因民之所利而利之'，批评不教而诛等虐、暴、贼、吝四种恶政。"[2] 可见"仁爱"是普遍性的爱。"仁"的内涵包括了尽己之"忠"与推己之"恕"，这二者是相辅相成的，一方面是"己欲立而立人，己欲达而达人"，意思是自己想要在社会上站得住，也要想到让别人也站得住；自己想通达起来，也要希望别人也通达起来。另一方面是"己所不欲，勿施于人"，也就是自己不想要的东西，也不要强加给别人。冯友兰在《中国哲学史》中指出："'为仁之方'在于'能近取譬'，即谓为仁之方法在于推己以及人也。'因己之欲，推以知人之欲'，即'己欲立而立人，己欲达而达人'，即所谓忠也。'因己之不欲，推以知人之不欲'。即'己所不欲，勿施于人'，即所谓恕也。实行忠恕即实行仁……孔子一贯之道为忠恕，亦即谓孔子一贯之道为仁也。为仁之方法如此简易。"[3] 张岱年在《中国哲学大纲》中指出："己欲立而立人，己欲达而达人'乃是立的本旨。'立'是有所成而足以无倚；'达'是有所通而能显于众，自己求立，并使人亦立；自己求达，并

---

① 田训龙：《十八大以来我国社会主义道德建设思想研究》，北京交通大学，2017 年6 月。

② 郭齐勇：《讲仁 爱重民本 守诚信》，《光明日报》2014 年7 月22 日。

③ 冯友兰：《中国哲学史》，天津社会科学院出版社 2007 年版，第 40 页。

使人亦达；即自强不息，而善为人谋。简言之，便是成己成人。'能近取譬'，则是为仁的方法，即由近推远，由己推人；己之所欲，亦为人谋之，己之所不欲，亦无加于人。"① 在中华民族发展演变过程中，"仁爱"逐渐成为传统价值体系的内核，成为广大人民的基本诉求，"仁爱"更成为社会主义核心价值观的重要源泉。新时代，无论国家、社会和个人的发展都要以"仁爱"为出发点和立足点。可以说，"仁爱"是"和谐""公正""敬业""友善"的源头。

2. 天下大同的社会理想

"大同"概念出自《礼记·礼运》："大道之行也，天下为公。选贤与能，讲信修睦，故人不独亲其亲，不独子其子，使老有所终，壮有所用，幼有所长，矜寡孤独废疾者，皆有所养。男有分，女有归。货恶其弃于地也，不必藏于己；力恶其不出于身也，不必为己。是故谋闭而不兴，盗窃乱贼而不作，故外户而不闭，是谓大同。"大同思想概括来讲，就是："天下为公的政治纲领，选贤任能的组织路线，各尽所能、各得其所的分配原则，讲信修睦、老安少怀的道德规范。"② 由此可见，大同思想作为一种美好的社会愿景，既深刻反映了当时人们的社会向往，也是我们今天实现中国梦的目标所在。

孔子主张要建立一个天下为公、以德治礼、治为纲纪的理想社会。他要求弟子"言中信，行笃敬"，说明他十分重视人际关系的和谐，孔子还主张"己欲立而立人，己欲达而达人"，由内向外，由己及人，从而达到爱自己、爱他人、爱世界万物的境界。他将"老者安之，朋友信之，少者怀之"作为自己的为人志向，而且对"修己以安百姓""博施于民而济众"的圣者情怀大为赞赏。儒家对大同社会的构想，是建立在高度和谐友好的基础之上。在这里，每个人都为大同社会奉献自己的力量，人人团结友好、诚信友善，男女老幼都有自己的事情和归宿，从而使整个社会达到一个自由、平等、安定、富裕

① 张岱年：《中国哲学大纲》，中国社会科学出版社 1994 年版，第 257 页。
② 孟月明：《传统文化涵养核心价值观》，《辽宁日报》2014 年 4 月 29 日。

的状态，这样的社会是一个高度文明、高度和谐的社会，这就是儒家最高层面的政治理想。大致说来，大同思想的特征可以概括为以下两点：

第一，大同思想是中国古人的"中国梦"，反映了中国古人最高的社会政治理想，成为激励无数仁人志士为其矢志不移、奋斗不息的精神动力。中国历史上，几乎历次农民起义都把贵贱平等、上下同一当作自己的旗帜，并为大同理想的实现进行了不屈不挠的斗争。例如：黄巢起义自称"天补均平大将军"；王小波起义以"吾疾贫富不均，今为汝辈均之"为号召；钟相起义提出"等贵贱，均贫富"口号；太平天国更主张"务使……有田同耕，有饭同食，有衣同穿，有钱同使，无处不均匀，无人不饱暖"。但是，由于农民阶级的局限性，最后只能被封建政权镇压，或得到改朝换代的结局。

第二，大同思想是中国古代重要的政治文化传统，这种对人类大同的追求，不但成为千千万万普通劳动人民一个长期的梦想，而且也深刻影响了近代以来诸多的先进知识分子。在马克思主义传入中国后，大同思想才真正找到一条科学的实现道路，大同思想这一文化基因也因此完成了它的创造性转化。"作为文化基因，大同思想使得中国人更易于接受马克思主义。近代中国最早引进马克思主义的知识分子几乎无一不批判资本主义的残酷，对社会公正的热切期望使得他们在接受科学共产主义思想时，开始学会运用唯物史观观察人类社会和历史，并与中国传统的大同思想紧密地联系在一起。"[①]

我们不可否认，中国传统文化中的大同思想具有一定的历史局限性。但是，大同思想所提倡的全人类无论贫富贵贱，一律自由、平等和博爱的崇高理念和精神，体现了人类社会发展的必然归宿，它和产生于古希腊斯多葛学派中的"世界大同、人人平等"的思想一样，成为全人类的共同精神财富，也理应成为当今全球化核心内涵中宝贵

---

① 陈东有、周森昆：《航标话说社会主义核心价值观》，江西人民出版社2014年版，第153页。

的思想。当下习近平总书记所提出的"构建人类命运共同体"理念与大同思想一脉相承，有着天然的理论渊源，可以说是对古代大同思想的继承和创新。"在全球化的今天，儒家的大同思想启发我们要以天下为己任，不仅将国家民族利益置于首位，还要克服狭隘的民族观念，为全人类的利益着想，共同创造理想的明天，描绘人类新的大同蓝图。"①

3. 以礼为纲的社会制度

礼是社会生活中，由于道德观念和风俗习惯而形成的一种用以维护社会安定、和谐的规章制度和行为规范。"礼"是人们为人处世、待人接物的规范。它的内涵主要分为三个方面：一是注重区别和秩序。《礼记·乐记》说："礼者，天地之序也"，"序，故群物皆别"。天地万物，各有各的秩序，应有所区别。如果不遵守区别，扰乱秩序，就会导致冷热不分、黑白颠倒等现象的出现，进而导致灾祸的发生。在人类社会中每个社会成员也应遵守这一准则。礼，作为社会的一种规章制度，它的作用就是在于规定人与人之间的区别和调整社会间各因素的秩序。二是注重以恭敬的态度和方式对待周围的人与事。儒家文化的"礼"突出恭敬、谦让，有礼有节。孔子曾指出"敬事而信"。孟子也曾认为"有礼者敬人"，"敬人者人恒敬之"。意思是说，你尊重他人，他人自然也会尊重你；你对待他人恭敬有加，他人自然也会以同样的态度回敬你。三是强调秩序的作用。没有一个能够维护和谐的社会秩序，必然不能达到理想社会的标准。礼，恰好能在人们的心里和客观环境中提供这样一个秩序，并通过这种秩序达到"和"的目的。习近平总书记多次强调中国是礼仪之邦，号召国人要传承儒家文化"礼"的精髓，并指出"礼法合治、德主刑辅"的治国方略，认为："为政之要莫先于得人、治国先治吏，为政以德、正己修身，居安思危、改易更化，等等，这些都能给人们以重要启示。治理国家和社会，今天遇到的很多事情都可以在历史上找到影子，历

---

① 孟月明：《传统文化涵养核心价值观》，《辽宁日报》2014年4月29日。

史上发生过的很多事情也都可以作为今天的镜鉴。中国的今天是从中国的昨天和前天发展而来的。要治理好今天的中国，需要对我国历史和传统文化有深入了解，也需要对我国古代治国理政的探索和智慧进行积极总结。"① 当下，要继承儒家"礼"文化，需要结合我国依法治国的需要，创新"礼"文化，从而为新时代中国特色社会主义法治建设提供精神动力。

4．诚信笃行的行为准则

"信"的含义则是指人与人的交往要以诚信为前提，互相遵守诺言，保持真诚。信被儒家作为传统道德的行为规范，同时也是我们处理人际关系必须遵守的重要准则。所谓"诚"就是诚实不欺，既不欺人，也不自欺。诚信主要体现在以下三方面。第一，人际交往中的诚信。孔子在《论语·子路》曰："言必信，行必果。"在《论语·学而》又曰："与朋友交，言而有信。"孟子在《孟子·离娄上》曰："诚者，天之道也；思诚者，人之道也。至诚而不动者，未之有也；不诚，未有能动者也。"荀子在《荀子》云："君子耻不修，不耻见污；耻不信，不耻不见信；耻不能，不耻不见用；是以不诱于誉，不恐于诽，率道而行，端然正己，不为物倾侧，夫是之谓诚君子。"可见，在儒家传统观念中，一个人只有遵守诚信，不自欺欺人，不背信弃义，才能融入社会，建立良好的人际关系，与他人和谐相处。第二，经济活动中的诚信。货真价实、童叟无欺一直都是商人的第一生命。"俗话说得好：信誉好，胜金宝。一个商家在经营过程中，只有做到质量诚信、价格诚信、与人诚信，才能拥有良好的声誉，生意才能红火，而那些售假卖假、缺斤短两、价格虚假的经营活动必不能长久。"② 尤其在市场经济条件下，诚信经营、诚信交易更为可贵。第三，治国理政中的诚信。在孔子看来，自古皆有死，民无信不立，建

---

① 习近平：《在中共中央政治局第十八次集体学习时的讲话》，新华网，2014 年 10 月 13 日。

② 姚晓红、冉冉、任霏：《中华优秀传统文化与当代大学生社会主义核心价值观的构建》，河北人民出版社 2017 年版，第 58 页。

立诚信政府远比强大的军备和粮食物资要重要得多。在这一方面，荀子也指出："政令信者强，政令不信者弱。"可见，在国家治国理政过程中，民众对政府的信任至关重要，如果政府失信，就得不到人民的拥护，更谈不上国家的长治久安。因此，若要国家安定、和谐，政府就必须取信于民，遵守政治诚信。同时，诚信也是当代大学生安身立命的根本，有了诚信，大学生才能实现人际关系的和谐，才能健康地发展。

社会在变迁，时代在变化，儒家的核心价值观理念并不一定完全适用于当今社会，要通过创造性转化和创新性发展形成适应新时代的核心价值观。在全社会倡导团结互助、公平正义、和谐友爱、诚实守信的社会风气，大力弘扬和传承中华优秀传统文化，为大学生培育践行社会主义核心价值观厚植浓厚的文化底蕴。

（二）道家思想与社会主义核心价值观密切相关

道家思想主要包括三个方面：其一，道家学说以"道"为核心思想，所谓"道"是指外在于人的客观存在或现象，即宇宙、自然、社会及其本原，是天地万物运行的规律，也是人们必须遵循的法则。世间万物遵循"道"的法则，才能实现人与自然的和谐、人与人之间的和谐。其二，"德"也是道家思想的重要组成部分。"道生之，德蓄之，物形之，势成之。是以万物莫不尊道而贵德。道之尊，德之贵，夫莫之命而常自然……生而不有，为而不恃，长而不宰。"① "道"家在重视"道"的同时，也非常重视德。"道"家的德是一种大德，而不是教导与约束。国家的发展、社会的进步离不开广大国民的修德、积德，只有人人有德，国家才能长治久安。对此，习近平总书记指出："核心价值观，其实就是一种德，既是个人的德，也是一种大德，就是国家的德、社会的德。国无德不兴，人无德不立。如果一个民族、一个国家没有共同的核心价值观，莫衷一是，行无依归，那这个民族、这个国家就无法前进。这样的情形，在我国历史上，在

---

① 张国春：《智慧的维度：〈道德经〉品悟》，人民出版社 2014 年版，第 308 页。

当今世界上，都屡见不鲜。"① 其三，"和"也是道家的一个重要思想，道家的"和"应理解为"天人合一"，它体现了人与自然、人与社会、人与人之间的和谐共处。"道家'天人合一'思想的本质，在于世间万物的和谐，要达到这种多元的和谐，最关键的是人与人之间的和谐，强调人与人之间要和睦友善、诚实守信。"② 当下，我们应当结合时代要求，充分汲取道家"道""德""和"等精神基因，挖掘道家思想的当代意义，创新道家思想，为社会主义核心价值观提供坚实的根基。

（三）佛教思想与社会主义核心价值观的契合

佛教思想主要包括三个方面：首先，佛教思想以慈悲著称，主张慈悲为怀。慈意指愿给一切众生安乐；悲意指愿拔一切众生痛苦。佛教这种普度众生的博爱精神，至今传承并成为国人的一种价值理念。"友善"成为慈悲的接力棒，它教导我们对待世间万物以慈悲为怀和关爱一切、善待一切。其次，佛教强调众生平等。尤其是佛教倡导的素食观，主张尊重生命、善待生命、众生平等。佛教的平等也体现在善恶平等和因果平等，这种平等观隐含着对人行为的约束和规范，这也是体现佛教严格的"戒律"，要求人们时刻反省、严格约束自己，"不以善小而不为，不以恶小而为之"。最后，佛教主张启迪智慧，觉悟人生。佛教的"慧"并不突出人的聪慧而是引导人积极向善，懂得人生真理。佛教中讲究的"悟禅"就是去参透、感悟人生的大智慧，也就是崇德向善、修身律己，修得一颗菩萨心。新时代，我们要汲取佛教思想的精髓，将慈悲情怀、平等观、戒律以及大智慧发扬光大，不断约束自己、规范自己。佛教理念与社会主义核心价值观的契合，更加深化了大学生对社会主义核心价值观的理解，大学生通过修身养性、严于律己从而实现心灵的洗礼和素养的提升。

以"儒释道"为代表的中华传统文化，其包含的思想精髓是社会

---

① 习近平：《核心价值观其实就是一种德　国无德不兴》，人民网，2014年5月5日。
② 张军成：《价值观的力量：大学生社会主义核心价值观教育研究》，光明日报出版社2016年版，第46页。

主义核心价值观的重要思想源泉，更是中华文明走向繁荣昌盛的文化根基。社会主义核心价值观的形成正是在总结改革开放 40 多年实践经验的基础上与中华民族优秀文化相结合的产物，是根植于中华优秀传统文化并在此基础上不断发展而来的。中华文明作为世界上最古老的文明之一，之所以如今还能保持着旺盛的生命力和经久不衰的活力，并一次次地在危难和痛苦中转危为安、变乱为治，这是与中华优秀传统文化一直以来的熏陶和培育分不开的。

正所谓"根之茂者其实遂，膏之沃者其光晔"。中华优秀传统文化作为社会主义核心价值观的根基和源泉，也必定是新时代中国特色社会主义文化建设的源头活水和思想基础，缺少了中华优秀传统文化的滋养和培育，社会主义核心价值观就成为了无源之水、无本之木，失去其赖以生长的沃土和营养。新时代，立足中华优秀传统文化大力培育社会主义核心价值观，既是文化传承的需要，也是时代发展的需要。"世界正处于大发展大变革大调整时期⋯⋯世界面临的不稳定性不确定性突出⋯⋯人类面临许多共同挑战。"① 在这种形势下，如果我们失去了文化之基也就失去了中华民族安身立命的精神家园，其后果是不堪设想的。

---

① 习近平：《决胜全面建成小康社会 夺取新时代中国特色社会主义伟大胜利——在中国共产党 – 代表大会上的报告》，人民出版社 2017 年版，第 58 页。

第二章 社会主义核心价值观的形成及其与社会主义核心价值体系的关系

马克思、恩格斯、列宁等经典作家关于社会主义的价值追求与实践探索进行了不懈的努力，这些追求与探索成为社会主义核心价值观的理论基础。以毛泽东、邓小平、江泽民、胡锦涛和习近平为代表的中国共产党人对社会主义核心价值观进行了接力探索，使社会主义价值观得以形成。同时，社会主义核心价值观与社会主义核心价值体系密不可分，探究它们之间的关系也尤为必要。

第一节 社会主义核心价值观的形成

马克思、恩格斯、列宁等经典作家关于社会主义的价值追求与实践探索成为社会主义核心价值观的重要理论基础，中华优秀传统文化成为涵养社会主义核心价值观的重要源泉。但是，社会主义核心价值观的最终形成离不开一代代中国共产党人的接力探索。

马克思、恩格斯、列宁等经典作家对社会主义核心价值观有着丰富的论述，同时，中国共产党人毛泽东、邓小平、江泽民、胡锦涛和习近平为代表的中国共产党人对社会主义核心价值观进行了接力探索，形成了一系列有关社会主义价值观的创新观点，更好地凸显了思想的继承性和创新性，尤其是新时代习近平总书记对社会主义核心价值观高度重视，发表了一系列重要讲话，从而把社会主义核心价值观推进到了新的阶段。

一 毛泽东关于社会主义的价值思考与实践探索

毛泽东作为党的第一代领导集体的核心，一生致力于社会主义的价值追求与实践探索，在探索的过程中，将马克思列宁主义普遍真理与中国具体实际相结合，为建立一个独立、自由、民主、富强的新中国，树立全心全意为人民服务的价值理念，探索平等、公正价值观的实现路径和繁荣社会主义文化的实践探索等作出了巨大努力和艰辛探索，深刻、集中、高度地体现了毛泽东关于社会主义的价值追求和实践探索，这些思想无疑为社会主义核心价值观的形成提供了理论借鉴，成为社会主义核心价值观的重要理论渊源。当前，对这些思想进行系统梳理，能更好地呈现社会主义核心价值观的理论渊源，进而凸显理论的继承性。

（一）建立一个独立、自由、民主、富强的新中国的价值目标

在新民主主义革命时期，灾难深重的中华民族正处于水深火热之中，求得民族独立、人民解放以实现国家富强、人民共同富裕成为中华民族面临的最大历史任务。以毛泽东为核心的中国共产党人为建立一个独立、自由、民主、富强的新中国进行了艰苦卓绝的探索，深刻、集中、高度地体现了中国共产党人的价值追求。1945 年，毛泽东在《两个中国之命运》一文中深刻指出："我们的任务不是别的，就是放手发动群众，壮大人民力量，团结全国一切可能团结的力量，在我们党领导之下，为着打败日本侵略者，建设一个光明的新中国，建设一个独立的、自由的、民主的、统一的、富强的新中国而奋斗。"[①] 接着在《论联合政府》一文中再次强调："就整个来说，没有一个独立、自由、民主和统一的中国，不可能发展工业。消灭日本侵略者，这是谋独立。废止国民党一党专政，成立民主的统一的联合政府，使全国军队成为人民的武力，实现土地改革，解放农民，这是谋

---

① 《毛泽东选集》（第 3 卷），人民出版社 1991 年版，第 1026 页。

自由、民主和统一。没有独立、自由、民主和统一，不可能建设真正大规模的工业。没有工业，便没有巩固的国防，便没有人民的福利，便没有国家的富强。"①

1. 建立一个独立、自由、民主的新中国

在新民主主义革命和社会主义建设时期，以毛泽东为核心的中国共产党人为建立一个独立、自由、民主的新中国进行了一系列积极探索。在探索的过程中，他善于把马克思列宁主义的普遍真理同中国的具体实际相结合，提出了许多远见卓识的思想观点，这些思想至今还闪耀着巨大的火花，成为指导新时代中国特色社会主义建设的重要宝贵财富。

关于独立和民主的重要性，毛泽东深刻指出："中国缺少的东西固然很多，但是主要的就是少了两件东西：一件是独立，一件是民主。这两件东西少了一件，中国的事情就办不好。……现在我们全国人民所要的东西，主要的是独立和民主，因此，我们要破坏帝国主义，要破坏封建主义。要坚决地彻底地破坏这些东西，而决不能丝毫留情。"② 毛泽东重点论述了社会主义民主的重要性，认为发展社会主义民主是社会主义政治建设的必然要求。同资本主义相比，社会主义是更高级的一种社会形态，社会主义民主要高于资本主义民主。由于中国经历了两千多年的封建社会，没有经过资本主义阶段，缺乏民主传统，由此导致了社会主义民主建设的起点低、任务重。鉴于这种现状，只有大力发展社会主义民主，才能适应社会主义经济建设、文化建设的要求，更好地促进社会的全面发展。诚如联合国前秘书长Boutros-Ghali 所言："民主是一种协调特定社会中各种社会利益的手段之一。在国际社会里，它是一种推动所有行为体参与并使之有可能通过对话而不是武力解决冲突的办法。"③ 民主既是全球性治理的重

---

① 《毛泽东选集》（第 3 卷），人民出版社 1991 年版，第 1080 页。
② 《毛泽东选集》（第 2 卷），人民出版社 1991 年版，第 731—732 页。
③ Boutros-Ghali B., *An Angenda for Democratization*, United Nations Dept of Public Information, 1996, p. 28.

要准则，也是人类解决共同问题并实现共同利益的重要手段。

毛泽东强调发展社会主义民主必须正确认识和处理民主与专政、民主与集中的关系，指出："没有对人民的民主，就不可能对敌人进行有效的专政；反之，没有对敌人的专政，也无法保证人民民主。"他认为："在人民内部，民主是对集中而言，自由是对纪律而言。这些都是一个统一体的两个矛盾着的侧面，它们是矛盾的，又是统一的，我们不应当片面地强调某一个侧面而否定另一个侧面。"①"新民主主义的政权组织，应该采取民主集中制，由各级人民代表大会决定大政方针，选举政府。它是民主的，又是集中的，就是说，在民主基础上的集中，在集中指导下的民主。只有这个制度，才既能表现广泛的民主，使各级人民代表大会有高度的权力；又能集中处理国事，使各级政府能集中地处理被各级人民代表大会所委托的一切事务，并保障人民的一切必要的民主活动。"② 1957 年，他提出了"要'造成一个又有集中又有民主，又有纪律又有自由，又有统一意志、又有个人心情舒畅、生动活泼，那样一种政治局面'"③。这样，就可以有利于社会主义革命和社会主义建设，较易于克服困难，较快地建设我国的现代工业和现代农业。

关于自由，1945 年毛泽东在《论联合政府》一文中指出："自由是人民争来的，不是什么人恩赐的。……中国人民争得的自由越多，有组织的民主力量越大，一个统一的临时的联合政府便越有成立的可能。这种联合政府一经成立，它将转过来给予人民以充分的自由，巩固联合政府的基础。然后才有可能，在日本侵略者被打倒之后，在全部国土上进行自由的无拘束的选举，产生民主的国民大会，成立统一的正式的联合政府。没有人民的自由，就没有真正民选的国民大会，就没有真正民选的政府。"④ 他认为："人民的言论、出版、集会、结

---

① 《毛泽东文集》（第 7 卷），人民出版社 1999 年版，第 209 页。
② 《毛泽东选集》（第 3 卷），人民出版社 1991 年版，第 1057 页。
③ 《毛泽东文集》（第 8 卷），人民出版社 1999 年版，第 293 页。
④ 《毛泽东选集》（第 3 卷），人民出版社 1991 年版，第 1070 页。

社、思想、信仰和身体这几项自由，是最重要的自由"①；"要求取消一切镇压人民的言论、出版、集会、结社、思想、信仰和身体等项自由的反动法令，使人民获得充分的自由权利"②。自由、民主和统一是辩证统一的，因为"中国人民争自由、争民主、争联合政府的运动，同时就是争统一的运动。我们在具体纲领中提出了许多争自由争民主的要求，提出了联合政府的要求，同时就是为了这个目的"③。

　　在民主集中制下，人民既享有广泛的民主和自由，也必须用纪律约束自己，绝不能放任自由。早在民主革命时期，毛泽东就认为，要对人民实行民主，对敌人实行专政，必须实行和加强法制建设。土地革命战争时期，毛泽东主张制定民主宪政，提倡民主宪政运动，号召将国民党的独裁政体变为民主政体，提出建立工农民主政权和"人民共和国"，法制要为加强和维护人民民主服务。为了保障人民的利益，防止和打击敌人的破坏活动，他提出对敌人要"设置各种法律管理他们，半点政治上的自由都不给他"④。全国解放前夕，毛泽东在《论人民民主专政》一文中指出："军队、警察、法庭等项国家机器，是阶级压迫阶级的工具。对于敌对的阶级，它是压迫的工具，它是暴力，并不是什么'仁慈'的东西。"⑤ 这样，我们就可以透彻地认识到专政机关的基本职能。新中国成立之后，毛泽东的社会主义法律思想从系统化走向成熟。他非常重视用法律作工具去保护人民，维持革命秩序，对人民内部实行必要的管理和纪律约束。社会主义改造完成以后，毛泽东又指出："为了维护社会秩序和广大人民的利益，对于那些盗窃犯、诈骗犯、杀人放火犯、流氓集团和各种严重破坏社会秩序的坏分子，也必须实行专政。"⑥ 有一些坏人、钻到我们队伍里的坏分子、蜕化变质分子，这些人骑在人民头上穷凶极恶，严重地违法

① 《毛泽东选集》（第3卷），人民出版社1991年版，第1070页。
② 《毛泽东选集》（第3卷），人民出版社1991年版，第1063页。
③ 《毛泽东选集》（第3卷），人民出版社1991年版，第1071—1072页。
④ 毛泽东：《今年的选举》，《红色中华》，1933年9月6日。
⑤ 《毛泽东选集》（第4卷），人民出版社1991年版，第1476页。
⑥ 《毛泽东文集》（第7卷），人民出版社1999年版，第207页。

乱纪，对这些人，也要有个处理，否则不足以平民愤。

在论述了自由、民主之后，毛泽东还进一步指出了实现国家独立的方法，"那就是用革命的方法，坚决彻底干净全部地消灭一切反动势力……在全国范围内建立无产阶级领导的以工农联盟为主体的人民民主专政的共和国。这样，就可以使中华民族来一个大翻身，由半殖民地变为真正的独立国"①。中华民族同帝国主义的矛盾，是近代中国社会的主要矛盾。对此，毛泽东曾作了深刻的分析，指出："帝国主义列强侵入中国的目的，决不是要把封建的中国变成资本主义的中国。帝国主义列强的目的和这相反，它们是要把中国变成他们的半殖民地和殖民地。"② 面对帝国主义列强对中国的侵略与瓜分，中国人民首要的任务是实现国家的独立与统一。这是发展中国社会生产力的首要条件。在半殖民地半封建的中国如何实现民族独立和人民解放，使社会主义由空想到科学、从理论到实践，这是一个重大课题。中国共产党从成立之日起就对这一课题进行了艰苦卓绝的探索，付出了惨重的代价。直到20世纪30年代中期，毛泽东根据中国的国情，摆脱了"城市中心论"的束缚，创造性地提出了"农村包围城市、武装夺取政权"的中国革命的新道路。早在1927年7月4日，在中共中央政治局常委扩大会议上讨论农民武装如何保存和发展时，毛泽东提出了两条路："（1）上山，（2）投入军队中去。上山可以造成军事势力的基础，不保存武力则将来一到事变我们即无办法。"③ 在"八七会议"上，毛泽东强调要非常注意军事问题，"须知政权是由枪杆子中取得的"。事实证明，毛泽东探索的"农村包围城市、武装夺取政权"的中国革命道路是一大创举，这一革命道路带领全党全国各族人民成功实现了民族独立和人民解放，使社会主义理论付诸实践。邓小平给予高度评价："毛泽东主席最伟大的地方，就是把马列主义同中

---

① 《毛泽东选集》（第4卷），人民出版社1991年版，第1375页。
② 《毛泽东选集》（第2卷），人民出版社1991年版，第628页。
③ 《毛泽东年谱（1893—1949）》（上卷）（修订本），中央文献出版社2013年版，第203页。

国的具体实际结合起来，取得了中国革命的胜利。"①

2. 建设成为一个繁荣富强的工业现代化国家

早在 1936 年，毛泽东在《给蔡元培的信》中就提出："建立真正之民主共和国，致国家于富强隆盛之域，置民族于自由解放之林。"② 把中国建设成为一个繁荣富强的工业现代化国家，是中国人民的普遍追求，更是毛泽东一生奋斗的目标。他认识到："中国落后的原因，主要的是没有新式工业。日本帝国主义为什么敢于这样地欺负中国，就是因为中国没有强大的工业，它欺侮我们的落后。"③ 因此，"为着打败日本侵略者和建设新中国，必须发展工业"④。毛泽东远见卓识地认识到国家独立以后必然要求繁荣富强，并进一步探索了实现国家繁荣富强的途径。他在《论联合政府》一文中指出："解放中国人民的生产力，使之获得充分发展的可能性，有待于新民主主义的政治条件在全中国境内的实现。……在新民主主义的政治条件获得之后，中国人民及其政府必须采取切实的步骤，在若干年内逐步地建立重工业和轻工业，使中国由农业国变为工业国……中国工人阶级的任务，不但是为着建立新民主主义的国家而斗争，而且是为着中国的工业化和农业近代化而斗争"⑤；"没有中国共产党的努力，没有中国共产党人做中国人民的中流砥柱，中国的独立和解放是不可能的，中国的工业化和农业近代化也是不可能的"⑥。

土地革命时期，毛泽东就认识到经济建设的重要性，提出："立即开展经济战线上的运动，进行各项必要和可能的经济建设事业。"⑦新中国成立前，他指出：今后一切工作"都是围绕着生产建设这一个

<hr />

① 《邓小平思想年谱》（1975—1997），中央文献出版社 1998 年版，第 155 页。
② 《毛泽东文集》（第 1 卷），人民出版社 1993 年版，第 444 页。
③ 《毛泽东文集》（第 3 卷），人民出版社 1996 年版，第 146—147 页。
④ 《毛泽东选集》（第 3 卷），人民出版社 1991 年版，第 1080 页。
⑤ 《毛泽东选集》（第 3 卷），人民出版社 1991 年版，第 1081 页。
⑥ 《毛泽东选集》（第 3 卷），人民出版社 1991 年版，第 1098 页。
⑦ 《毛泽东选集》（第 1 卷），人民出版社 1991 年版，第 119 页。

中心工作并为这个中心工作服务的"①。在他看来，"富裕和社会主义是一枚硬币的两面"②，二者相辅相成，相互促进。

新中国一成立，毛泽东就从国家发展战略的高度，不断探索实现国家工业化的具体步骤。他指出："在革命胜利以后，迅速地恢复和发展生产，对付国外的帝国主义，使中国稳步地由农业国转变为工业国，把中国建设成一个伟大的社会主义国家。"③ 为筹划国家工业化，还在国民经济恢复时期，毛泽东就指导制定我国国民经济发展的第一个五年计划。1952 年 12 月，《中共中央关于编制一九五三年计划及五年建设计划纲要的指示》中指出："国家大规模的经济建设业已开始。这一建设规模之大，投资之巨，在中国历史上都是空前的。为了加速国家建设，除应动员全国力量，集中全国人力和财力以赴外，必须加强国家建设的计划工作，使大规模建设能在正确的计划指导下进行，避免可能发生的盲目性。"④ 1953 年 2 月，毛泽东视察九江市区在听取史辛铭介绍九江工农业生产情况后说："共产党从接管国民党政权的第一天起，就把眼睛盯住生产建设，不遗余力地抓住这一个中心工作。要让历史证明，我们不仅能够领导好革命战争，而且也一定能够领导好和平时期的经济建设，让全国人民过上好日子。"⑤

以毛泽东为核心的领导集体经过多次讨论后于 1953 年 2 月制定了党在过渡时期的总路线，即：在新中国成立到社会主义改造完成这个过渡时期，逐步实现国家的社会主义工业化，对农业、手工业和资本主义工业化进行社会主义改造。《关于党在过渡时期总路线的学习和宣传提纲》指出："社会主义工业是对整个国民经济实行社会主义

---

① 《毛泽东选集》（第 4 卷），人民出版社 1991 年版，第 1428 页。
② ［美］R. 特里尔：《毛泽东传》，刘路新等译，河北人民出版社 1989 年版，第 283 页。
③ 《毛泽东选集》（第 4 卷），人民出版社 1991 年版，第 1437 页。
④ 《建国以来重要文献选编》（第 3 册），中央文献出版社 1992 年版，第 448 页。
⑤ 《毛泽东年谱（1949—1976）》（第 2 卷），中央文献出版社 2013 年版，第 35 页。

改造的物质基础，只有充分强大的社会主义工业才能吸引、改组和代替资本主义工业，才能支持社会主义的商业，改造和代替资本主义商业，才能用新的技术来改造个体的农业和手工业，才能最迅速地扩大生产，积累资金，造就社会主义的建设人才，培养社会主义的习惯，从而创造保证社会主义完全胜利的经济上、文化上和政治上的前提。"① 实现国家工业化是中国近代以来无数仁人志士在追求民族独立的同时所梦寐以求的理想。但是，在帝国主义、封建主义和官僚资本主义统治下的旧中国，实现国家工业化只能是一种梦想。历史证明，"实业救国"的道路走不通，资本主义工业化这条路也无法实现。只有在中国共产党领导下，推翻了反动政权，实现了国家的独立，中国才获得实现工业化的条件。实现国家工业化正是中国共产党的伟大奋斗目标。以毛泽东为核心的中国共产党人针对当时落后的中国实现工业化，选择了优先发展重工业的方针。1954 年 6 月 14 日，毛泽东在谈到发展重工业的重要性时，忧心忡忡地说："现在我们能造什么？能造桌子椅子，能造茶碗茶壶，能种粮食，还能磨成面粉，还能造纸，但是，一辆汽车、一架飞机、一辆坦克、一辆拖拉机都不能造。"② 针对这种状况，他在谈到中国社会主义现代化问题时指出："我们的总目标，是为建设一个伟大的社会主义国家而奋斗。……要实现社会主义工业化，要实现农业的社会主义化、机械化，要建成一个伟大的社会主义国家。"③ 优先发展重工业，以实现工业化，就是为了尽快改变经济落后面貌，实现国家的繁荣富强，使我国能早日立于世界民族之林。因此，"我国人民应当努力工作……准备在几个五年计划之内，将我们现在这样一个经济上文化上落后的国家，建设成为一个工业化的具有高度现代文化程度的伟大的国家"④。1957 年 3 月，毛泽东在中国共产党全国宣传工作会议上的讲话中指出："我们

---

① 《建国以来重要文献选编》（第 4 册），中央文献出版社 1993 年版，第 701 页。
② 《毛泽东文集》（第 6 卷），人民出版社 1999 年版，第 329 页。
③ 《毛泽东文集》（第 6 卷），人民出版社 1999 年版，第 329 页。
④ 《毛泽东文集》（第 6 卷），人民出版社 1999 年版，第 350 页。

一定会建设一个具有现代工业、现代农业和现代科学文化的社会主义国家。"① 这就提出了建设现代科学文化的问题，体现了现代化对精神文明建设的要求。1963 年 9 月在《把我国建设成为社会主义的现代化强国》中再次强调："我们必须打破常规，尽量采用先进技术，在一个不太长的历史时期内，把我国建设成为一个社会主义的现代化的强国。"②

事实证明，在毛泽东思想的指导下，中国共产党领导中国人民通过新民主主义革命和社会主义建设，推翻了帝国主义、官僚资本主义和封建主义"三座大山"，建立了一个独立、自由、民主、富强的新中国。正如毛泽东所说："我们共产党人从来不隐瞒自己的政治主张。我们的将来纲领或最高纲领，是要将中国推进到社会主义社会和共产主义社会去的，这是确定的和毫无疑义的。"③

（二）树立全心全意为人民服务的价值理念

"全心全意为人民服务"是毛泽东思想的精髓和灵魂，同时也是毛泽东关于社会主义价值追求的根本内容，这一思想也成为党的根本宗旨，从而奠定了党的群众路线的价值基础。习近平总书记的"以人民为中心"成为这一思想在新时代的传承与创新。

1. 以"为人民服务"为价值准则

中国共产党的性质决定了党的宗旨是为人民服务，这也构成了中国共产党的基本价值准则。毛泽东在《为人民服务》《论联合政府》等著作中，提出了为人民服务的思想，全心全意为人民服务是中国共产党的最高宗旨。而社会主义事业是千百万人民群众的革命的创造性的事业，中国共产党处于执政党的地位，更应该强调全党同志和广大干部要牢固地树立全心全意为人民服务的思想。毛泽东指出："共产党就是要奋斗，就是要全心全意地为人民服务，不要半心半意或者三

---

① 《毛泽东文集》（第 7 卷），人民出版社 1999 年版，第 268 页。
② 《毛泽东文集》（第 8 卷），人民出版社 1999 年版，第 341 页。
③ 《毛泽东选集》（第 3 卷），人民出版社 1991 年版，第 1059 页。

分之二的心三分之二的意为人民服务。"① 共产党只有坚持全心全意地为人民服务，才算是最忠实地体现了党的宗旨。

　　新民主主义革命时期，他认为新民主主义的文化就是大众的文化，"它应为全民族中百分之九十以上的工农劳苦民众服务的，并逐渐成为他们的文化"②。他明确表示，"大众文化，实质上就是提高农民文化"③，从而再次强调了文化的人民属性。1945 年毛泽东在党的七大上所作的《论联合政府》报告中从理论上系统深入地阐述了为人民服务的内涵，指出："我们共产党人区别于其他政党的又一个显著的标志，就是和最广大的人民群众取得最密切的联系。全心全意地为人民服务，一刻也不脱离群众；一切从人民的利益出发，而不是从个人或小集团的利益出发；向人民负责和向党的领导机关负责的一致性；这些就是我们的出发点。"④ 随后，党的七大通过的党章，把"全心全意为人民服务"作为党的宗旨正式确立下来。早在 1939 年毛泽东在《大量吸收知识分子》一文中提出了为工农服务和"为群众服务"的思想。1942 年毛泽东《在延安文艺座谈会上的讲话》中指出，一切文化工作者要为最广大的人民服务，使我们的文艺成为"革命的为人民服务的东西"⑤。1944 年毛泽东在《为人民服务》一文中再一次指出："我们的共产党和共产党所领导的八路军、新四军，是革命的队伍。我们这个队伍完全是为着解放人民的，是彻底地为人民的利益工作的。"⑥ 因此，"紧紧地和中国人民站在一起，全心全意地为中国人民服务，就是这个队伍的唯一的宗旨"⑦；"为人民利益而死，就比泰山还重"⑧。在为人民服务的观点上，毛泽东对共产党人

---

　　①　《毛泽东文集》（第 7 卷），人民出版社 1999 年版，第 285 页。
　　②　《毛泽东选集》（第 2 卷），人民出版社 1991 年版，第 708 页。
　　③　《毛泽东选集》（第 2 卷），人民出版社 1991 年版，第 692 页。
　　④　《毛泽东选集》（第 3 卷），人民出版社 1991 年版，第 1094—1095 页。
　　⑤　《毛泽东选集》（第 3 卷），人民出版社 1991 年版，第 855 页。
　　⑥　《毛泽东选集》（第 3 卷），人民出版社 1991 年版，第 1004 页。
　　⑦　《毛泽东选集》（第 3 卷），人民出版社 1991 年版，第 1039 页。
　　⑧　《毛泽东选集》（第 3 卷），人民出版社 1991 年版，第 1004 页。

提出了两方面的要求：一方面，一切共产党人必须树立为现在的新民主主义革命而奋斗和为将来的社会主义和共产主义而奋斗这样两个明确的目标；另一方面，一切共产党人必须真正从思想上确立无产阶级的世界观，站在无产阶级立场上，全心全意为人民服务，毫不利己专门利人，做一个有益于人民的人，自觉地克服一切非无产阶级思想。

可以说，在"全心全意为人民服务思想"的指导下，保证了"团结自己、战胜敌人"的任务的胜利完成。全心全意为人民服务，是中国共产党的根本立场和宗旨。因此，毛泽东反复强调坚持全心全意为人民服务的宗旨和方向，党的整个政治工作都要坚持这一宗旨和方向。同时，毛泽东认为，只有坚持和加强对党员进行全心全意为人民服务宗旨的教育，才能提高党员的党性修养和思想素质，才能保证党的无产阶级先锋队的性质，使我国社会主义经济建设沿着社会主义轨道顺利前进。毛泽东"全心全意为人民服务"的根本宗旨和价值取向，成为指引整个新民主主义革命的强大精神动力，在这一思想的指引下，新民主主义革命取得了圆满的成功，社会主义中国也从此站起来了。"全心全意为人民服务"成为中国共产党的根本宗旨，也是中国共产党执政兴国的第一要义。中国共产党在革命战争年代，就坚持"为人民服务"的价值取向，坚持一切从群众利益出发，把满足群众利益作为中国共产党人的价值准则，并将之贯穿到新民主主义革命的全过程，奠定形成社会主义核心价值观的基础。这一思想也必将成为新时代中国特色社会主义建设的强大精神动力。正如党的十九大报告中所提出的："全党必须牢记，为什么人的问题，是检验一个政党、一个政权性质的试金石。带领人民创造美好生活，是我们党始终不渝的奋斗目标。必须始终把人民利益摆在至高无上的地位，让改革发展成果更多更公平惠及全体人民，朝着实现全体人民共同富裕不断迈进。"[①]

---

① 习近平：《决胜全面建成小康社会 夺取新时代中国特色社会主义伟大胜利——在中国共产党第十九次全国代表大会上的报告》，人民出版社2017年版，第44—45页。

2. 以"解决群众的一切问题"为价值遵循

中国共产党是属于广大工人、农民的无产阶级政党。毛泽东指出："我们的党是无产阶级政党，是无产阶级的先进部队，是用马克思列宁主义武装起来的战斗部队。我们是站在占总人口的百分之九十五以上的人民大众一边，绝不站在占总人口百分之四、五的地、富、反、坏、右那一边。"①

毛泽东始终坚持利益原则，以"解决群众的一切问题"为价值遵循，充分考虑群众的物质利益和精神利益诉求。早在 1927 年他就对湖南省湘乡等地不恰当的"打菩萨"活动提出了批评，认为："菩萨是农民立起来的，到了一定时期农民会用他们自己的双手丢开这些菩萨，无须旁人过早地代庖丢菩萨。……菩萨要农民自己去丢，烈女祠、节孝坊要农民自己去摧毁，别人代庖是不对的。"②"在了解到红军将打土豪缴获的谷子送到贫农家里时，毛泽东批评说，这是'包办式的、恩赐式的'，命令部队打开仓库让群众自己去挑。"③毛泽东十分重视与人民的血肉联系，强调："要使广大群众认识我们是代表他们的利益的，是和他们呼吸相通的"④；"就得真心实意地为群众谋利益，解决群众的生产和生活的问题，盐的问题，米的问题，房子的问题，衣的问题，生小孩子的问题，解决群众的一切问题"⑤。为此，他强调："就目前陕甘宁边区的条件来说，给人民看得见的物质利益就是组织人民、领导人民、帮助人民发展生产，增加他们的物质福利，并在这个基础上启发他们的政治觉悟和文化程度。为着这个，我们应该不惜风霜劳苦，夜以继日。勤勤恳恳、切切实实地去研究人民中间的生活问

---

① 《毛泽东文集》（第 8 卷），人民出版社 1999 年版，第 307 页。
② 《毛泽东选集》（第 1 卷），人民出版社 1991 年版，第 33 页。
③ 军事科学院《谭政军事文选》编辑组：《谭政军事文选》，解放军出版社 2006 年版，第 719—720 页。
④ 《毛泽东选集》（第 1 卷），人民出版社 1991 年版，第 138 页。
⑤ 《毛泽东选集》（第 1 卷），人民出版社 1991 年版，第 138—139 页。

题，生产问题，耕牛、农具、种子、肥料、水利、牧草……"① "解决群众的一切问题"② 很快成为中国共产党人的价值遵循。1934 年他在《关心群众生活，注意工作方法》中再次指出："解决群众的穿衣问题，吃饭问题，住房问题，柴米油盐问题，疾病卫生问题，婚姻问题。总之，一切群众的实际生活问题，都是我们应当注意的问题"③；并再三强调："深刻地注意群众生活的问题。"④ 1937 年 8 月，他提出："废除苛捐杂税。减租减息。救济失业。调节粮食。贩济灾荒。"⑤ 毛泽东认为："一切群众的实际生活问题，都是我们应当注意的问题。假如我们对这些问题注意了，解决了，满足了群众的需要，我们就真正成了群众生活的组织者，群众就会真正围绕在我们的周围，热烈地拥护我们"⑥；"一切空话都是无用的，必须给人民以看得见的物质福利"⑦。因此，"共产党人的一切言论行动，必须以合乎最广大人民群众的最大利益，为最广大人民群众所拥护为最高标准"⑧；"我们是这样做了么，广大群众就必定拥护我们，把革命当作他们的生命，把革命当作他们无上光荣的旗帜"⑨。

新中国成立前夕，毛泽东在七届二中全会上再次明确指出要使人民的生活有所改善，为此要把发展生产作为中心任务，并强调了问题的重要性："如果我们在生产工作上无知，不能很快地学会生产工作，不能使生产事业尽可能迅速地恢复和发展，获得确实的成绩，首先使工人生活有所改善，并使一般人民的生活有所改善，那我们就不能维

---

① 中共中央文献研究室、中国人民解放军军事科学院编：《毛泽东军事文集》（第 2 卷），军事科学出版社、中央文献出版社 1993 年版，第 467 页。

② 《毛泽东选集》（第 1 卷），人民出版社 1991 年版，第 138—139 页。

③ 《毛泽东选集》（第 1 卷），人民出版社 1991 年版，第 136—137 页。

④ 《毛泽东选集》（第 1 卷），人民出版社 1991 年版，第 138 页。

⑤ 《毛泽东选集》（第 2 卷），人民出版社 1991 年版，第 356 页。

⑥ 《毛泽东选集》（第 1 卷），人民出版社 1991 年版，第 137 页。

⑦ 《毛泽东文集》（第 2 卷），人民出版社 1993 年版，第 467 页。

⑧ 《毛泽东选集》（第 3 卷），人民出版社 1991 年版，第 1096 页。

⑨ 《毛泽东选集》（第 1 卷），人民出版社 1991 年版，第 139 页。

持政权，我们就会站不住脚，我们就会要失败。"① 1956 年在《论十大关系》中，他又明确而具体地要求各地："除了遇到特大自然灾害以外，我们必须在增加农业生产的基础上，争取百分之九十的社员每年的收入比前一年有所增加，百分之十的社员的收入能够不增不减，如有减少，也要及早想办法加以解决。"② 在他的领导下，我国顺利完成了社会主义三大改造，生产得到基本恢复，使社会主义建设迈上新起点。

历史事实已经证明，中国新民主主义革命和社会主义革命取得胜利的根本原因就在于党深入群众，倾听群众的呼声，以"解决群众一切问题"为价值遵循，从而得到广大人民群众的坚决拥护，这充分体现了以毛泽东为核心的第一代领导集体正确的价值遵循。正如习近平总书记所讲："毛泽东同志创造性地解决了在中国这种特殊的社会历史条件下建设马克思主义政党的一系列重大问题，把党建设成为用科学理论和革命精神武装起来的、同人民群众有着血肉联系的、思想上政治上组织上完全巩固的马克思主义政党。"③

（三）探索平等、公正价值观的实现路径

平等、公正也是中国共产党人的价值追求，在民主革命和社会建设的峥嵘岁月中，以毛泽东为核心的第一代领导集体，积极探索政治平等、经济平等、文化平等、社会平等的实现路径，形成了以平等为核心的公正观，为社会主义核心价值观的形成奠定了深厚的基础。

1. 追求政治平等，保障民主权利

在封建专制统治下，中国社会极不平等，农民根本没有任何政治权利可言。对此，毛泽东曾尖锐指出："中国历代的农民，就在这种封建的经济剥削和封建的政治压迫之下，过着贫穷困苦的奴隶式的生活。农民被束缚于封建制度之下，没有人身的自由。地主对农民有随

---

① 《毛泽东选集》（第 4 卷），人民出版社 1991 年版，第 1428 页。
② 《毛泽东文集》（第 7 卷），人民出版社 1999 年版，第 30 页。
③ 习近平：《在纪念毛泽东同志诞辰 120 周年座谈会上的讲话》，《人民日报》2013 年12 月 27 日。

意打骂甚至处死之权，农民是没有任何政治权利的。"① 广大人民"过着饥寒交迫的和毫无政治权利的生活"②。"中国人民的贫困和不自由的程度，是世界所少见的"③。毛泽东认为要改变这种现状，实现政治平等关键是以制度来保障。

毛泽东的政治平等思想首先体现在军队中实行民主管理制度，实现官兵平等。井冈山时期，他彻底打破了几千年来旧军队遗留下来的封建压迫制度，废除了雇佣制，实行民主管理制度。官兵平等，这是区别于一切旧军队的重要标志。正是这一制度使党领导的军队能够在农村极其艰苦的条件下依然坚持斗争。对此，1927年毛泽东在《井冈山的斗争》一文中深刻地做了总结："现在全军五千人的冬衣，有了棉花，还缺少布。这样冷了，许多士兵还是穿两层单衣。好在苦惯了。而且什么人都是一样苦，从军长到伙夫，除粮食外一律吃五分钱的伙食。发零用钱，两角即一律两角，四角即一律四角。因此士兵也不怨恨什么人"④；"尤其是新来的俘虏兵，他们感觉国民党军队和我们军队是两个世界。他们虽然感觉红军的物质生活不如白军，但是精神得到了解放。同样一个兵，昨天在敌军不勇敢，今天在红军很勇敢，就是民主主义的影响。红军像一个火炉，俘虏兵过来马上就熔化了"⑤。这样，革命队伍内部实现了真正的平等。1944年在《为人民服务》一文中他再次指出："我们都是来自五湖四海，为了一个共同的革命目标，走到一起来了……我们的干部要关心每一个战士，一切革命队伍的人都要互相关心，互相爱护，互相帮助。"⑥ "人们的工作有所不同，职务有所不同，但是任何人不论官有多大，在人民中间都要以一个普通劳动者的姿态出现。决不许可摆架子。一定要打掉官

① 《毛泽东选集》（第2卷），人民出版社1991年版，第624页。
② 《毛泽东选集》（第2卷），人民出版社1991年版，第631页。
③ 《毛泽东选集》（第2卷），人民出版社1991年版，第631页。
④ 《毛泽东选集》（第1卷），人民出版社1991年版，第65页。
⑤ 《毛泽东选集》（第1卷），人民出版社1991年版，第65页。
⑥ 《毛泽东选集》（第3卷），人民出版社1991年版，第1005页。

风。"① 毛泽东认为官气是一种"不平等待人"的"最低级的趣味"，我们应该树立共产主义的崇高趣味，不摆架子，不摆资格，"必须使人感到人们互相间的关系确实是平等的，使人感到你的心是交给他的"②。在《中华苏维埃共和国宪法大纲》中就规定："在苏维埃政权领域内的工人、农民、红军士兵及一切劳苦民众和他们的家属，不分男女种族……宗教，在苏维埃法律面前一律平等，皆为苏维埃共和国的公民。"③

　　其次，毛泽东的政治平等还包括男女平等。毛泽东身体力行积极倡导要重视女性在社会主义社会建设中的地位和作用，主张在政治、经济、文化等方面全面解放妇女，使妇女由家庭走向社会。1929 年毛泽东在《中国共产党红军第四军第九次代表大会决议案》中对妇女的现状进行了深刻分析，指出："妇女占人口的半数，劳动妇女在经济上的地位和他们特别受压迫的状况，不但证明妇女对革命的迫切需要，而且是决定革命胜败的一个力量。"④ 1939 年毛泽东进一步肯定女子在革命中的重要作用，指出："在一切斗争中，要是说男子的力量是很大，那末，女子的力量也是很大的。世界上的任何事情，要是没有女子参加，就做不成气。我们打日本，没有女子参加，就打不成；生产运动，没有女子参加，也不行。无论什么事情，没有女子，都绝不能成功。"⑤ 他强调："妇女中有极大的潜在劳动力还没有发挥，在建设社会主义过程中才有发挥的机会。歧视妇女、不重视妇女的事，要在建设社会主义过程中改掉。在中国，妇女有三亿人口，妇女问题一定要安排好，要同男子同工同酬，在合作社、工厂都要一样。"⑥ 1954 年宪法第九十六条更是明确规定了男女在社会各领域的

---

① 《毛泽东文集》（第 7 卷），人民出版社 1999 年版，第 355 页。
② 《毛泽东文集》（第 7 卷），人民出版社 1999 年版，第 354—355 页。
③ 中共中央统战部：《民族问题文献汇编》，中共中央党校出版社 1991 年版，第 166 页。
④ 《毛泽东文集》（第 1 卷），人民出版社 1993 年版，第 98—99 页。
⑤ 《毛泽东文集》（第 2 卷），人民出版社 1993 年版，第 167 页。
⑥ 《毛泽东文集》（第 6 卷），人民出版社 1999 年版，第 491 页。

平等地位，即规定："中华人民共和国妇女在政治的、经济的、文化的、社会的和家庭的生活各方面享有同男子平等的权利。"① 这些政策对于消除封建社会男尊女卑、男外女内的不平等地位发挥了极大的作用，有力地调动了女性参加社会主义建设的积极性和主动性。

再次，毛泽东的政治平等思想还体现在民族平等方面。他认为："一切工作中要坚持民族平等和民族团结政策。"②《陕甘宁边区施政纲领》要求："依据民族平等原则，实行蒙、回民族与汉族在政治经济文化上的平等权利，建立蒙、回民族的自治区，尊重蒙、回民族的宗教信仰与风俗习惯。"③ 1957 年，他在《关于正确处理人民内部矛盾的问题》一文中，再一次强调："汉族和少数民族的关系一定要搞好。这个问题的关键是克服大汉族主义……无论是大汉族主义或者地方民族主义，都不利于各族人民的团结，这是应当克服的一种人民内部的矛盾。"④ 毛泽东主张民族不分大小都要团结，他强调："只要是中国人，不分民族，凡是反对帝国主义、主张爱国和团结的，我们都要和他们团结。"⑤ 1954 年，我国颁布实施的《中华人民共和国宪法》以法律的形式明确规定了各民族理应受到尊重的平等地位，宪法规定："各民族一律平等。禁止对任何民族的歧视和压迫，禁止破坏各民族团结的行为。"⑥

以毛泽东为核心的中国共产党人在积极争取国内政治平等的同时，还努力争取国际政治平等。1945 年 4 月在《论联合政府》中毛泽东就义正词严地指出："中国共产党的外交政策的基本原则，是在彻底打倒日本侵略者，保持世界和平，互相尊重国家的独立和平等地位，互相增进国家和人民的利益及友谊这些基础之上，同各国建立并

---

① 《建国以来重要文献选编》（第 5 册），中央文献出版社 1993 年版，第 541 页。
② 《毛泽东书信选集》，人民出版社 1983 年版，第 349 页。
③ 《毛泽东文集》（第 2 卷），人民出版社 1993 年版，第 337 页。
④ 《毛泽东文集》（第 7 卷），人民出版社 1999 年版，第 227 页。
⑤ 《毛泽东文集》（第 6 卷），人民出版社 1999 年版，第 311 页。
⑥ 《建国以来重要文献选编》（第 5 册），中央文献出版社 1993 年版，第 522 页。

巩固邦交，解决一切相互关系问题"①。1954 年 12 月 11 日，在《同缅甸总理吴努的谈话》中毛泽东明确了自己的国际关系主张，他指出："不论大国小国，互相之间都应该是平等的、民主的、友好的和互助互利的关系，而不是不平等的和互相损害的关系。"② 他认为，中国与亚非拉国家不是"大哥哥同小弟弟的关系"，而是"同年同月同日同时生的兄弟"③。这些政治平等思想，既保障了人民民主权利，又维护了国家的尊严和主权。

2. 追求经济平等，发展经济生产

要实现经济平等，必须发展经济生产，保障军队和人民生存的物质条件。毛泽东在苏维埃时期撰写的《必须注意经济工作》一文中指出："为着争取物质上的条件去保障红军的给养和供给；为着改善人民群众的生活，由此更加激发人民群众参加革命战争的积极性；为着在经济战线上把广大人民群众组织起来，并且教育他们，使战争得着新的群众力量；为着从经济建设去巩固工人和农民的联盟，去巩固工农民主专政，去加强无产阶级的领导。为着这一切，就需要进行经济方面的建设工作。"④

早在井冈山革命斗争时期，毛泽东就提到："因为敌人的严密封锁，食盐、布匹、药材等日用必需品，无时不在十分缺乏和十分昂贵之中，因此引起工农小资产阶级群众和红军士兵群众的生活的不安，有时真是到了极度。……边界党如不能对经济问题有一个适当的办法，在敌人势力的稳定还有一个比较长的期间的条件下，割据将要遇到很大的困难。这个经济问题的相当的解决，实在值得每个党员注意。"⑤

在苏维埃时期，毛泽东又强调："革命战争的激烈发展，要求我

---

① 《毛泽东选集》（第 3 卷），人民出版社 1991 年版，第 1084—1085 页。
② 《毛泽东文集》（第 6 卷），人民出版社 1999 年版，第 378 页。
③ 《毛泽东文集》（第 6 卷），人民出版社 1999 年版，第 382 页。
④ 《毛泽东选集》（第 1 卷），人民出版社 1991 年版，第 119 页。
⑤ 《毛泽东选集》（第 1 卷），人民出版社 1991 年版，第 53 页。

们动员群众，立即开展经济战线上的运动，进行各项必要和可能的经济建设事业。"① 苏维埃政府号召大家努力去发展农业生产，并帮助农民解决种子、化肥、农具等具体问题，提高农业生产力；同时，支持发展小手工业，鼓励群众生产铁、布匹、农具等；另外，发行公债，发展合作社，调剂粮食，发展流通和贸易，以打破敌人的经济封锁，改良了群众生活，使广大红军踊跃参军上前线，支持革命战争。对此，毛泽东指出，"集中经济力量供给战争，同时极力改良民众的生活，巩固工农在经济方面的联合，保证无产阶级对于农民的领导"②。

民以食为天，党领导农民进行土地革命，打土豪、分田地，增加农业生产，改善农民的生活；同时，建立合作社、发展对外贸易，以保障工人、小手工业者、小商人的利益，因此极大地调动了人民参与革命的积极性。中国土地制度的改革，消灭地主和其他剥削阶级的剥削，保障人民的经济平等。以毛泽东为核心的第一代中国共产党人不仅通过发展经济生产，保障经济平等，而且通过加强经济民主监督，发展经济平等思想。早在井冈山时期，毛泽东就提出："关于经济民主，必须使士兵选出的代表有权协助（不是超过）连队首长管理连队的给养和伙食。"③ 由此，使士兵参与经济管理工作，为经济平等的实现创造条件。

新中国成立前夕，毛泽东在颁布的《中国人民解放军布告》中，指出："凡属私人经营的工厂、商店、银行、仓库、船舶、码头、农场、牧场等，一律保护，不受侵犯。希望各业员工照常生产，各行商店照常营业。"④ 在经济发展方面，"必须有计划地发展生产和整理财政，遵照发展经济，保障供给，统一领导，分散经营，军民兼顾，公

---

① 《毛泽东选集》（第 1 卷），人民出版社 1991 年版，第 119 页。
② 《毛泽东选集》（第 1 卷），人民出版社 1991 年版，第 130 页。
③ 《毛泽东选集》（第 4 卷），人民出版社 1991 年版，第 1275 页。
④ 《毛泽东选集》（第 4 卷），人民出版社 1991 年版，第 1457 页。

私兼顾等项原则，坚决地实施之。"① 此后1949年到1952年的三年时间是我国国民经济恢复期，自1953年起开始了对我国农业、工业与资本主义工商业的社会主义改造。毛泽东在1953年指出："党在过渡时期的总路线的实质，就是使生产资料的社会主义所有制成为我国国家和社会的唯一的经济基础。"② 到1956年，社会主义三大改造基本完成，我国90%的农民都加入到了合作社，初步实现了农业经济由个体经济到集体经济的转变，从而使农民实现了"平等地占有生产资料、平等地参与劳动和平等地参与劳动成果的分配"。我国三大改造的完成基本实现了农业、工业和资本主义工商业的社会主义公有性质，集中体现了毛泽东变革所有制，试图消灭生产资料占有方面不平等这一思想的创举。

社会主义改造完成后，我国生产得到基本恢复，社会主义建设迈上新起点，毛泽东提醒全党要转变工作重心："现在处在转变时期：由阶级斗争到向自然界斗争，由革命到建设，由过去的革命到技术革命和文化革命。"③ 关于科学技术对于经济发展的重要性，1963年12月毛泽东再次强调："科学技术这一仗，一定要打，而且必须打好……不搞科学技术，生产力无法提高。"④ 这些思想成为指导我国经济发展的重要科学指导和行动指南。

3. 追求文化平等，提高认知能力

旧中国的封建主义文化是专制文化，对此毛泽东1927年在考察湖南农民运动时就深刻指出："中国历来只是地主有文化，农民没有文化。可是地主的文化是由农民造成的，因为造成地主文化的东西，不是别的，正是从农民身上掠取的血汗。"⑤ 他非常反对旧中国的专制文化，认为教育应该是面向大众的、为每个人服务的。早在民主革

① 《毛泽东选集》（第4卷），人民出版社1991年版，第1207—1208页。
② 《毛泽东文集》（第6卷），人民出版社1999年版，第316页。
③ 《毛泽东文集》（第7卷），人民出版社1999年版，第289页。
④ 《毛泽东文集》（第8卷），人民出版社1999年版，第351页。
⑤ 《毛泽东选集》（第1卷），人民出版社1991年版，第39页。

命时期，毛泽东就提出建立新的思想与文化的任务。他说："我们不但要把一个政治上受压迫、经济上受剥削的中国，变成一个政治上自由和经济上繁荣的中国，而且要把一个被旧文化统治因而愚昧落后的中国，变为一个被新文化统治因而文明先进的中国。"① 为此，他提出了教育要面向工农劳苦民众的思想。1931 年 11 月，《中华苏维埃共和国宪法大纲》中明确规定："中华苏维埃政权以保证工农劳苦民众有受教育的权利为目的，在进行国内革命战争所能做到的范围内，应开始实行完全免费的普及教育。"1933 年毛泽东提出："用文化教育工作提高群众的政治和文化的水平。"② 针对近代中国社会经济和文化落后的情况，毛泽东反复强调，要努力改变文化落后的面貌，实现社会主义科学文化现代化。他指出："在革命胜利以后，我们的任务主要地就是发展生产和发展文化教育。"③ 对于资本主义文化、帝国主义文化，1939 年毛泽东在《中国革命和中国共产党》中一针见血地指出："帝国主义列强……对于麻醉中国人民的精神的一个方面，也不放松，这就是它们的文化侵略政策。传教，办医院，办学校，办报纸和吸引留学生等，就是这个侵略政策的实施。其目的，在于造就服从它们的知识干部和愚弄广大的中国人民。"④ 1945 年他在《论联合政府》中指出："新民主主义的文化，同样应该是'为一般平民所共有'的，即是说，民族的、科学的、大众的文化，决不应该是'少数人所得而私'的文化。"⑤

新中国成立后，毛泽东更加强调教育机会平等，反对教育特权。他认为封建教育的性质是"剥削阶级手中的工具"，而我们新中国要建立的教育应该是"工人阶级手中的工具"。1950 年 6 月，他正式提出，要"有步骤地谨慎地进行旧有学校教育事业和旧有社会文化事业

---

① 《毛泽东选集》（第 2 卷），人民出版社 1991 年版，第 663 页。

② 《毛泽东选集》（第 1 卷），人民出版社 1991 年版，第 125—126 页。

③ 中共中央文献研究室编：《毛泽东文艺论集》，中央文献出版社 2002 年版，第129—130 页。

④ 《毛泽东选集》（第 2 卷），人民出版社 1991 年版，第 629—630 页。

⑤ 《毛泽东选集》（第 3 卷），人民出版社 1991 年版，第 1058 页。

（第二章 社会主义核心价值观的形成及其与社会主义核心价值体系的关系）

的改革工作"，认为"在这个问题上，拖延时间不愿改革的思想是不对的，过于性急、企图用粗暴方法进行改革的思想也是不对的"①。1952 年，针对封建教育的现状和残余形式，毛泽东给予了严厉批判和纠正，他要求："干部子弟学校，第一步应划一待遇，不得再分等级；第二步，废除这种贵族学校，与人民子弟合一。"② 这改变了过去印入脑海的男外女内的陈腐观念，显示出"妇女半边天"的作用。1960 年 10 月 22 日，他在《同斯诺的谈话》中指出："百分之七十的人都是很穷的，就是工人、贫农、雇农，革命主要是靠这些人，还有百分之二十是城市里的小资产阶级，农村中的中农和富裕农民。剩下的百分之十左右的就是地主、富农、城市资产阶级和知识分子，中国有文化的主要是这一部分人。还有百分之十左右的人是识字的，就是上层小资产阶级和富裕中农。百分之八十的人过去都是文盲。"③ 他认为：这百分之八十是下层小资产阶级和贫下中农，要提高这一部分人群的文化水平，特别是农民的文化水平。新中国成立后，积极地与亚非拉国家开展文化交流。毛泽东向亚非拉外宾坦言，"我看到亚洲、非洲、拉丁美洲的朋友就高兴……我从前一个也不认识，但是见了面觉得很亲热。有一个原因，就是我们这些国家在世界上处在同样的地位……我同你们相处感到一种平等的气氛，我相信你们也是以平等的态度来对待我们的"④。

以毛泽东以核心的第一代领导集体的文化平等观，彰显出既要反对帝国主义文化侵略和文化霸权，弘扬我们民族精神的价值理念，又要突出文化为人民大众服务的光辉思想。毛泽东还告诫文学艺术家们："如果把自己看作群众的主人，看作高踞于'下等人'头上的贵族，那末，不管他们有多大的才能，也是群众所不需要的，他们的工

---

①《毛泽东文集》（第6卷），人民出版社 1999 年版，第 71 页。
②《毛泽东文集》（第6卷），人民出版社 1999 年版，第 232 页。
③《毛泽东文集》（第8卷），人民出版社 1999 年版，第 214—215 页。
④《毛泽东文集》（第8卷），人民出版社 1999 年版，第 22 页。

作是没有前途的。"① 在以毛泽东为核心的第一代领导集体文化平等观的引导下，热情讴歌人民群众生产、生活和革命的优秀文化作品屡见不鲜，激发了人民群众生产、打仗的积极性。在延安时期既搞大生产运动，又开展文体活动，不仅丰富了军队的业余生活，鼓舞了士气，增强了战斗力，而且提高了战士的政治文化综合素质和认知能力。中国共产党有关"一方面取之于民，一方面就要使人民经济有所增长，有所补充……使人民有所失同时又有所得，并且使所得大于所失"② 的思想，充分体现了以毛泽东为核心的第一代领导集体坚持以人为本的价值理念，这是赢得战争胜利的重要价值支持。

（四）繁荣社会主义文化的实践探索

如何繁荣社会主义文化，毛泽东也进行了艰辛探索，形成了一系列重要的思想和方针、政策，主要表现在建设民族的、科学的、大众的新文化、实行"百花齐放、百家争鸣"的方针和贯彻"古为今用，洋为中用"的方向。

1. 实行"百花齐放、百家争鸣"的方针

"百花齐放"和"百家争鸣"这两个成语，在我国古代就已流传民间，但是毛泽东在探索具有中国特色社会主义建设道路的过程中赋予它们特定的含义，借用它们作为我国发展科学文化事业的基本方针，却是20世纪50年代中期的事情。为了繁荣我国的科学文化事业，毛泽东在1956年4月召开的中央政治局扩大会议上提出："艺术问题上的百花齐放，学术问题上的百家争鸣，我看应该成为我们的方针。"③ 这就是著名的"双百"方针。"百花齐放、百家争鸣"是中国共产党繁荣社会主义科学文化事业的重要方针。坚持"双百"方针，要求中国社会主义文化建设要努力营造有利于探索和创新的文化氛围，提倡不同学术观点、艺术流派的争鸣和切磋，提倡善意的批评和反批评。

① 《毛泽东选集》（第3卷），人民出版社1991年版，第864页。
② 《毛泽东选集》（第3卷），人民出版社1991年版，第893—894页。
③ 《毛泽东文集》（第7卷），人民出版社1999年版，第54页。

　　"双百"方针要求中国社会主义文化建设坚持弘扬主旋律与提倡多样性相统一。要坚持发扬学术民主、艺术民主，坚持"百花齐放、百家争鸣"的方针，正确处理思想性、艺术性和观赏性的关系，坚持正确的文化立场和文化追求，坚持社会责任和创作自由的统一、坚持弘扬主旋律和提倡多样化的统一，提倡不同观点和学派充分讨论，营造积极健康、宽松和谐的文化创新环境。毛泽东一再强调，充分发扬学术民主和艺术民主，需要党和国家把人才工作摆在更加突出的位置，充分调动知识分子和全民族的文化创新活力，为建设社会主义文化强国贡献聪明才智。

　　"双百"方针是繁荣社会主义科学文化事业的方针。首先，"双百"方针符合文化艺术的特点，反映了文化艺术发展的内在规律。毛泽东认为："百花齐放是一种发展艺术的方法，百家争鸣是一种发展科学的方法。"① 由于社会生活是丰富多彩、千姿百态的，反映社会生活的艺术作品也必然丰富多彩，呈现不同形式和不同风格，不可能千篇一律。毛泽东引用孟子的"夫物之不齐，物之情也"（《孟子·滕文公上》），并评论说："马克思主义也是承认事物的多样性的，这是同形而上学不同的地方。"② 他主张世界民族文化的多样性，认为，"地球上有二十七亿人，如果唱一种曲子是不行的。无论东方西方，各民族都要有自己的东西。"③ 其次，"双百"方针符合对立统一规律，反映了事物辩证法和真理发展的规律。对立统一规律即矛盾规律是事物发展的根本规律，事物总是在各种矛盾中运动和发展的。真理与谬误既对立又统一，真理也是在同谬误相比较而存在，相斗争而发展的。新中国成立后，为了解决旧社会这种文化落后的局面，毛泽东指出在我国社会主义文化建设中要采取有利于国家巩固和文化发展的"放"的方针，他明确解释道："放，就是放手让大家讲意见，使人

---

　　① 《建国以来毛泽东文稿（1956.1—1957.12）》（第6册），中央文献出版社1992年版，第391页。
　　② 《毛泽东文集》（第6卷），人民出版社1999年版，第364页。
　　③ 《毛泽东文集》（第7卷），人民出版社1999年版，第77页。

们敢于说话，敢于批评，敢于争论；不怕错误的议论，不怕有毒素的东西；发展各种意见之间的相互争论和相互批评，既容许批评的自由，也容许批评批评者的自由"①。毛泽东认为："艺术上不同的形式和风格可以自由发展，科学上不同的学派可以自由争论。"② 他认为对学术问题的不同意见不应禁止谈论，"这是对学术思想的不同意见，什么人都可以谈论，无所谓损害威信"③。同时，对于艺术界与科学界的分歧，他认为："利用行政力量，强制推行一种风格，一种学派，禁止另一种风格，另一种学派，我们认为会有害于艺术和科学的发展。艺术和科学中的是非问题，应当通过艺术界科学界的自由讨论去解决，通过艺术和科学的实践去解决，而不应当采取简单的方法去解决。"④ 而应该利用"讨论"、"实践"方法来解决。艺术和科学可以通过"放"、"鸣"，让各种不同意见、不同声音发表出来，在比较中取长补短，从而发展真理。再次，"双百"方针充分体现了人民的自由，是人民内部的自由在文艺和科学中的体现，是用民主的方法解决文化科学领域人民内部矛盾的具体体现。

毛泽东"双百"方针的提出，极大地解放了人们的思想，使理论界、学术界、文化界的空气活跃起来，在全国造成了生动活泼的局面。同时，"双百"方针调动了广大科学、艺术工作者为社会主义服务的积极性，激发了他们的创造活力，有力地推动了我国科学事业和文艺事业的发展和繁荣。毛泽东的"双百"方针也为新时代建设中国特色社会主义文化强国、提高我国文化软实力贡献了智慧。

毛泽东提出"百花齐放、百家争鸣"的方针和对这一方针的系统阐述，是他对马克思主义的一个重大发展。这一方针的确立，对我国科学文化事业和其他各项事业的发展，都具有极大的意义。正确的方法应该是，让各种不同的观点自由竞争，自由讨论，然后才能加以比

①《毛泽东文集》（第 7 卷），人民出版社 1999 年版，第 278 页。
②《毛泽东文集》（第 7 卷），人民出版社 1999 年版，第 229 页。
③《毛泽东文集》（第 7 卷），人民出版社 1999 年版，第 9 页。
④《毛泽东文集》（第 7 卷），人民出版社 1999 年版，第 229 页。

较和鉴别，用真的、善的、美的东西去战胜假的、恶的、丑的东西，从而繁荣文化、艺术和科学事业。实践证明，百花齐放、百家争鸣的方针是一个正确方针，是合乎客观规律的。贯彻执行了这一方针，我们国家的科学和文化艺术就满园春色，欣欣向荣。在文化上，"双百"方针能够使社会文化领域充分保持活力，让一切创造性的文学艺术、思想学术的源泉充分涌流，解放思想，实现精神自由，并以此来构建和谐的社会文化氛围。在外交上，"三个世界"的思想有助于提高我国的国际地位和影响力，对于改变世界政治力量对比、反对霸权主义、团结世界人民、改善国际秩序起到了不可估量的作用。

2. 贯彻"古为今用、洋为中用"的方向

在社会主义的文化建设中，除了解决主旋律和多样性的问题，还要解决如何继承历史文化遗产和如何对待外国文化的问题。为此，毛泽东于1964年9月提出了"古为今用，洋为中用"的方向。所谓"古为今用"主要是指如何继承我国文化遗产的问题。任何一个国家的发展，都要受到本民族文化的制约。继承和发扬我国优秀文化传统，是促进社会主义文化发展的必要条件。没有继承便没有发展，发展社会主义文化，同样不能超越和割断历史。所以，毛泽东一再强调："今天的中国是历史的中国的一个发展；我们是马克思主义的历史主义者，我们不应当割断历史。从孔夫子到孙中山，我们应当给以总结，承继这一份珍贵的遗产。"① 中华民族在长期的发展过程中，创造了光辉灿烂的文化，今天，我们应当用理性的眼光对待传统文化，取其精华、去其糟粕，使其为新时代中国特色社会主义发展服务。

所谓"洋为中用"就是如何吸收外国文化的问题。他山之石，可以攻玉。不同国家、不同民族的文化，都有其光辉灿烂的亮点，都有值得其他国家和民族吸收和借鉴的东西。毛泽东指出："近代文化，

---

① 《毛泽东选集》（第2卷），人民出版社1991年版，第534页。

外国比我们高，要承认这一点。"① 因此，我们要接受外国文化的长处，以使我们自己的东西有一个跃进。也就是说，我们要在对西方文化有分析有批判地学习的基础上，使中西文化得到结合，使我国的社会主义文化品位得到较大的提高。对于中西文化结构，毛泽东运用辩证思维的方法，强调两点论，反对一点论；强调"中国的和外国的要有机地结合"②，即两种文化的双向生成、双向选择，反对单向地一方吃掉一方。而站在中国社会主义文化发展的角度，就是通过中西文化的有机结合，使社会主义文化达到高层次的中国化。毛泽东指出：中国的社会主义文化，"应该越搞越中国化，而不是越搞越洋化……要反对教条主义，反对保守主义，这两个东西对中国都是不利的。学外国不等于一切照搬。向古人学习是为了现在的活人，向外国人学习是为了今天的中国人"③。基于此，毛泽东提倡，"中国的和外国的，两边都要学好。半瓶醋是不行的，要使两个半瓶醋变成两个一瓶醋。"④ 即在中西文化结合上，建立一座畅通无阻的健康桥梁，与中国的实际相结合，形成适合中国特点的高品位的中国社会主义新文化。

毛泽东关于"百花齐放、百家争鸣"的方针和"古为今用、洋为中用"的方向，是我们对待多元文化和古今中外一切优秀文化成果的正确态度，也是发展和繁荣社会主义文化的正确方针，特别是全球化的今天，各种文化交流、交锋、交融，西方文化、传统文化、现代文化、后现代文化同时存在，我们应该遵循"双百"方针和"二为"方向，实现文化的大繁荣大发展，不断提高我国文化软实力，早日把我国建设成为中国特色社会主义文化强国，从而为世界文化的发展奉献我们的精神食粮。

新中国成立后，面对新的社会经济结构和政治结构，毛泽东指

---

① 《毛泽东文集》（第7卷），人民出版社1999年版，第81页。
② 《毛泽东文集》（第7卷），人民出版社1999年版，第82页。
③ 《毛泽东文集》（第7卷），人民出版社1999年版，第82页。
④ 《毛泽东文集》（第7卷），人民出版社1999年版，第82页。

出，要加快改造旧文化，建设与新的社会形态相适应的新民主主义和社会主义的新文化，以推动社会的进步。毛泽东强调："我们共产党人，多年以来，不但为中国的政治革命和经济革命而奋斗，而且为中国的文化革命而奋斗；一切这些的目的，在于建设一个中华民族的新社会和新国家。在这个新社会和新国家中，不但有新政治、新经济，而且有新文化。这就是说，我们不但要把一个政治上受压迫、经济上受剥削的中国，变为一个政治上自由和经济上繁荣的中国，而且要把一个被旧文化统治因而愚昧落后的中国，变为一个被新文化统治因而文明先进的中国。"[①]

　　总之，以毛泽东为核心的党中央领导集体领导中国人民取得了新民主主义革命的胜利，使国家获得了独立，人民获得了解放，建立了新中国。自此，我们党秉承全心全意为人民服务的价值理念，探索平等、公正价值观的实现路径，繁荣社会主义文化的实践探索，又带领广大人民开始了从新民主主义革命向社会主义革命的伟大历史转变。社会主义制度的确立和以马克思主义为指导思想的社会主义意识形态的确立，为国家的繁荣富强、社会的不断进步和人民的不断发展提供了强大的制度保障，同时也为社会主义核心价值观的形成奠定了坚实的政治基础和厚重的文化底蕴。

二　邓小平关于社会主义核心价值观的思考与探索

　　以邓小平为代表的党中央领导集体，坚持把马克思主义与改革开放和我国社会主义建设伟大实践相结合，科学继承了毛泽东思想，形成了马克思主义中国化的又一理论成果——邓小平思想，使得马克思主义在意识形态领域的指导地位不断巩固。通过研读邓小平思想，我们可以发现，其中也包含着许多有关社会主义核心价值观的思考与探索，大致说来，邓小平关于社会主义核心价值观的思考与探索主要有以下几方面。

---

　　① 《毛泽东选集》（第 2 卷），人民出版社 1991 年版，第 663 页。

（一）探索先富带后富的共同富裕价值目标

对实现共同富裕的探索是邓小平理论的重要内容，也是邓小平社会主义核心价值观的重要举措。邓小平认为："走社会主义道路，就是要逐步实现共同富裕。共同富裕的构想是这样提出的：一部分地区有条件先发展起来，一部分地区发展慢点，先发展起来的地区带动后发展的地区，最终达到共同富裕。如果富的愈来愈富，穷的愈来愈穷，两极分化就会产生，而社会主义制度就应该而且能够避免两极分化。"① 他反复强调："社会主义的特点不是穷，而是富，但这种富是人民共同富裕。"② 邓小平认为在中国只有坚持社会主义才能实现共同富裕，"如果走资本主义道路，可能在某些局部地区少数人更快地富起来，形成一个新的资产阶级，产生一批百万富翁，但顶多也不会达到人口的百分之一，而大量的人仍然摆脱不了贫穷，甚至连温饱问题都不可能解决"③。他进一步强调，实现共同富裕必须防止"两极分化"。为了防止"两极分化"，邓小平在不同场合多次提出告诫："如果搞两极分化，情况就不同了，民族矛盾、区域间矛盾、阶级矛盾都会发展，相应地中央和地方的矛盾也会发展，就可能出乱子。"④ "如果我们的政策导致两极分化，我们就失败了。"⑤ "只有社会主义，才能有凝聚力，才能解决大家的困难，才能避免两极分化，逐步实现共同富裕。"⑥ 对于实现共同富裕的现实途径，邓小平也进行了探索，他认为："一部分地区发展快一点，带动大部分地区，这是加速发展、达到共同富裕的捷径。"⑦ 实践证明，邓小平的共同富裕思想是远见卓识的，在这一思想的指导下，社会的和谐稳定和共同发展得到了极大推动，更为建设富强的社会主义国家开辟了新的道路。

---

① 《邓小平文选》（第 3 卷），人民出版社 1993 年版，第 373—374 页。
② 《邓小平文选》（第 3 卷），人民出版社 1993 年版，第 265 页。
③ 《邓小平文选》（第 3 卷），人民出版社 1993 年版，第 208 页。
④ 《邓小平文选》（第 3 卷），人民出版社 1993 年版，第 364 页。
⑤ 《邓小平文选》（第 3 卷），人民出版社 1993 年版，第 111 页。
⑥ 《邓小平文选》（第 3 卷），人民出版社 1993 年版，第 357 页。
⑦ 《邓小平文选》（第 3 卷），人民出版社 1993 年版，第 166 页。

（二）秉承"两手都要抓、两手都要硬"的价值理念

邓小平首先对精神文明的含义进行了阐述。1980 年 12 月 25 日，邓小平以《贯彻调整方针，保证安定团结》为主题，在中共中央工作会议上作了重要讲话，在讲话中，他强调指出："所谓精神文明，不但是指教育、科学、文化（这是完全必要的），而且是指共产主义的思想、理想、信念、道德、纪律，革命的立场和原则，人与人的同志式关系，等等。"①　"国际主义、爱国主义都属于精神文明的范畴"②。

邓小平把精神文明建设放到建设中国特色社会主义整个事业的战略高度来考察。在改革开放初期，邓小平就意识到，建设社会主义不仅要有高度的物质文明，同时还要有高度的精神文明。早在 1979 年 10 月 30 日，邓小平就明确指出："我们的国家已经进入社会主义现代化建设的新时期⋯⋯我们要在建设高度物质文明的同时，提高全民族的科学文化水平，发展高尚的丰富多彩的文化生活，建设高度的社会主义精神文明。"③　他强调："我们要建设的社会主义国家，不但要有高度的物质文明，而且要有高度的精神文明。"④　他认为："过去很长一段时间，我们忽视了发展生产力，所以现在我们要特别注意建设物质文明。与此同时，还要建设社会主义的精神文明，最根本的是要使广大人民有共产主义的理想，有道德，有文化，守纪律。"⑤　邓小平反复强调忽视精神文明建设的危害性，他告诫道："没有这种精神文明，没有共产主义思想，没有共产主义道德，怎么能建设社会主义？"⑥　"不加强精神文明的建设，物质文明的建设也要受破坏，走弯路。"⑦　"经济建设这一手我们搞得相当有成绩，形势喜人，这是我们

---

① 《邓小平文选》（第 2 卷），人民出版社 1994 年版，第 367 页。
② 《邓小平文选》（第 3 卷），人民出版社 1993 年版，第 28 页。
③ 《邓小平文选》（第 2 卷），人民出版社 1994 年版，第 208 页。
④ 《邓小平文选》（第 2 卷），人民出版社 1994 年版，第 367 页。
⑤ 《邓小平文选》（第 3 卷），人民出版社 1993 年版，第 28 页。
⑥ 《邓小平文选》（第 2 卷），人民出版社 1994 年版，第 367 页。
⑦ 《邓小平文选》（第 3 卷），人民出版社 1993 年版，第 144 页。

国家的成功。但风气如果坏下去，经济搞成功又有什么意义？会在另一方面变质，反过来影响整个经济变质，发展下去会形成贪污、盗窃、贿赂横行的世界。"① 邓小平还提出加强精神文明建设的基本要求，认为："我们还要大声疾呼和以身作则地把这些精神推广到全体人民、全体青少年中间去，使之成为中华人民共和国的精神文明的主要支柱，为世界上一切要求革命、要求进步的人们所向往，也为世界上许多精神空虚、思想苦闷的人们所羡慕。"② 同时，邓小平提出要发挥教育的功能，指出："我们一定要经常教育我们的人民，尤其是我们的青年，要有理想"③；要 "坚持五讲四美三热爱，教育全国人民做到有理想、有道德、有文化、有纪律"④；"成为有很高的政治责任心和集体主义精神，有坚定的革命思想和实事求是、群众路线的工作作风，严守纪律，专心致志地为人民积极工作的劳动者"⑤。为了保障精神文明建设的社会环境，邓小平建议广大文艺工作者要同教育工作者、理论工作者等同志联合起来，在意识形态领域中，同各种妨害社会主义建设的思想习惯作坚决的斗争。他再三强调："要批判剥削阶级思想和小生产守旧狭隘心理的影响，批判无政府主义、极端个人主义，克服官僚主义。要恢复和发扬我们党和人民的革命传统，培养和树立优良的道德风尚，为建设高度发展的社会主义精神文明作出积极的贡献。"⑥ 他还在不同场合，针对不同问题，强调 "两个文明一起抓，而且两手都要硬"。1980 年，邓小平在《目前的形势和任务》一文中指出："发挥社会主义的优越性，归根到底是要大幅度发展社会生产力，逐步改善、提高人民的物质生活和精神生活。"⑦ 在这里，他把两个文明建设作为发挥社会主义优越性的重要标志明确提

---

① 《邓小平文选》（第 3 卷），人民出版社 1993 年版，第 154 页。
② 《邓小平文选》（第 2 卷），人民出版社 1994 年版，第 368 页。
③ 《邓小平文选》（第 3 卷），人民出版社 1993 年版，第 110 页。
④ 《邓小平文选》（第 3 卷），人民出版社 1993 年版，第 110 页。
⑤ 《邓小平文选》（第 2 卷），人民出版社 1994 年版，第 106 页。
⑥ 《邓小平文选》（第 2 卷），人民出版社 1994 年版，第 209 页。
⑦ 《邓小平文选》（第 2 卷），人民出版社 1994 年版，第 251 页。

了出来。

新时代，我们要实现中华民族伟大复兴的中国梦，把我国建设成为富强、民主、文明、和谐、美丽的社会主义现代化强国也必须建设高度的精神文明，树立远大的共产主义思想，培养高尚的共产主义道德。邓小平关于社会主义精神文明的系统阐述，把中国共产党关于社会主义核心价值观探索的理论推进到了一个新的阶段。

（三）强调"社会主义民主必须制度化、法制化"的价值追求

邓小平对民主法制建设有许多精辟的论述和深邃的思想。他强调："没有民主就没有社会主义，就没有社会主义的现代化。"① 鉴于"文化大革命"十年对民主严重破坏和对法制肆意践踏的惨痛教训，邓小平及时总结指出："我们过去对民主宣传得不够，实行得不够，制度上有许多不完善，因此，继续努力发扬民主，是我们全党今后一个长时期的坚定不移的目标。"② 为了更好地保障人民的民主权利，他强调加强民主观念宣传教育，"我们一定要向人民和青年着重讲清楚民主问题"③。"但是我们在宣传民主的时候，一定要把社会主义民主同资产阶级民主、个人主义民主严格地区别开来，一定要把对人民的民主和对敌人的专政结合起来，把民主和集中、民主和法制、民主和纪律、民主和党的领导结合起来。"④ 他又鲜明地提出："中国人民今天所需要的民主，只能是社会主义民主或称人民民主，而不是资产阶级的个人主义的民主。"针对有人鼓吹照搬西方资产阶级的三权分立、多党竞选的主张，他语重心长地指出："西方民主那一套我们不能照搬。中国的事情要根据自己的实际情况办。中国的民主是社会主义民主，是同社会主义法制相辅相成的。"⑤ 同时，邓小平提出："如果追求形式上的民主，结果是既实现不了民主，经济也得不到发

---

① 《邓小平文选》（第 2 卷），人民出版社 1994 年版，第 168 页。
② 《邓小平文选》（第 2 卷），人民出版社 1994 年版，第 176 页。
③ 《邓小平文选》（第 2 卷），人民出版社 1994 年版，第 175 页。
④ 《邓小平文选》（第 2 卷），人民出版社 1994 年版，第 176 页。
⑤ 《邓小平文选》（第 3 卷），人民出版社 1993 年版，第 249 页。

展，只会出现国家混乱、人心涣散的局面。"① 另外，他特别强调社会主义民主必须制度化、法制化。他指出："这些方面的制度好可以使坏人无法任意横行，制度不好可以使好人无法充分做好事，甚至会走向反面。"② 鉴于"我们的民主制度还有不完善的地方，要制定一系列的法律、法令和条例，使民主制度化、法律化"③，邓小平不仅强调实行社会主义民主，而且强调要加强社会主义法制建设。他指出："社会主义民主和社会主义法制是不可分的。不要社会主义法制的民主，不要党的领导的民主，不要纪律和秩序的民主，决不是社会主义民主。相反，这只能使我们的国家再一次陷入无政府状态，使国家更难民主化，使国民经济更难发展，使人民生活更难改善。"④ 新时代为了更好地建设中国特色社会主义，必须使社会主义民主政治建设和法治建设交相辉映，真正做到有法可依、有法必依、执法必严、违法必究，从而早日建成社会主义法治国家。

（四）提倡加强国民爱国主义教育的思想理念

"爱国主义是各国、各民族人民都具有的对自己祖国的一种崇高的深厚感情，是为祖国独立、繁荣和富强贡献力量的强烈责任感，以及不惜牺牲自己的一切的献身精神。"⑤ 爱国主义成为中华民族催人奋进的强大精神动力。热爱自己的祖国是古往今来每一个有良知的中国人所必须具备的起码的道德品质，已经成为我们的民族性格。同时，爱国主义这一高尚情操也是中华民族赖以生存、发展、再创辉煌的强大精神支柱。

爱国主义是一个历史范畴，在不同的时代有着不同的具体内涵。在古代中国，我国各族人民在漫长的斗争实践中逐渐形成了自觉争取和维护祖国统一和民族团结的共同爱国情感和爱国意志。近代中国，

---

① 《邓小平文选》（第 3 卷），人民出版社 1993 年版，第 284 页。
② 《邓小平文选》（第 2 卷），人民出版社 1994 年版，第 333 页。
③ 《邓小平文选》（第 2 卷），人民出版社 1994 年版，第 359 页。
④ 《邓小平文选》（第 2 卷），人民出版社 1994 年版，第 359—360 页。
⑤ 黄小军、应竞丽、王华标：《爱国主义教育概要》，四川大学出版社 2005 年版，第 1 页。

由于帝国主义的侵略和清朝政府的腐败，中国逐渐沦为半殖民地半封建社会，陷入任人宰割的悲惨境地。面对这种悲惨境遇，"救亡图存"便成为摆在广大人民和有识之士面前的最重要任务，同时，"救亡图存"也是中国近代史上爱国主义的核心内容。为了完成这个任务，各阶层人士掀起了一场轰轰烈烈的救亡运动，从此，揭开了反侵略斗争的序幕。在此期间，一批仁人志士也开始了对救国道路的艰辛探索，表现了崇高的民族气节和爱国热情。"但是，无论是中国古代还是近代，大都停留在爱国主义水准上，有一定的历史局限性。主要表现为爱国主义与广大劳动人民的根本利益相脱节，缺乏明确的发展方向。"[1]

五四运动后，中国进入了新民主主义时期。在这个时期，中国工人阶级领导的新民主主义革命便成了该阶段爱国主义的主要内容。历史证明，只有中国共产党，才能领导中国革命取得彻底胜利，也才有社会主义新中国。

在新的历史时期，邓小平十分重视对广大人民群众特别是青少年的爱国主义教育。他多次强调，要加强民族的爱国主义教育，要教育广大党员、人民和青少年，必须发扬爱国主义精神，提高民族自尊心和民族自信心，他反复强调："中国人民有自己的民族自尊心和自豪感，以热爱祖国、贡献全部力量建设社会主义祖国为最大光荣，以损害社会主义祖国利益、尊严和荣誉为最大耻辱。"[2] 同时，邓小平把爱国主义思想运用到国家的对外交往中。在多年的对外交往中，他始终高举爱国主义精神的伟大旗帜，视国家主权高于一切，强调："必须发扬爱国主义精神，提高民族自尊心和民族自信心。否则我们就不可能建设社会主义，就会被种种资本主义势力所侵蚀腐化。"[3] 他认为，不管什么时候，国家的安全和主权要始终放在第一位。

---

① 聂月岩：《邓小平思想政治教育理论与实践研究》，首都师范大学出版社 2000 年版，第 126 页。

② 《邓小平文选》（第 3 卷），人民出版社 1993 年版，第 3 页。

③ 《邓小平文选》（第 2 卷），人民出版社 1994 年版，第 369 页。

邓小平的这些思想，无疑成为新时代激发我国各族人民的爱国热情和民族自尊心的强大动力。进入新时代，加强爱国主义教育，能够振奋民族精神、增强民族凝聚力，不断激发广大国民为建设新时代中国特色社会主义而奋斗。同时，思想政治理论教育工作者必须以邓小平爱国主义思想为指导，强化人民群众尤其是广大青少年的爱国主义教育，从而不断增强中华民族的民族凝聚力，进而为实现中华民族的伟大复兴凝神聚气。

（五）倡导社会主义和共产主义道德观教育的思想理念

社会主义和共产主义道德是共产主义思想体系指导下，并建立在以公有制为主体的社会主义经济基础之上的道德。早在民主革命时期，毛泽东就大力倡导共产主义道德，树立白求恩、张思德那样具有共产主义道德的典型，鼓舞与激励人们用共产主义道德约束自己的言行，使自己修养成有崇高道德的人。邓小平也认识到，在我国社会主义制度已经建立，并逐步巩固完善和发展的今天，更要在社会全体成员中实行社会主义道德，大力倡导共产主义道德。邓小平关于社会主义和共产主义道德观的教育思想主要包括，关于集体主义教育、关于革命传统教育和关于社会主义人道主义教育这三个方面。

1. 关于集体主义教育

集体主义是社会主义和共产主义道德的本质和核心。邓小平认为，进行集体主义教育，首先要倡导大公无私精神。针对粉碎"四人帮"后一段时间里出现的否定"大公无私"的错误思潮，邓小平指出："要教育全党同志发扬大公无私、服从大局，艰苦奋斗，廉洁奉公的精神，坚持共产主义思想和共产主义道德。"① 他要求把这种精神推广到全体人民和青少年中去，使之成为我国人民的精神支柱。其次，邓小平认为，进行集体主义教育要讲清正确处理国家、集体、个人三者利益关系的道理。因为，在实际工作中，经常碰到国家、集体、个人三者利益关系问题，对这三者关系，邓小平指出："我们从

---

① 《邓小平文选》（第2卷），人民出版社1994年版，第367页。

来主张，在社会主义社会中，国家、集体和个人的利益在根本上是一致的，如果有矛盾，个人的利益要服从国家和集体的利益。"①

2. 关于革命传统教育

革命传统教育是被革命实践证明了的党对人民群众进行思想政治教育的重要内容和有效办法。进行革命传统教育，不仅要学习和发扬多年来我国人民在革命和生产斗争中所形成的中华民族的优良传统，而且更要学习和发扬我们千千万万的革命先烈、革命前辈在党的领导下，前仆后继、英勇奋斗的英雄事迹和革命精神，学习和发扬我们党在长期革命斗争中培育起来的三大优良作风和党的光荣历史。邓小平非常重视革命传统教育，1978 年他在《在全军政治工作会议上的讲话》中指出："我们的毛泽东同志、周恩来同志以身作则，严于律己，艰苦奋斗，几十年如一日，成为我党我军优良传统和作风的化身。他们的感人事迹在全党、全军、全国人民中，发生了多么巨大和深远的影响！不仅影响到我们这一代，而且影响到子孙后代。我们的干部，特别是老干部，要以毛泽东同志、周恩来同志为榜样，用实际行动搞好传帮带。"② 可见，邓小平十分注重老干部对培养、选拔出来的年轻干部传帮带，建议老干部要给年轻干部树立一个好作风，要使年轻干部能够继承和发扬党的艰苦朴素、密切联系群众等优良作风。

3. 关于社会主义人道主义教育

在道德观的教育方面还涉及一个人道主义的问题。社会主义人道主义是一种对人们思想和行为的道德原则和道德规范，是社会主义社会人与人之间关系的道德要求。社会主义的人道主义并不是自发地、自然而然地形成的，而是在共产主义思想教育下，在先进分子的模范行动带动下，逐步形成的。早在民主革命时期，毛泽东就提出革命人道主义的口号，并在领导中国革命的过程中，对进一步发展革命人道

---

① 《邓小平文选》（第 2 卷），人民出版社 1994 年版，第 337 页。
② 《邓小平文选》（第 2 卷），人民出版社 1994 年版，第 125 页。

主义作出了很大的贡献。以军队建设为例，从红军创立初期开始，毛泽东就制定实行"三项纪律八项注意"，在军队内部实行官兵平等的"三大民主"，官长不打骂士兵，同士兵共甘苦。中华人民共和国成立后，我们党进行剿匪反霸，救济失业，禁止贩毒吸毒，使社会面貌焕然一新。对旧中国几千年束手无策的水旱灾害、鼠疫、霍乱、血吸虫等病害，人民政府领导人民进行大规模水利建设、抗灾斗争和除病灭害斗争，在打击罪犯，保护人民的同时，对罪犯给予人道待遇，甚至连战犯，都给予悔过自新、重新做人的机会。

在进入社会主义现代化建设时期，邓小平也非常重视社会主义人道主义教育。当然，邓小平人道主义思想不是凭空产生的。"从实践基础来说，它植根于中国改革开放和现代化建设的伟大实践；从理论渊源来说，它是对马克思列宁主义、毛泽东人学思想和古今中外优秀人学思想的继承和发展。"① 邓小平领导全党果断停止"以阶级斗争为纲"的口号，把党的工作重点转到经济建设上来，发展生产力，改善人民生活，亲自纠正"文化大革命"及以前历次政治运动所造成的冤、假、错案，提倡要创造民主的条件等等人道主义的表现。针对一些别有用心的人攻击社会主义是反人道主义的谬论，邓小平深刻地指出："但是人道主义有各式各样，我们应当进行马克思主义的分析，宣传和实行社会主义的人道主义（在革命年代我们叫革命人道主义），批评资产阶级的人道主义。"② 邓小平的这一思想为我们研究人道主义提供了指导思想。值得注意的是，不但在资本主义社会，就是在社会主义社会，也不能抽象地讲人道主义。因为人道主义是一个历史范畴，在不同的时期有不同的内涵。在新的历史条件下，人道主义更多地表现为"以人为本"的人本关怀和创造一切条件促进人的自由全面发展。

---

① 辛世俊、腾世宗：《邓小平人学思想》，大象出版社 1999 年版，第 1 页。
② 《邓小平文选》（第 3 卷），人民出版社 1993 年版，第 41 页。

三　江泽民关于社会主义核心价值观的思考与探索

毛泽东和邓小平对社会主义价值观有着丰富的论述和深刻的思考，江泽民作为党的领导集体的代表，对社会主义核心价值观也作出了一系列的思考与探索，对其进行系统梳理，能更好地呈现社会主义核心价值观的理论渊源，凸显理论的继承性。这些思考与探索可以归结为以下四个方面。

（一）关于爱国主义、集体主义、社会主义教育的价值诉求

爱国主义是中华民族的优良传统，是人们在五千年悠久历史中形成的对于祖国的一种深厚的感情。集体主义是社会主义道德的基本内容，是正确处理社会主义制度下各种利益和社会关系的基本准则。社会主义是中国人民一个不可动摇的理想信念。爱国主义、集体主义和社会主义，是我们时代的主旋律，是中国特色社会主义发展进步的伟大旗帜和精神动力。

江泽民认为，加强爱国主义、集体主义和社会主义教育，首先要抓好爱国主义教育。他反复强调："对全民族和全体人民来说，首先要抓好爱国主义教育，世界上任何国家任何制度下，都很重视对人民进行爱国主义教育，在我们这样人口众多的社会主义国家里，更应如此。"[①] 1994 年中共中央、国务院印发的《爱国主义教育实施纲要》也明确指出："在新的历史条件下，加强爱国主义教育，继承和发扬爱国主义传统，对于振奋民族精神，增强民族凝聚力，团结全国各族人民自力更生，艰苦创业，为建设有中国特色社会主义的宏伟事业而奋斗，具有重要的现实意义和深远的历史意义。"[②] 党的十四届六中全会决议也指出："在当代中国，爱国主义同社会主义有机地统一于建设有中国特色社会主义的伟大实践，是鼓舞全国人民实现民族振兴

---

① 中共中央宣传部编：《毛泽东邓小平江泽民论思想政治工作》，学习出版社 2000 年版，第 124 页。

② 《十四大以来重要文献选编》（上），人民出版社 1996 年版，第 919 页。

的强大动力。"①

对于爱国主义教育的目标和途径，江泽民也多次进行了阐述。他在党的十四届六中全会上的讲话中指出："爱国主义教育是精神文明建设的一个重要内容，加强爱国主义教育，要贯穿社会主义现代化建设的整个过程。"② 江泽民要求，要通过爱国主义教育，增强中华民族的自尊心与自信心，进一步增强中华民族的凝聚力。他强调："要通过各种生动活泼的形式，广泛、深入、持久地加强爱国主义教育和宣传，增强全国人民的民族自尊感和自豪感，在全社会进一步发扬以热爱祖国、贡献全部力量建设社会主义祖国为最大光荣，以损害社会主义祖国利益、尊严和荣誉为最大耻辱的良好风尚。"③ 他始终认为，爱国主义具有鲜明的时代性，在社会发展的不同时期有不同的内涵，"在当代中国，爱国主义和社会主义本质上是统一的"④。他在1993年1月召开的全国宣传部长座谈会上指出："在我国，爱国主义、集体主义、社会主义教育是三位一体、相互促进的。"⑤ 江泽民要求宣传思想工作要在爱国主义、集体主义和社会主义教育中发挥重要作用。1995年1月，他再次提出："中央一直强调加强爱国主义、集体主义、社会主义教育，要把这种宣传教育坚持下去，搞得更好，就需要把它同正确的世界观、人生观、价值观的宣传教育有机结合起来，引导人们树立崇高的理想和信念，正确处理个人、集体、国家的利益关系。"⑥ 他结合我国改革开放和现代化建设的实际，要求："当前要多种渠道，多种层次，多种形式，有的放矢地对干部和群众开展爱国主义、集体主义、社会主义思想教育，以及遵纪守法、遵守社会公德

---

① 《十四大以来重要文献选编》（下），人民出版社1999年版，第2055页。
② 《江泽民文选》（第1卷），人民出版社2006年版，第580页。
③ 《江泽民文选》（第1卷），人民出版社2006年版，第582页。
④ 《江泽民文选》（第1卷），人民出版社2006年版，第121页。
⑤ 中共中央宣传部编：《毛泽东邓小平江泽民论思想政治工作》，学习出版社2000年版，第124页。
⑥ 《江泽民论社会主义精神文明建设》，中央文献出版社1999年版，第151页。

的教育。"①

此外，江泽民还从思想政治教育工作和素质教育的角度，论述了爱国主义、集体主义、社会主义的重要性。他在 1999 年 6 月召开的全国教育工作会议上明确指出："思想政治教育，在各级各类学校都要摆在重要地位，任何时候都不能放松和削弱。要说素质，思想政治素质是最重要的素质。不断增强学生和群众的爱国主义、集体主义、社会主义思想，是素质教育的灵魂。"② 在这一论述中，他不仅强调了思想政治教育的重要地位，而且还指出素质教育和思想政治教育二者的关系，为素质教育和思想政治工作指明了方向。

（二）"提高全民族的思想道德素质和科学文化素质"的价值目标

首先，江泽民明确了精神文明建设的基本要求。第一，"社会主义精神文明建设要以马克思列宁主义、毛泽东思想、邓小平建设有中国特色社会主义理论为指导，大力发扬党的优良传统，弘扬中华民族的优秀思想文化，加强爱国主义、集体主义、社会主义思想教育，培育有理想、有道德、有文化、有纪律的社会主义公民，吸收世界文明的一切优秀成果，提高全民族的思想道德素质和科学文化素质。"③第二，"大力宣传先进典型，普遍开展群众性精神文明创建活动，鼓励一切有利于国家统一、民族团结、经济发展、社会进步的思想道德。"④ 第三，"通过各种新闻舆论工具和其他有效形式，促进社会主义精神文明建设，用科学战胜封建迷信和愚昧落后。"⑤ 这些要求为促进全体人民的思想道德素质和科学文化素质的不断提高提供了有力保障。

其次，江泽民对物质文明和精神文明的相互关系也作了精辟的论述。他认为："社会文明既包括物质文明也包括精神文明，缺少

---

① 《江泽民论社会主义精神文明建设》，中央文献出版社 1999 年版，第 1 页。
② 《江泽民文选》（第 2 卷），人民出版社 2006 年版，第 332 页。
③ 《江泽民文选》（第 1 卷），人民出版社 2006 年版，第 474 页。
④ 《江泽民文选》（第 2 卷），人民出版社 2006 年版，第 537—538 页。
⑤ 《江泽民文选》（第 1 卷），人民出版社 2006 年版，第 437 页。

任何一个方面，社会就是畸形的，也不可能健康地向前发展。"①
因此，"必须坚持物质文明和精神文明的共同进步"②。他再三告诫
全党："不能正确地坚持两手抓、两手都要硬的方针，或者离开经
济建设这个中心去空谈奋斗理想，或者忽视精神文明建设，甚至
不惜以牺牲精神文明为代价换得经济的一时发展。……这些现象，
必然会给工作带来损失和隐患，会给党和人民的事业造成难以弥
补的损害。"③ 同时，他强调，要深刻反思 1989 年的政治风波，指
出："一九八九年政治风波之后，我们吸取过去由于'一手硬、一
手软'导致资产阶级自由化思潮泛滥、酿成大祸的教训，大力加
强社会主义精神文明建设，特别是加强和改进思想政治工作。"④
他坚持："在实施西部大开发的整个过程中，都要始终既重视物质
文明建设又重视精神文明建设，既重视经济发展又重视社会发展，
使物质文明建设和精神文明建设相得益彰、相互促进。"⑤ 这样，
在发展社会主义社会物质文明和精神文明的基础上，从而不断推
进人的全面发展。

　　江泽民一贯重视社会主义道德建设，强调要坚持"两手都要抓、
两手都要硬"的方针，建议通过开展全民性的思想道德教育活动，增
强人们的社会道德意识，使社会主义道德建设在改革开放和现代化建
设中得到完善和巩固，使人们的思想道德品质普遍得到提高。他认
为："培养有理想、有道德、有文化、有纪律的新人，是建设社会主
义精神文明的根本目标。要围绕这个目标，在人民群众特别是青少年
中加强以爱国主义、集体主义、社会主义为核心内容的思想道德教
育，开展艰苦奋斗、勤俭建国的教育，职业道德、社会公德的教育，
基本国情的教育和普及法律基本知识教育。"⑥ 1996 年 9 月，他再次

---

① 《江泽民文选》（第 1 卷），人民出版社 2006 年版，第 575 页。
② 《江泽民文选》（第 2 卷），人民出版社 2006 年版，第 258 页。
③ 《江泽民文选》（第 2 卷），人民出版社 2006 年版，第 287 页。
④ 《江泽民文选》（第 2 卷），人民出版社 2006 年版，第 537 页。
⑤ 《江泽民文选》（第 3 卷），人民出版社 2006 年版，第 62 页。
⑥ 《十四大以来重要文献选编》（上），人民出版社 1996 年版，第 654 页。

指出：“社会主义道德建设要以为人民服务为核心，以集体主义为原则，以爱祖国、爱人民、爱劳动、爱科学、爱社会主义为基本要求，开展社会公德、职业道德、家庭美德教育，在全社会形成团结互助、平等友爱、共同前进的人际关系。”①

1997 年 1 月，江泽民在中央纪律检查委员会第八次全体会议上的讲话中再次指出：“要在全党全社会大力提倡高尚的社会主义思想道德和发扬中华民族的优良传统，以艰苦奋斗、勤俭朴素为荣，以铺张浪费、奢侈挥霍为耻。”② 在党的十六大报告中，他明确指出：“要建立与社会主义市场经济相适应、与社会主义法律规范相协调、与中华民族传统美德相承接的社会主义思想道德体系。”③ 江泽民认为，加强社会主义道德教育必须做到以下几个方面：

1. 充分发挥共产党员的先锋模范作用，在全社会倡导为人民服务的精神

江泽民指出：“社会主义道德建设最重要的是要抓住为人民服务这个核心，在全社会坚持倡导为人民服务的精神，倡导社会主义的集体主义精神，倡导个人利益服从国家利益、局部利益服从整体利益、眼前利益服从长远利益。共产党员要带头身体力行社会主义、共产主义道德，为在人民中倡导这些道德真正起到表率作用。”④ 全心全意为人民服务是中国共产党的根本宗旨，共产党员的表率作用、示范作用和辐射作用，在社会主义道德风尚的建设中至关重要。

2. 坚持正确的舆论导向，确立正确的道德评判标准

道德作为一种调节人们思想行为的规范，具体表现为舆论导向的一个组成部分，只有在引导人们行为的过程中才能发挥作用。这就涉及道德评判的标准问题，用什么样的标准去评判和引导人们思想行为的善与恶、美与丑、是与非，就会形成什么样的道德风气。改革开放

---

① 《十四大以来重要文献选编》（下），人民出版社 1999 年版，第 2056 页。
② 《江泽民文选》（第 1 卷），人民出版社 2006 年版，第 621 页。
③ 《江泽民文选》（第 3 卷），人民出版社 2006 年版，第 560 页。
④ 《江泽民文选》（第 1 卷），人民出版社 2006 年版，第 579—580 页。

以来，随着经济生活的多样化，群众价值观念的多元化，加之社会生活中一些舆论的偏离，造成事实上的个体行为失范、道德观念模糊、道德约束乏力。因此，要大张旗鼓地宣传符合社会主义道德规范的人和事，理直气壮地弘扬社会正气，毫不手软地抨击歪风邪气，引导人们增强道德自律，形成健康向上的精神风貌，从而营造良好的道德环境和社会氛围，构成推动社会发展的精神动力。

3. 抓好法制建设和教育，保证道德建设的健康发展

邓小平一再强调，要抓好法制建设和教育，保证道德建设的健康发展。为此，一方面要通过宣传教育帮助人们树立社会主义道德观念；另一方面要通过法律手段来制止错误道德观念的蔓延。"社会主义道德规范和评判标准的实施并不会一帆风顺，还会受到来自各种非社会主义道德规范的干扰和影响，如黄赌毒等社会丑恶现象的侵袭和渗透。"① 对于经济社会发展中的不道德行为，除了耐心地进行教育以外，还必须借助于法律法规等强制性手段。江泽民创造性地提出"以德治国"与依法治国相结合，在强调运用思想道德的内在约束力协调、规范人们思想行为的同时，强调法制建设对道德教育的保证作用，为加强和改进社会主义道德教育明确了目标、指明了方向。

此外，丰富多彩的社会主义道德实践活动，也是引导人们形成良好道德习惯的重要途径。良好道德习惯的养成不能一蹴而就，需要在日常工作和社会政治经济文化活动中逐渐形成。通过组织主题鲜明的道德教育实践活动，为人们提供参与社会主义道德实践的机会，创造形成良好道德习惯的条件，使人们在耳濡目染中获得道德的升华，在潜移默化中强化良好的道德习惯，从而以点带面、聚沙成塔，不断提高整个社会的社会主义道德水平。

（三）提出"发展民主必须同健全法制紧密结合，实行依法治国"

江泽民十分重视民主法制建设。他强调："加强社会主义民主法

---

① 马福运：《江泽民思想政治教育理论研究》，中共中央党校出版社 2009 年版，第 200 页。

制建设，是我们建设有中国特色社会主义理论和实践的重要组成部分。"① 因此，必须抓紧进行民主法制建设。他一贯重视对广大人民的民主法制教育，他认为，法制观念的普及程度和人民的民主素养，是衡量一个国家文明水平和国民素质的重要标志。健全的法律体系和正确的法制观念是实现民主的重要前提和保障。江泽民明确了民主法制建设的内容，那就是："要继续加强社会主义民主政治建设和法制建设，继续完善政务公开、厂务公开、村务公开、民主评议、质询听证等民主形式，使人民群众在民主选举、民主决策、民主管理、民主监督中发挥更加积极的作用，保证权力的正确行使。"② 为了保证民主法制建设的顺利进行，在党的十四大报告中，他进一步指出："要把民主法制实践和民主法制教育结合起来，不断增强广大干部群众的民主意识和法制观念。"③ 在党的十五大报告中，他再次强调："深入开展普法教育，增强全民的法律意识，着重提高领导干部的法制观念和依法办事能力。"④ 可见，在这里，他把法制教育与精神文明建设紧密地联系在一起。1996 年 8 月，他在为《社会主义法制建设基本知识读本》一书所作的序言中进一步指出："搞好法制教育，增强全体公民的法律意识和法制观念，是社会主义法制建设的基础工程，也是加强社会主义精神文明建设的重要内容。"⑤ 2001 年 1 月，在全国宣传部长会议上，江泽民正式提出了"以德治国""德法并举"的思想，他认为："我们在建设有中国特色社会主义，发展社会主义市场经济的过程中，要坚持不懈地加强社会主义法制建设，依法治国；同时也要坚持不懈地加强社会主义道德建设，以德治国。对一个国家的治理来说，法治和德治，从来都是相辅相成、相互促进的。二者缺一不可，也不可偏废。"⑥ 从这一系列的论述中可以看出，江泽民始终

---

① 《江泽民文选》（第 1 卷），人民出版社 2006 年版，第 641 页。
② 《江泽民文选》（第 3 卷），人民出版社 2006 年版，第 188 页。
③ 《江泽民文选》（第 1 卷），人民出版社 2006 年版，第 236 页。
④ 《江泽民文选》（第 2 卷），人民出版社 2006 年版，第 31 页。
⑤ 《江泽民论社会主义精神文明建设》，中央文献出版社 1999 年版，第 169 页。
⑥ 《江泽民文选》（第 3 卷），人民出版社 2006 年版，第 200 页。

在强调，实行依法治国，离不开广大群众民主法制观念的提高，离不开道德教育的力量。他还提醒大家要充分认识法制宣传教育的长期性和复杂性，并号召各级领导干部要加强对法律和法学知识的学习，掌握和提高依法行政的本领，以实际行动带领广大干部群众养成学法、用法的良好风气。

同时，江泽民还提出了民主法制建设的路径。1990 年 5 月，他在首都青年纪念五四报告会上的讲话中指出："我们要推进社会主义民主法制建设，必须加强民主建设的理论研究，完善民主制度，制定各方面的法律法规，宣传、普及民主知识和法律知识，提高和增强全民族的民主素养和法制观念。"① 他创造性地提出了依法治国战略，强调："发展民主必须同健全法制紧密结合，实行依法治国。"② 依法治国成为党领导人民治理国家的基本方略。实现社会主义民主的法制化，坚持依法治国，必须做到有法可依、有法必依、执法必严、违法必究。在这个过程中，思想政治教育是实现公民对现行法律的认同、提高公民法律素养和守法自觉性的重要保证和有效途径。因为通过思想政治教育，不但可以有效运行体现公认原则、规范和理想的法律，形成全社会共同的政治理想；而且可以实现公民现代法律意识的塑造和先进的社会法律文化的孕育，形成法治运行的社会心理基础；还可以帮助执法者形成正确的立场、观点、方法以及社会主义法律意识、职业道德，实现依法行政和司法公正。其中，加强民主法制教育是实现思想政治教育上述功能的主要途径。正如江泽民所说："加强社会主义法制建设，坚持依法治国，一项重要任务是不断提高广大干部群众的法律意识和法制观念。实践经验说明，法律不健全，制度上有严重漏洞，坏人就会乘机横行，好人也无法充分做好事。"③

---

① 《江泽民文选》（第 1 卷），人民出版社 2006 年版，第 125 页。
② 《邓小平文选》（第 2 卷），人民出版社 1991 年版，第 28 页。
③ 《江泽民文选》（第 1 卷），人民出版社 2006 年版，第 512 页。

（四）"实现共同富裕是社会主义的根本原则和本质特征"的价值观

江泽民丰富和发展了邓小平的共同富裕思想，他指出："要以邓小平同志关于让一部分地区一部分人先富起来、逐步实现共同富裕的战略思想来统一全党的认识。实现共同富裕是社会主义的根本原则和本质特征，绝不能动摇。"[1] 他明确指出："我们搞社会主义，是要解放和发展生产力，消灭剥削和贫穷，最终实现全体人民共同富裕。"[2] 在共同富裕的路径上，江泽民强调："要引导他们把个人富裕与全体人民共同富裕结合起来。允许和鼓励一部分地区、一部分人先富起来，通过先富带后富、先富帮后富，逐步达到全体人民共同富裕，是我们党和国家为推进经济社会发展而实施的一项大政策。要注意教育和引导先富起来的非公有制经济人士，不忘共同富裕这个社会主义的大目标，不要只满足于一己之富，而应该致富思源、富而思进，报效祖国，奉献社会。"[3] 江泽民还要求党的各级领导干部应该带头"处理好先富与共同富裕的关系"，"如果一个部门、一个地区的领导，对广大群众的利益特别是对下岗职工、贫困人口的生活困难不闻不问，整天为自己的利益盘算；如果一个地方面貌长期没有改变，群众的生活还比较清苦，而干部都住上了小楼，坐上了豪华轿车，整天花天酒地；如果领导干部不带领和组织群众发展生产、改善生活，一心只想着替自己安排什么'后路'，为子女、亲属、朋友等安排'出路'，群众怎么会拥护你呢？群众不怨恨你才怪哩！"[4] 因此，"在逐步实现全国人民共同富裕的过程中，党员干部必须正确处理好先富与后富、个人富裕与共同富裕的关系。所有党员领导干部，都应该先天下之忧而忧、后天下之乐而乐，吃苦在前、享受在后，首先要支持和帮助群众富起来，而不能只考虑自己如何富，更不能利用手中的权力

---

① 《江泽民文选》（第1卷），人民出版社2006年版，第466页。
② 《江泽民文选》（第1卷），人民出版社2006年版，第548—549页。
③ 《江泽民文选》（第3卷），人民出版社2006年版，第206页。
④ 《江泽民文选》（第3卷），人民出版社2006年版，第182—183页。

谋取不正当的利益"①。江泽民的共同富裕思想，充分体现了社会主义的本质要求，也体现了他以人民群众为本的情怀。为了实现以人民群众为本的价值追求，他提出了"发展是执政兴国第一要务"的战略口号，提出了"三个代表"重要思想，把提高人民的生活水平作为根本出发点，从而为维护和实现最广大人民的根本利益提供了强大保障。

四　胡锦涛关于社会主义核心价值观的思考与探索

毛泽东、邓小平和江泽民对社会主义核心价值观有着深刻的思考和艰辛的探索，胡锦涛对社会主义核心价值观也作出了一系列的思考与探索，从而加快了社会主义核心价值观概括与凝练的步伐。这些思考与探索可以归结为以下四个方面。

（一）提出以社会主义荣辱观作为基本的价值准则和行为规范

荣辱观是世界观、人生观和价值观的集中体现和反映。不同的社会、不同的阶级会有不同的世界观、人生观和价值观，因此，也就会有不同的荣辱观。就如同马克思所讲的，"一个阶级是社会上占统治地位的物质力量，同时也是社会上占统治地位的精神力量"②。同一社会中，每个社会集团都有它自己的荣辱观。"不同的荣辱观，通过赋予行为荣辱的方式试图把人们的行为引向不同的方向，以这种独特的控制方式为不同社会集团的不同社会目标服务。在这时，荣辱观就承担了价值标准和价值导向功能，荣誉与耻辱就变成了价值观念和行为准则意义上的荣辱观。"③

2006 年 3 月，以胡锦涛为代表的中央领导集体在第十届全国人民政治协商会议上提出以"八荣八耻"为主要内容的社会主义荣辱观。社会主义荣辱观一方面继承和发展了中国共产党关于社会主义思想道德建设褒荣贬耻的优秀传统，另一方面又扬弃了我国古代的"知耻"文化传统，同时又结合时代特征增添了新鲜的血液、赋予了新的时代

---

① 《江泽民文选》（第 3 卷），人民出版社 2006 年版，第 280 页。
② 《马克思恩格斯选集》（第 1 卷），人民出版社 1995 年版，第 98 页。
③ 马尽举：《树立社会主义荣辱观》，河南人民出版社 2006 年版，第 4 页。

内涵。树立社会主义荣辱观成为每个公民的必然要求，同时也是每个公民为人处事的道德准则。

可见，社会主义荣辱观的提出表明了以胡锦涛为代表的中国共产党人对社会主义道德建设规律的认识又加深了一步。以"八荣八耻"为主要内容的社会主义荣辱观，集中体现了爱国主义、集体主义和社会主义思想，体现了社会主义基本道德规范的本质要求，概括了马克思主义世界观、人生观和价值观的核心问题，明确了我国社会主义初级阶段最基本的价值取向和行为准则。在推动社会主义思想道德新体系的建设中，社会主义荣辱观发挥了重要的指导性作用，为全体社会成员判断是非得失、作出道德选择、确定价值取向，提供了基本的价值准则和行为规范，为社会主义核心价值体系的形成提供了坚实的理论基础。

（二）"发展成果更多更公平惠及全体人民"的价值追求

胡锦涛认为，共同富裕是中国特色社会主义的根本原则。他强调："继续提倡和鼓励一部分地区一部分人先富起来，最终达到共同富裕，以更好地发挥社会主义的优越性，这就对各级领导班子和领导干部提出了更高的要求。"① 为了更好地实现共同富裕，胡锦涛进一步指出："要坚持社会主义基本经济制度和分配制度，调整国民收入分配格局，加大再分配调节力度，着力解决收入分配差距较大问题，使发展成果更多更公平惠及全体人民，朝着共同富裕方向稳步前进。"② 对于实现共同富裕的目标，他明确提出："着力发展社会事业，着力完善收入分配制度，保障和改善民生，走共同富裕道路，努力形成全体人民各尽其能、各得其所而又和谐相处的局面。"③ 胡锦涛的共同富裕价值观贯穿在其以人为本的执政理念之中，形成了一切发展成果都必须由人民共享的科学发展观。胡锦涛"坚持权为民所

---

① 《十四大以来重要文献选编》（上卷），中央文献出版社1996年版，第381页。
② 胡锦涛：《高举中国特色社会主义伟大旗帜 为夺取全面建设小康社会新胜利而奋斗——在中国共产党第十七次全国代表大会上的报告》，人民出版社2007年版，第15页。
③ 《十七大以来重要文献选编》（上卷），中央文献出版社2009年版，第803页。

用、情为民所系、利为民所谋"的思想以及"坚持把实现好、维护好、发展好最广大人民的根本利益作为我们一切工作的根本出发点和落脚点,是我们做好各项工作的保证,任何时候都不能动摇"① 的铮铮誓言,是社会主义核心价值观的本质体现。

(三)要求"推进政治体制改革,扩大社会主义民主,健全社会主义法制"

通过认真研究可以发现,胡锦涛的民主法制价值观的形成,首先来自于对历史教训的深刻吸取。他指出:"在十年内乱期间,我国社会主义民主法制受到严重破坏,给党和国家的事业带来了重大损失,教训是十分深刻的。"② 同时,他对我国的民主法制建设现状有着清醒认识,认为:"我国社会主义民主法制建设与扩大人民民主和经济社会发展的要求还不完全适应,社会主义民主政治的体制、机制、程序、规范以及具体运行上还存在不完善的地方,在保障人民民主权利、发挥人民创造精神方面也还存在一些不足,必须继续加以完善。"③ 对于如何更好地加强社会主义民主法制建设,胡锦涛强调:必须"积极稳妥地推进政治体制改革,扩大社会主义民主,健全社会主义法制,建设社会主义法治国家,保证人民依法实行民主选举、民主决策、民主管理、民主监督"④。他还多次深刻揭示了加强民主法制建设的作用。其一,"扩大社会主义民主,健全社会主义法制,建设社会主义法治国家,对巩固和发展民主团结、生动活泼、安定和谐的政治局面具有重大意义"⑤。其二,"社会主义民主政治不断发展,社会主义法制不断健全,为加强和完善对权力运行的制约监督提供了有力的制度保证"⑥。其三,"随着我国经济社会的发展,随着全社会民主法制意识的增强,人民群众的公平意识越来越强,对我们党和政

---

① 《十六大以来重要文献选编》(中卷),中央文献出版社 2006 年版,第 317 页。
② 《十六大以来重要文献选编》(上卷),中央文献出版社 2005 年版,第 144 页。
③ 《十七大以来重要文献选编》(上卷),中央文献出版社 2009 年版,第 236 页。
④ 《十六大以来重要文献选编》(中卷),中央文献出版社 2006 年版,第 159 页。
⑤ 《十六大以来重要文献选编》(中卷),中央文献出版社 2006 年版,第 240 页。
⑥ 《十六大以来重要文献选编》(中卷),中央文献出版社 2006 年版,第 600 页。

府维护和实现社会公平的要求越来越高"①。从上面一系列论述可以看出，胡锦涛的民主法制观的本质是维护社会的公平正义，维护全体人民的经济权益、政治权益，使社会不同利益群体各尽其能、各得其所、和谐相处。

（四）"把社会主义核心价值体系融入国民教育和精神文明建设全过程"的价值要求

2006年10月，党的十六届六中全会第一次明确指出了"构建社会主义核心价值体系"的重大命题和战略任务，明确提出了社会主义核心价值体系的内容，即：马克思主义指导思想——社会主义核心价值体系的灵魂、中国特色社会主义共同理想——社会主义核心价值体系的主题、以爱国主义为核心的民族精神和以改革创新为核心的时代精神——社会主义核心价值体系的精髓、社会主义荣辱观——社会主义核心价值体系的基础。社会主义核心价值体系是中国共产党团结带领全国各族人民开拓前进的精神旗帜。构建社会主义核心价值体系，需要我们用马克思主义中国化的最新成果武装全党、教育人民，用中国特色的社会主义共同理想凝聚力量，用民族精神和时代精神鼓舞斗志，用社会主义荣辱观引领风尚。这样，才能不断增强社会主义意识形态的吸引力和凝聚力，夯实全党全国各族人民团结奋斗的共同思想基础。

首先，胡锦涛十分重视精神文明建设。他强调："要继续牢牢把握先进文化的前进方向，大力推进社会主义精神文明建设。"② 同时，他认为："建立健全与社会主义市场经济相适应、与社会主义法律规范相协调、与中华民族传统美德相承接的社会主义思想道德体系，是社会主义精神文明建设的基础性工程，对加强和改进未成年人思想道德建设具有重大意义，务必抓紧抓好、抓出成效。"③ 对于如何加强精神文明建设，胡锦涛多次提出：一方面，"深入开展群众性精神文

---

① 《十六大以来重要文献选编》（中卷），中央文献出版社2006年版，第314页。
② 《十六大以来重要文献选编》（上卷），中央文献出版社2005年版，第651页。
③ 《十六大以来重要文献选编》（中卷），中央文献出版社2006年版，第84页。

明创建活动，完善社会志愿服务体系，形成男女平等、尊老爱幼、互爱互助、见义勇为的社会风尚"①；另一方面，"广泛开展群众性精神文明创建活动，组织实施公民道德建设工程，把爱国主义教育同集体主义、社会主义教育有机统一起来，宣传体现民族精神和时代精神的先进典型，提倡一切有利于国家富强、民族振兴、社会和谐、人民幸福的思想，为全面建设小康社会营造积极向上的浓厚社会氛围"②。其次，胡锦涛坚持精神文明建设和其他文明建设一起抓。他指出："必须把发展社会生产力同提高全民族文明素质结合起来，推动物质文明和精神文明协调发展，更加自觉、更加主动地推动文化大发展大繁荣。"③ 最后，胡锦涛十分重视未成年人思想道德建设。他提出："要把加强和改进未成年人思想道德建设摆在更加突出的位置，作为精神文明建设的重中之重，纳入经济社会发展总体规划，列入重要议事日程。"④ 加强社会主义精神文明建设既昂扬了中国人的精神风貌，也为反腐倡廉营造了良好的社会氛围。因此，必须"切实把社会主义核心价值体系融入国民教育和精神文明建设全过程，转化为人民的自觉追求"⑤，自觉培育和践行社会主义核心价值观。

社会在发展，时代在进步。构建社会主义核心价值体系，需要我们用发展的眼光、辩证的思维，结合新的实践和时代特征进一步丰富社会主义核心价值观的内涵，增强社会主义意识形态的吸引力和凝聚力，形成全民族奋发向上的精神力量和团结和睦的精神纽带。

2007 年 10 月，党的十七大进一步指出了"社会主义核心价值体系是社会主义意识形态的本质体现，建设社会主义核心价值体系是推动文化大发展大繁荣的根本任务"。2011 年 10 月，党的十七届六中

---

① 胡锦涛：《高举中国特色社会主义伟大旗帜为夺取全面建设小康社会新胜利而奋斗——在中国共产党第十七次全国代表大会上的报告》，人民出版社 2007 年版，第 35 页。

② 《十六大以来重要文献选编》（中卷），中央文献出版社 2006 年版，第 1032 页。

③ 《十六大以来重要文献选编》（上卷），中央文献出版社 2009 年版，第 802 页。

④ 《十六大以来重要文献选编》（中卷），中央文献出版社 2006 年版，第 84 页。

⑤ 胡锦涛：《高举中国特色社会主义伟大旗帜为夺取全面建设小康社会新胜利而奋斗——在中国共产党第十七次全国代表大会上的报告》，人民出版社 2007 年版，第 34 页。

全会强调，社会主义核心价值体系是"兴国之魂"，同时指出，提炼和概括出简明扼要、便于传播践行的社会主义核心价值观，对于构建社会主义核心价值体系具有重要的意义。至此，学术界纷纷展开了对社会主义核心价值观的凝练和概括。

　　但是凝练和概括社会主义核心价值观，首先要认识到社会主义核心价值观的性质、其形成的一般规律及其对国家和社会的重大意义，要密切联系我国当前社会的实际状况，尤其是思想领域人们的价值观现状，既要立足于中国传统的价值思维方式和中国社会主义革命以及建设的价值观传统，又要积极借鉴国外核心价值观建设的经验教训，在此基础上对社会主义核心价值观的主要内容进行概括、提炼和创新。同时，要使社会主义核心价值观从观念与口号变成增强民族凝聚力与向心力、推动社会进步的精神力量。

　　（五）以培育和践行社会主义核心价值观为抓手，深化社会主义核心价值体系建设

　　社会主义核心价值体系是社会主义核心价值观凝练的基础，社会主义核心价值观是社会主义核心价值体系的内核，是社会主义核心价值体系的根本性质和基本特征的具体体现，也是社会主义核心价值体系的基本实践要求，更是社会主义核心价值体系高度凝练和升华的集中表达。

　　1. 以培育和践行社会主义核心价值观为抓手，深化社会主义核心价值体系建设

　　深化社会主义核心价值体系建设，必须紧紧围绕社会主义核心价值体系的基本要求。为此，第一，发挥马克思主义指导思想的主导作用。党的十一届三年中全会以来，中国共产党人坚持把马克思主义基本原理与我国改革开放实际相结合，不断探索社会主义意识形态建设，不断推进马克思主义中国化、时代化、大众化，巩固马克思主义在我国意识形态领域的指导地位。第二，坚持用中国特色社会主义共同理想凝聚力量。建设中国特色社会主义，是全党全国各族人民的共同理想追求，也是我国思想道德建设的重要组成部分。中国特色社会

主义的道路自信、理论自信、制度自信，成为实现中华民族伟大复兴的精神支撑。第三，坚持以爱国主义为核心的民族精神和以改革创新为核心的时代精神鼓舞斗志。改革开放以来，中国共产党致力于中国特色社会主义文化建设，加强爱国主义教育，弘扬民族精神，锐意改革进取，培育创新精神，增强全民族团结奋斗的内在动力。第四，高度重视社会主义荣辱观建设，以"八荣八耻"引领社会风尚，化解市场经济建设中的道德悖论，让每一个中国人成为传播中华文化、传承中华美德的主体，让道德成为发展社会主义市场经济的正能量。

2. 以改革开放以来孕育的民族精神和时代精神，彰显社会主义核心价值观

改革开放以来，在中华大地上孕育出了气势恢宏的民族精神和时代精神。一是北京奥运精神，即：深厚的爱国主义精神，顽强拼搏、无私奉献的精神，面向世界，博采众长的精神；二是抗震救灾精神，即：万众一心、众志成城，不畏艰险、百折不挠，以人为本、尊重科学的精神；三是"九八抗洪"精神，即：万众一心、众志成城，不怕困难、顽强拼搏，坚忍不拔、敢于胜利的精神；四是载人航天精神，即：艰苦奋斗、勇于攻坚，开拓创新、无私奉献的精神；五是抗击非典精神，即：万众一心、众志成城，团结互助、和衷共济，迎难而上、敢于胜利的精神。这些新时期孕育出的民族精神和时代精神，"抗洪精神，是爱国主义、集体主义、社会主义精神的大发扬，是社会主义精神文明的大发扬，是我们党和军队的光荣传统和优良作风的大发扬，是中华民族的民族精神在当代中国的集中体现和新的发展"①。这些精神，既是过去中国共产党领导全国人民践行社会主义核心价值观的生动写照，也是激励每一个中国人继续践行社会主义核心价值观的内在动力。这正如胡锦涛《在全国防治非典工作会议上的讲话》中指出的那样："通过抗击非典斗争，我们更加深刻地认识到，集中力量办大事是我国社会主义制度的巨大优越性，在改革开放

---

① 《江泽民文选》（第 2 卷），人民出版社 2006 年版，第 231 页。

和发展社会主义市场经济的新形势下，必须大力倡导全社会团结协作的精神，特别是在危难时刻和紧要关头，更要使全民拧成一股绳，全国形成一盘棋，携手抵御风险、克服困难，充分发挥我们的政治优势。"① 改革开放以来孕育的民族精神和时代精神，为以习近平总书记为核心的党中央领导集体进一步深化社会主义核心价值观提供了不竭的动力之源。

　　党的十八大对社会主义核心价值体系建设提出了新部署、新要求，强调用社会主义核心价值体系引领社会思潮、凝聚社会共识，倡导富强、民主、文明、和谐，倡导自由、平等、公正、法治，倡导爱国、敬业、诚信、友善，积极培育社会主义核心价值观，明确提出了社会主义核心价值观的科学内涵。社会主义核心价值观反映了我国社会主义制度的本质属性，体现了中国特色社会主义事业的发展要求，符合历史、合乎实践，贴近民情、顺乎民意，能够发挥出广泛的感召力、强大的凝聚力和持久的引导力。党的十八大以来，中央高度重视培育和践行社会主义核心价值观。习近平总书记多次作出重要论述、提出明确要求。2013 年 12 月，中共中央、办公厅印发《关于培育和践行社会主义核心价值观的意见》，明确提出以"三个倡导"为基本内容的社会主义核心价值观，与中国特色社会主义发展要求相契合，与中华优秀传统文化和人类文明优秀成果相承接，是我们党凝聚全党全社会价值共识作出的重要论断，并要求在全社会范围内积极培育和践行社会主义核心价值观。2017 年 2 月，中共中央、国务院印发《关于加强和改进新形势下高校思想政治工作的意见》，明确指出"要培育和践行社会主义核心价值观，把社会主义核心价值观体现到教书育人全过程"。党中央的高度重视和有力部署，为培育和践行社会主义核心价值观指明了努力方向，提供了重要遵循。

---

① 《十六大以来重要文献选编》（上卷），中央文献出版社 2005 年版，第 391 页。

第二节 社会主义核心价值观的内涵、特征及其与 社会主义核心价值体系的关系

为了有效地将社会主义核心价值观融入大学生思想政治教育中，首先需要明确社会主义核心价值观的内涵及其特征，这是将其有效融入大学生思想政治教育的前提。社会主义核心价值观作为新时代我国意识形态领域的最新成果之一，有着科学的内涵和鲜明的时代特征。同时，社会主义核心价值观与社会主义核心价值体系也有着密不可分的关系，探索它们之间的关系极为重要。

一 社会主义核心价值观的内涵

总体上来看，把握社会主义核心价值观离不开价值观、核心价值观、社会主义价值观等概念，在理解这些概念的基础上，才能够更好地把握社会主义核心价值观的科学内涵，领会其精神实质。

（一）价值观及其特点

1. 价值观的内涵

价值产生于主体与对象的关系之中，是对象相对于主体之需要所具备的意义。价值观是关于价值的系统化、理论化的观念体系，它是人们处理价值问题，特别是在处理具有普遍性价值问题时所持的基本立场、观点和态度，具有普遍性和高度的抽象性与概括性。"价值观体现了主体关于客体的效用性和意义性的基本观点，它要回答诸如'看重什么'、'珍视什么'、'追求什么'、'信仰什么'等等这样的问题，从而为主体进行评价、取舍和选择提供立足点与最终标准。"① 只有在价值观的基础上，人们才能对各种现象或关系进行价值判断，作出是非、对错、善恶、好坏、美丑、得失、荣辱、正邪等方面的评价或判断。

---

① 吴新文：《社会主义核心价值观》，重庆出版社 2009 年版，第5—6 页。

2. 价值观的特点

价值观与主体的兴趣、需要、动机、利益、愿望和目的密切相关。每一个个体、群体和阶层都有自己的价值观，但价值观又不是纯粹主观的，无论是个体的价值观还是群体的价值观，都是在一定的时代背景和社会环境中产生的，都是特定主体在某一特殊历史情境下为了某种特定目的而提出来的。在阶级社会中，所有的价值观都无不打上阶级的烙印，具有鲜明的时代性和阶级性。

同时，价值观与世界观、人生观是密切联系的。一般说来，有什么样的世界观就会有什么样的人生观，有什么样的人生观就会有什么样的价值观与之相适应。可以说，价值观是世界观、人生观的落脚点。与世界观和人生观相比，价值观与人的实践、决策或行为具有更为直接的关系，它对人的行为和实践活动起着规范和导向作用。因此，树立正确的价值观，能够使我们在价值多元化的社会中坚守自己的价值追求，不会被假象迷失方向。

（二）核心价值观及其作用

1. 核心价值观的内涵

价值观是由一系列的价值观念所构成，在由各种价值观构成的价值观体系中，处于价值观体系核心地位的就是核心价值观。任何一个国家或社会的核心价值体系都是一个多维度、多层次的理论系统，它规定了这个国家或社会基本的价值原则、价值观念和价值规范。其中，核心价值观在核心价值体系中又处于承上启下的核心地位，核心价值观与价值体系中其他的价值观的关系是主要矛盾与次要矛盾、支配与被支配、决定与被决定的关系。

2. 核心价值观的作用

一般说来，核心价值观是时代的反映，也是一个社会发展的导向反映，它是人类文明的思想积淀，不同时期、不同国家、不同民族的核心价值观又会体现出鲜明的特色。一个缺乏核心价值观的核心价值体系是空洞的、没有生命力和影响力的体系。"在社会生活中真正起作用的核心价值体系都要受某种简明扼要的核心价值观的支配，在中国古代社会的相当长一段时间内，'三纲五常'实际上扮演着维护社会稳定与和谐的核心价值观的角色；而 1789 年法国大革命提出的'自由、平等、博爱'的口号则被标榜为资本主义的核心价值观，并成为资本主义辩护士们用来论证资本主义制度正当性的重要工具。"①

核心价值观具有鲜明的特征，对于一个国家、民族和社会的发展都发挥着巨大的作用，其特征主要表现为：其一，核心价值观是全体成员对重大价值问题所达成的思想共识。一般来说，核心价值观是共同体的集体意志、文化特色和价值追求的集中表达和体现，具有明确的历史传承、现实关怀和未来指向。可以说，一个社会的核心价值观就是这个社会的灵魂、血脉和主心骨。

其二，由于核心价值观在核心价值体系中居于支配地位，它能够为社会提供超验纽带和终极意义，以弥合无所不在的利益冲突所带来的社会分化。美国当代思想家丹尼尔·贝尔指出："一旦社会失去了超验纽带的维系，或者说当它不能继续为它的品格构造、工作和文化提供某种'终极意义'时，这个制度就会发生动荡。"② 而核心价值观在社会生活中正是超验纽带和终极意义的来源。

其三，核心价值观一旦形成，具有相对稳定性。核心价值观往往是一个社会的主流政治力量所倡导的，为社会的绝大多数成员所尊崇和践行，并能最大限度地凝聚社会共识，增强社会的凝聚力和向心力，促进社会的不断进步。

当前，受西方文化和社会转型的影响，人们的价值观呈现出了多样化的特点，价值观的多元化是社会生活的常态，甚至在一定条件下是社会的活力之源。特别是在社会动荡或转型阶段，人群、阶层和阶级的分化剧烈，价值观的多元化也就更为明显。但是，任何组织、集团或社会要正常运作，都需要具有特定的核心价值观作为文化支撑。

---

① 吴新文：《社会主义核心价值观》，重庆出版社 2009 年版，第 2—3 页。
② ［美］丹尼尔·贝尔：《资本主义文化矛盾》，赵一凡译，生活·读书·新知三联书店 1992 年版，第 67 页。

"一个健全的社会不但要有政治、经济、文化等功能性领域，而且要有自己独特的'理想'或'精神气质'，而它们就浓缩在其核心价值观之中。"①

（三）社会主义核心价值观的内涵

任何社会都有与其政治制度相适应的价值理念与价值目标，社会主义同样有自己的主导价值观，即社会主义核心价值观。社会主义核心价值观是以马克思主义为指导，在建设中国特色社会主义的实践中形成和发展起来的。

党的十八大报告从国家层面、社会层面和个人层面对社会主义核心价值观的内涵作出了科学的界定，即富强、民主、文明、和谐——国家层面的价值目标；自由、平等、公正、法治——社会层面的价值追求；爱国、敬业、诚信、友善——公民层面的价值规范。社会主义核心价值观立足于中国特色社会主义的伟大实践，从最深层次科学地回答了社会主义的本质属性，具有强大的感召力和凝聚力，代表了广大人民的普遍愿望和价值诉求。

社会主义核心价值观具有中国特色社会主义的实践特色、理论特色、民族特色和时代特色，它反映了社会主义现代化的发展要求。我们每个人都应认真领会、准确把握其中的科学内涵与思想真谛。社会主义核心价值观的科学内涵，是国家层面、社会层面、个人层面"三位一体"的价值取向，三个层面相互联系、相互依存、相互作用，融为一体，指导着国家、社会和个人发展的基本方向。

1. 国家层面的价值观：富强、民主、文明、和谐

从国家层面上看，富强、民主、文明、和谐是近代以来中华民族的伟大梦想，这一梦想也成为 100 多年来汇集民族力量、凝聚人心、创造智慧的精神寄托和价值理想，是社会主义核心价值观在发展目标上的规定。这一倡导集中体现了我国在社会主义初级阶段正在追求实现的价值目标，深刻表达了社会主义中国的国家意志，符合广大人民

---

① 吴新文：《社会主义核心价值观》，重庆出版社 2009 年版，第 7 页。

的意愿和诉求。这样一个美好的目标，必将凝聚起全国人民的智慧和力量，极大地激励全国人民建设中国特色社会主义、实现社会主义现代化的积极性和自觉性。

富强即民富国强，这是国家层面的社会主义核心价值观的首要内容。"富强就是生产力要比较发达，综合国力大幅度提高，人民生活显著改善，不断走向共同富裕的目标，具体讲就是要在 21 世纪中叶，即建国 100 周年的时候，实现人均国民生产总值达到中等发达国家水平，在一部分人先富起来的基础上逐步实现共同富裕，基本实现现代化，全面进入小康社会。"① 富强主要是经济概念，同时也是综合国力概念。富强首先在于富民，只有人民富裕，才能实现国强。没有民富就没有国强，也就谈不上富强。其次体现为国家拥有巨大的财富财力和强大的经济实力。当今世界，国与国之间的竞争是以经济实力为基础的综合国力竞争。经济的富强是国家综合国力强大的基础，同时也需要政治、军事、文化、科技、教育等硬实力与软实力的发展和增强，才能使国家走向全面富强。只有实现国强民富，才能为社会主义奠定坚实的物质基础，才能解决现代化建设中的各种挑战和困难。

民主是中华民族近代以来孜孜以求的理想目标，更是共产党人的价值追求。社会主义民主的本质就是人民当家作主，社会主义民主是一种保证人民当家作主的政治制度，体现为民主选举、民主决策、民主管理、民主监督以及保障和尊重人权等各方面，社会主义民主能充分反映和代表人民的愿望和意志，能保障人民的根本利益和自由、平等的实现！这就决定了它的最高价值内涵——人民当家作主。在社会主义条件下，生产资料公有制的建立，在政治上必然反映为全体公民享有管理国家和社会事务的权利，实现人民当家作主的民主制。"民主"是人类社会走向文明进步的必然追求，也是社会主义政治文明的集中表现。

---

① 王永坚、张丽华、千舒：《领导干部讲党课》，红旗出版社 2014 年版，第 114—115 页。

文明（即精神文明）是社会主义的特征，是精神、思想、文化上的进步与先进。文明是社会进步的重要标志，也是社会主义现代化国家的重要特征，它体现了社会主义的本质要求。对于文明的理解，我们可以从国家、社会和个人三个层面来理解：从国家层面来讲，文明是指国家发展的状态；从社会层面来讲，文明是社会秩序的确立，意指社会文教昌达、文德彰显而形成的王者修德、民风淳朴、风调雨顺的和谐景象；从个人的层面来讲，文明则是指个人的教养和开化状态。文明是谦恭有礼，是内在的德行的体现。社会主义文明是人类社会发展迄今为止最先进、最科学的文明形态，它之所以比以往的社会文明更先进、更科学，根本原因就在于它是建立在生产资料公有制和人民当家作主这样的经济和政治基础之上的。同时，社会主义文明是实现中华民族伟大复兴的重要支撑。

和谐是社会主义的本质属性，是实现社会主义现代化的重要保障。"和谐是中华传统文化的基本理念，集中体现了学有所教、劳有所得、病有所医、老有所养、住有所居的美好局面。它是社会主义现代化国家在社会建设领域的价值诉求，是经济社会和谐稳定、持续健康发展的重要保证。"[①] 中国共产党人所追求的和谐，是促进人与自然、人与人、人与社会的和谐共处，促进经济、政治、整个社会走上文化先进、社会与生态和谐的发展道路。

"富强、民主、文明、和谐"的核心价值观体现了我们党的思想认识与社会实践融合、贯通的辩证关系。"富强、民主、文明、和谐"，虽然只是四个词，却兼容并包。它们彼此之间紧密联系，相互影响、相互作用。"共同富裕"内在地包含着"民主""和谐"与"文明"的价值理念，是这些价值观在现阶段的具体实践和表现；"和谐"作为总体性的概念，指的是社会各个领域、各个层面的协调稳定状态，包含了物质文明、政治文明、精神文明和生态文明等领域。只有社会主义制度下的共同富裕，才能为实现真正意义上的"民

---

① 王永坚、张丽华、千舒：《领导干部讲党课》，红旗出版社 2014 年版，第 116 页。

主、文明、和谐"提供物质基础;只有实行社会主义民主,才能为社会的"富强、文明、和谐"提供制度保障和法理支持;只有社会主义的先进文化和高度文明,才能给"富强、民主、和谐"提供智力支持、精神动力和文化支撑;只有社会和谐,才能给"富强、民主、文明"提供自然保障、社会条件。①

2. 社会层面的价值观:自由、平等、公正、法治

自由、平等、公正、法治是社会层面的价值追求,反映了社会主义的本质属性。现代文明社会必然是自由、平等、公正、法治的社会。当前我国正在从传统社会向现代文明迈进。"自由、平等、公正、法治"反映了现代文明社会的核心价值观念,集中体现了我国社会主义社会应当追求的理想价值属性。

自由是实现人的自由全面发展,是社会主义社会的终极追求。"自由"即在法律允许范围内不受限制和约束地自主选举大众和社会组织的平等参与、平等发展和共享发展成果。倡导"实现人的自由全面发展",是社会主义的理想价值追求。如今,自由作为社会主义核心价值观的内容之一,对于确立人民群众的主体地位和主体性,对于实现民主和人权,调动一切积极因素,促进社会和谐,推动人的解放,具有至高的和终极的定向作用。

平等是指人们在经济、政治、文化等方面享有同等的权利,是党的人文价值追求,是社会主义的本质特征。平等关系着公民的尊严和幸福。在当代社会,平等作为价值目标和价值理念,主要是指权利平等、机会平等和结果平等。平等作为社会主义核心价值观的重要内容,既表达了我们党在理论凝练与创新上的与时俱进,又反映了我们党在实践拓展与推进上的人文价值追求。

公正一般被理解为公平和正义的复合词,是立党为公、执政为民的必然体现。社会主义社会要想实现全体人民各尽所能、各得其所而又和谐相处,就必须以公正为原则,形成合理的分配体系,协调好利

---

① 王永坚、张丽华、千舒:《领导干部讲党课》,红旗出版社 2014 年版,第 117 页。

益矛盾。实现社会公正是党和国家制定各项政策、开展各项工作的一个立足点，也是共产党人坚持立党为公、执政为民的必然要求。

法治是依法治国的必然要求，是实现自由、平等、公平、正义的制度保障。将"法治"作为社会主义核心价值观的基本内容，是依法治国、建设法治中国的必然要求。市场经济是法治经济，市场经济的主体确认、运行规则、责任追究都仰赖法律制度及其实施。实施法治是真正保障人民主体地位，有效实现人民民主、保障人民权益的途径。

作为共产党人，只有坚持自由、平等、公正、法治的核心价值观，才能更好地保护人民权益，充分调动起广大人民群众建设中国特色社会主义的积极性和主动性，激发广大人民群众的建设热情，促进社会的全面发展和进步。

3. 公民层面的价值观：爱国、敬业、诚信、友善

从个人层面上看，爱国、敬业、诚信、友善则是社会主义本质属性体现出的对个体的道德规范和行为准则，是立足于公民个人层面提出的价值目标和现实要求，是社会主义核心价值观在公民道德准则上的规定。

爱国是每个公民的责任，更是共产党员义不容辞的神圣义务。爱国，是每一个公民的基本担当。爱国不是抽象的，而是具体的。对共产党员而言，爱国体现在实践中就是具体化为爱岗敬业的精神，具体化为以诚待人、以信处世的行为规范，具体化为爱社会、爱他人的一言一行。爱国主义是中华民族继往开来的精神支柱，是实现中华民族伟大复兴的动力，是个人实现人生价值的力量源泉。当前，广大党员特别是领导干部要切实大力弘扬爱国主义精神，坚持爱国主义与社会主义的高度统一。在新的历史条件下，在全面建成小康社会的伟大征程中，必须把爱国主义和中国特色社会主义建设、祖国统一、民族团结紧密结合在一起，积极主动地投入到中华民族伟大复兴的历史实践中，为建设富强、民主、文明、和谐、美丽的社会主义现代化强国而奋斗，从而早日实现中华民族伟大复兴的"中国梦"。

敬业是公民应有的职业道德，也是共产党员党性的体现。敬业是

公民应有的职业道德规范，是公民必须恪守的基本道德准则。作为党员，可以选择自己喜爱的工作，但如果对从事的职业没有敬畏之心，缺乏职业道德，何谈践行党的宗旨，为社会主义事业作贡献。因此，对党员个人而言，敬业既是对职业的尊重，又是对社会的负责，更是对党的宗旨使命的自觉履行。要实现"富强、民主、文明、和谐"的目标，就必须以公民的恪尽职守以及对祖国的诚实忠义为前提。

诚信是公民个人的立身之本，是社会和谐的道德基础。俗话说，"民无信不立"、"国无信则亡"，没有诚信，就没有人与人之间的合作，就没有社会的安定与团结，也就没有社会的和谐。诚信的价值观，包含伦理道德、经济、法律等多种内涵。"诚信就是承诺的可期性。承诺意味着某种责任，意味着责任的兑现，这就说明，诚信是一种有条件的信任，它既是一种严格的道义要求，也是一种需要社会制度提供普遍法制保护的社会规范。"①"诚信"是个人的立身之本和必备的道德品格。"诚信也是国家社会建设的基本要求，只有国家社会都讲诚信，诚信才能成为维系整个社会的纽带，才能成为整个社会普遍存在的状态。只有人人从我做起，让诚信真正根植人心，人与人之间才会更加友善，社会文明才能更进一步。"②

友善是公民道德的基本规范，是共产党员应有的道德品质。每一个公民都应该友善待人，与他人建立起一种和睦的关系，巩固和发展全国各族人民的大团结、海内外中华儿女的大团结。友善是公民道德的基本规范之一，是公民与公民之间应当如何相处的基本规矩，同时也是人际关系和谐的基础。社会主义核心价值观把友善列入"三个倡导"之中，也是要通过倡导人与人、人与社会、人与自然友善共处的关系，形成齐心向上、奋发有为的社会合力，营造共建小康、共同富裕的良好氛围，开创整个社会和谐大同的新局面。崇尚友善依然是建设社会主义和谐社会的价值追求，也是每个共产党员所应具备的道德品质。

---

① 王永坚、张丽华、千舒：《领导干部讲党课》，红旗出版社2014年版，第121页。
② 吴辉、袁为海：《核心价值与共性要求》，陕西师范大学出版社2014年版，第36—37页。

社会主义核心价值观最基本的主体与实践基础还是个人，是最广大的人民群众。中国特色社会主义的各项建设都要通过人的发展来推动来实现，中国特色社会主义的各种文明都要通过人的文明来体现来落实，中国特色社会主义共同理想包含人的文明理想，这些都要凝结为社会主义公民的基本价值准则。只有全体公民共同努力，才能实现国家的富强、民主、文明、和谐，才能实现社会的自由、平等、公正、法治。

可见，"爱国、敬业、诚信、友善"从公民个人道德准则的不同角度反映出个人践行社会主义核心价值观的基本要求，理应得到每一位社会主义公民的认可和追求。"爱国、敬业、诚信、友善"四位一体集中体现了社会主义公民个人的基本价值追求和道德准则要求。只有真正践行了爱国、敬业、诚信、友善价值准则的人，才能从道德意义上被称为合格的社会主义公民。

可见，社会主义核心价值观这三个层面从宏观到中观再到微观相互联系、相互依托，构成了从一般到特殊的关系链。其中国家层面的富强、民主、文明、和谐是社会主义核心价值观的最高目标，具有最高指导原则，是凝聚各民族的精神源泉；社会层面的自由、平等、公正、法治是社会主义核心价值观社会观的体现；个人层面的爱国、敬业、诚信、友善是对人权的保障、个性的张扬和责任的强化，充分体现了从权利与义务的统一角度对主体的行为规范和权利彰显。

总之，社会主义核心价值观代表了当代中国发展利益和最广大人民根本愿望的价值追求，是中华民族共有的精神家园，是实现中华民族伟大复兴中国梦的兴国之魂。当前，在全党全社会成员中大力弘扬、培育和践行社会主义核心价值观，具有深远的社会意义：一方面，能够在文化多样化、价值观多元化的社会中作出正确的价值判断和选择；另一方面，能够最大限度地凝聚社会共识，增强中华民族的民族凝聚力和向心力，从而为实现中华民族伟大复兴中国梦提供强大的精神动力和智力支持。

二 社会主义核心价值观的特征

价值观主要揭示的是社会主体对于客观事物的主观反映，由此可以看出，影响价值观的因素主要有两个方面的因素：一是社会主体自身的影响；二是社会主体所处的社会环境的影响。对于一个国家而言，一方面民族的特性决定了同一民族在价值观取向层面的相同性；另一方面，不同社会环境又决定了社会历史变迁中同一民族价值观取向的变化性。当下，为了更好地弘扬社会主义核心价值观，积极探求社会主义核心价值观的鲜明特征，有着极为重要的意义。与我国封建社会的核心价值观和资本主义国家的价值观相比，社会主义核心价值观有其鲜明的特征，下面先让我们来了解一下我国封建社会的核心价值观和资本主义国家的核心价值观。

（一）我国封建社会的核心价值观

文化具有继承性，价值观作为文化的核心，同样有着继承发展的规律。在当下中国正在大力弘扬社会主义核心价值观之际，积极探究我国封建社会核心价值观，以彰显社会主义核心价值观的独特优势，显得极为必要。习近平总书记指出："当代中国是历史中国的延续和发展，当代中国思想文化也是中国传统思想文化的传承和升华，要认识今天的中国、今天的中国人，就要深入了解中国的文化血脉，准确把握滋养中国人的文化土壤。"[①]

我国封建社会的核心价值观是以"三纲五常"为主要内容。所谓三纲，一是君为臣纲，臣民对君主绝对忠诚；二是父为子纲，子女要尽孝道；三是夫为妻纲，妇女要首重贞洁，遵从"三从四德"，这是封建社会君臣、父子、夫妻关系的基本规定，是一套维系社会系统运转的完整体系。所谓"五常"是指仁、义、礼、智、信，是具体的核心价值观，这种价值观在封建社会有着极为重要的作用，它能为每

---

① 习近平：《在纪念孔子 2565 周年诞辰国际学术研讨会暨国际儒学联合会第五届会员大会开幕会上的讲话》，人民出版社 2014 年版，第 12 页。

个人提供安身立命、为人处世的基本价值准则。

在我国两千多年的封建社会中，"三纲五常"思想作为封建社会的核心价值观，对中国历史和中华民族精神产生过重要影响，其中有许多思想对我们今天来说有着积极的借鉴意义。

时代在发展，社会在进步，面对新的时代、新的世情和国情，今天我们看待封建社会这一套价值观需要用发展的眼光辩证地看待。封建社会的价值观作为中华民族的文化遗产，承载着封建社会中华儿女在道德情操、人伦秩序、生活目标等方面的价值信息，不可避免地带有封建社会的印记，但它集中展示了中华民族勤劳俭朴、厚德载物、自强不息的优秀精神品质。对此，我们要从两个方面来看待。一方面要取其精华。伴随中华文明的延续，这种中华民族的优秀精神品质必然会随之传承，"比如《周易》中所提到的'天行健，君子以自强不息'的人生态度；《论语》中倡导的舍生取义、见利思义、见危授命、'三军可夺帅，匹夫不可夺志'的优秀品质；《孟子》中强调的'富贵不能淫、贫贱不能移、威武不能屈'的独立人格；'民为贵，社稷次之，君为轻'的民本思想；'内圣外王'、'修齐治平'的修身思想等等"①，这些思想对于我们今天来说仍然具有强大的感召力和影响力，对此我们决不能忘记、决不能抛弃，要积极继承这份宝贵的精神财富。当下，我们要结合新的时代特色赋予其现代的内容，使之为我们新时代中国特色社会主义建设提供持久的精神动力。另一方面，要去其糟粕。对于封建社会的核心价值观我们要辩证地看待，在看到其中的精华的同时也要认识到其中所包含的糟粕，对于这些不利于今天发展的封建思想，像集权专制、愚忠愚孝、男尊女卑、官场勾结等封建糟粕，我们要坚决反对，予以废除。只有这样，我们才能全面辩证地认识我国封建社会的核心价值观，把握好我们的历史传统和文化积淀，取其精华、去其糟粕。社会存在决定社会意识。不难发

---

① 教育部社会科学司、思想政治工作司：《时事报告大学生版》增刊，时事报告杂志社编辑部出版社 2014 年版，第 48 页。

现，在中国历史由传统迈向近代的进程中，封建社会的价值观也呈现出巨大的变迁态势。

（二）资本主义国家的核心价值观

大致说来，资本主义国家的核心价值观是以"自由、平等、博爱"为主要内容，以个人主义为思想基础，以功利主义为价值取向，强调个人是价值的起点、核心和目的。这种价值观主要体现在两个方面：一是在个人与他人、社会与国家的关系上，坚持个人利益至上；二是在人与自然的关系上，认为人是"自然的主宰"这一整体认识。

一般认为，资本主义国家的核心价值观是以个人主义为出发点，以功利主义为价值取向，以"自由、平等、博爱"为主要内容。正如马克思所说："物质生活的生产方式制约着整个社会生活、政治生活和精神生活的过程。不是人们的意识决定人们的存在，相反，是人们的社会存在决定人们的意识。"① 不言而喻，资本主义国家的核心价值观是资本主义意识形态的集中体现。但是具体到各资本主义国家，其核心价值观也有所不同，下面大体了解一下美国、法国、英国等主要资本主义国家的核心价值观。

众所周知，美国是当今世界上最大的资本主义国家。自由、民主、人权是美国人所信守的价值观。在美国，绝大多数美国公民把自由女神看作美国精神的象征，并且赋予其自由、民主、平等的含义，通过这种方式国民逐渐培养起对资本主义意识形态的认同。在美国的著名文献，例如《独立宣言》《解放宣言》《联邦宪法》中都能发现有关这些价值观的论述。美国总统和政府高级官员也都积极弘扬他们的核心价值观，他们不仅在国内通过多种渠道对民众进行价值观教育，而且在国际上也打着民主、人权的幌子极力推行"民主外交""人权外交"，向全球输出其价值观念，美国电影就是其传播价值观的重要载体。

法国历来都非常重视价值观建设。"自由、平等、博爱"作为资

① 《马克思恩格斯文集》（第2卷），人民出版社2009年版，第591页。

本主义国家核心价值观的主要内容就是在法国大革命中首次提出的。法国在价值观输出方面颇有举措，他们非常重视民族文化的独立性，并通过各种途径来开展文化价值传播，试图组建全球法语共同体，在国际上积极开展文化外交，利用各种载体输出其价值观念。

相对于美国和法国而言，英国人的价值观比较宽泛，例如自由、宽容、开放、公正、公平、团结、权利与义务相结合、重视家庭等等。据说，英国政府从 2007 年开始，在全国范围内征集体现其价值观的所谓"国家格言"，并考虑在特殊位置，比如每个公民的护照和出生证上予以展示，以使每个英国人都熟知自己国家的核心价值观。这一点值得我们学习和借鉴。当下，我国的社会主义核心价值观更多地侧重于理论上的宣传，在现实方面还缺乏一定的可操作性和可视性。

新加坡是资本主义国家开展价值观建设的成功典范。为避免"新加坡人没有根、没有文化"的危险，新加坡政府在 20 世纪 70 年代开展了"文化再生运动"。1981 年和 1988 年，新加坡举行了两次全国性的价值观大讨论，1991 年，讨论结果以《共同价值观白皮书》形式公布，确定"国家至上、社会为先，家庭为根、社会为本，关怀扶持、族中个人，求同存异、协商共识，种族和谐、宗教宽容"作为其价值观。[①]

社会存在决定社会意识，对于资本主义国家的价值观，我们要清晰地认识到，它毕竟是资本主义生产关系的产物，是适应资本主义社会的发展而产生的。在资产主义战胜封建主义的过程中，这些价值观曾经发挥了积极作用，对于其中一些有益的内容和做法值得我们借鉴。但是，我们也要认识到，所谓"自由、平等、博爱"，只局限于占统治地位的资产阶级，而对于广大普通民众来说，这一套价值观是很难予以体现的。因此，在一定意义上可以说，资本主义国家的核心

---

① 教育部社会科学司、思想政治工作司：《时事报告大学生版》增刊，时事报告杂志社编辑部出版社 2014 年版，第 50 页。

价值观具有很大的欺骗性和虚伪性，更谈不上什么普世价值。

（三）社会主义核心价值观的特征

社会主义核心价值观同我国传统的价值观、资本主义的价值观相比具有鲜明的特征，主要表现在以下几个方面。

1. 科学性与价值性的统一

首先，社会主义核心价值观具有科学性。高度的科学性，是中国共产党人对所探求的社会主义核心价值观的基本要求。社会主义核心价值观是在马克思主义指导之下提出来的。马克思主义是科学的思想理论体系，是无产阶级的科学世界观和方法论，以历史唯物主义和辩证唯物主义为理论基础，马克思主义正确揭示了自然界、人类社会和思维发展的一般规律，为无产阶级改造世界提供了科学方法论指导。正是在马克思主义指导下才使我们正确认识了人类社会发展规律、社会主义建设规律和中国共产党执政规律。而对客观规律的正确认识也是确立社会主义核心价值观的基本前提，因此，社会主义核心价值观是科学的价值观，科学性是社会主义核心价值观的根本特征。这种科学性表现在指导思想的科学性、思想路线的科学性、具体内容的科学性等多个方面，还表现在它以科学的发展、创新和科学精神的弘扬为重要内容。

其次，社会主义核心价值观除了具备科学性的同时，也具有鲜明的价值性。社会主义核心价值观作为无产阶级的指导思想，并不是价值中立的思想体系，它还具有鲜明的价值性。这不仅体现为阶级性，也体现在为人民服务上。当前我国还处在社会主义初级阶段，阶级和国家还将在一段时间内存在，阶级斗争已不再是我国社会的主要矛盾，但是阶级斗争还会在一定范围内长期存在。因此，社会主义核心价值观仍然具有鲜明的阶级性。这种阶级性主要体现在党的执政理念即立党为公、执政为民，党的宗旨全心全意为人民服务，这是社会主义核心价值观阶级性的本质体现。在社会主义建设时期，剥削阶级作为一个整体已经被消灭，人民大众成为国家的主人，成为推动社会主义建设事业的主体。社会主义同以往的社会形态相比，它的最大特点是人民当家作主。"在奴隶社会、封建社会、资本主义社会，社会核心价值观分别是以奴隶主阶级、地主阶级、资产阶级为最高价值主体的，代表的是社会上少数人，即作为统治阶级的那些人的价值取向、价值标准和价值目标，是为少数人服务的社会核心价值观。"[①] 相比之下，社会主义核心价值观代表的是最广大人民群众的价值目标、价值取向和价值标准。社会主义核心价值观代表了广大人民的普遍愿望，在人们心目中具有严肃、崇高的地位，是普通民众需要时时奉行、不可偏离的，具有无形约束力、感召力和渗透力的价值规范和行为准则，这是社会主义核心价值观与以往一切阶级社会核心价值观的本质区别所在。

2. 理想性与现实性的统一

社会主义核心价值观是科学社会主义思想体系传承和发展的人类文明成果，代表了广大人民的普遍愿望，是我们很长一段时间内在价值观方面要追求的理想目标。但是社会主义核心价值观又是根植于现实社会的，是与现实相统一的，理想与现实的统一是社会主义核心价值观的本质特征之一。

首先，社会主义核心价值观是对现实社会的反映，因此，社会主义核心价值观不是游离于实际生活和生产方式的抽象存在物，它是扎根于现实社会的。

其次，社会主义核心价值观是科学社会主义普遍原理与现实社会主义实际相结合的产物。科学社会主义作为社会主义价值观的集中表现，是马克思和恩格斯在批判资本主义价值观、总结人类社会发展规律的基础上提出的先进价值观，是人类社会文明发展的必然趋势和进步要求。但是，马克思和恩格斯只能提出社会主义核心价值观的一般原理，至于如何在现实社会主义实践中丰富社会主义核心价值观，还需要结合社会主义的具体历史环境，不同社会主义国家的历史传统、

---

① 高地：《中国共产党社会主义核心价值观教育研究》，东北师范大学，2011 年 12 月。

文化背景、经济发展水平、国民素质和大众社会心理的不同，从而决定了社会主义核心价值观必须将科学社会主义的核心价值观与社会主义实际相结合。

最后，积极培育和践行社会主义核心价值观，充分彰显了我们党治国理政能力的不断提高，有助于广大党员干部在社会实践中，树立起正确的世界观、人生观和价值观，制定切实管用、可行的人生准则和行为规范，并转化为自觉行动，努力做马克思主义中国化最新成果的坚定信仰者，社会主义核心价值观的弘扬者、培育者和践行者。

3. 民族性与世界性的统一

民族性是文化的基本特征，它指的是不同民族的文化所呈现出的不同特点。文化是人的创造，每个民族在自己的历史实践中，由于社会条件、自然环境和历史传统的不同，都会为自己的文化打上鲜明的民族烙印。价值观是文化的核心，同样具有民族性。社会主义核心价值观的民族性是指其根植于社会主义国家民族文化土壤之中，其产生和形成建立在民族优秀文化传统之上，是基于中华民族优秀文化传统基础上的创造，是中华民族在当前所进行的建设中国特色社会主义伟大实践的产物，它所代表和维护的是中华民族的根本利益。在我国，社会主义核心价值观既是中华民族文化精髓的积淀，又是对中国优秀文化的传承，凝聚了中华民族的智慧和力量，是全国各民族人民的共同愿望，具有鲜明的民族特色和厚重的文化传统。

马克思主义产生于西方文化土壤中，对于中国人来讲它是一种外来文化，能够在中国不断传播和接受，其原因在于中国需要马克思主义，只有马克思主义才能救中国。但是马克思主义指导中国革命必须要适应中国的国情和文化传统，必须中国化，中国化的结果就是民族化的过程，中国化马克思主义理论成果同时也是中华民族文化继承和发展的理论体系。党的十八大提出的以"三个倡导"为主要内容的社会主义核心价值观就是马克思主义中国化的最新理论成果之一。

社会主义核心价值观不仅具有民族性，更具有世界性，它是民族性与世界性的统一。所谓世界性主要表现在三个方面：一是社会主义核心价值观具有世界眼光，立足于世界各国价值观探索的前沿；二是社会主义核心价值观吸收了人类文明的优秀成果，以自觉能动的主体精神，广纳博采，以我为主，为我所用；三是社会主义核心价值观致力于使我们的价值观获得在世界范围内的比较优势。一种价值观，如果没有在世界范围内的比较优势，就无法发挥对增强民族凝聚力、提升综合国力、推动社会发展的作用。因此，努力弘扬、培育和践行社会主义核心价值观，使它在全国人民乃至世界人民中间具有强大的吸引力和感召力，是提高我国文化软实力的重要举措。

4. 时代性与民族性的统一

前面已经论述过，社会主义核心价值观植根于中国的土壤，构成的根源是其民族性。社会主义核心价值观也必须适应自己的文化传统、民族的思维特点和价值取向。文化具有很强的继承性和延续性，社会主义核心价值观作为当下我国的先进文化，它形成的基础和前提条件也离不开对中华民族优秀传统文化的继承和发扬。中华民族优秀传统文化博大精深，蕴涵着深厚的价值底蕴和丰富的思想内涵。社会主义核心价值观就是立足于中华民族文化，用理性的、发展的眼光，对其进行扬弃的产物，鲜明的民族性是社会主义核心价值观的重要特征。

社会主义核心价值观不仅具有鲜明的民族性，而且还具有很强的时代性，是时代性与民族性的统一。社会主义核心价值观的时代性主要表现为立足于新时代中国特色社会主义建设实践和市场经济建设实践，体现我国社会发展和社会主义现代化建设的时代特色。计划经济向市场经济的转变，是我国经济体制改革的一大进步。"市场经济既是一种经济制度，它蕴涵着公平、竞争、诚实、法制等先进价值观念，对建设社会主义核心价值观起着积极促进作用。"① 对于市场经济，我们要辩证地看待，它是一把双刃剑，在激发人们创造活力、肯

---

① 王蕊：《当代大学生思想政治教育研究》，中国农业科学技术出版社 2012 年版，第 165 页。

定个人利益的同时，也带来了一些负面影响，例如，当前功利主义、拜金主义、享乐主义等不良价值倾向在一部分人身上有所体现，特别是年轻的一代。当然，随着市场经济的逐步完善，这种不良影响会得到一定遏制。因此，针对我国当前社会发展中所出现的问题，只有把社会主义制度与市场经济相结合，不断输入其新鲜的血液，不断赋予其新的内涵，才能构建与社会主义市场经济相适应的价值观念。社会主义核心价值观的应运而生，既是社会主义核心价值观构建的自觉原则，也是社会主义核心价值观必须承担的时代使命。

5. 普遍性与包容性的统一

社会主义核心价值观除了具有上述四个特点外，它还是普遍性与包容性的统一，这主要体现在其内容上。在内容上，社会主义核心价值观具有开放性、包容性和普遍性。这主要体现在以下两个方面：一方面，从涉及的层面上看，社会主义核心价值观涉及政治、经济、文化、道德等层面，体现在社会主义国家的各项制度、方针、政策以及法律规范中；另一方面，从形成过程上看，社会主义是大海，海纳百川，社会主义核心价值观也相应地具有博大的开放胸襟，充分吸收了世界文明的有益成果、弘扬了中华民族优秀传统文化的精华，与人类共有的文明接轨、融合，是我国历史文化积淀基础上的升华。

三 社会主义核心价值观与社会主义核心价值体系的关系

弄清社会主义核心价值体系与社会主义核心价值观之间的辩证关系，既有助于我们更好地构建社会主义核心价值体系，又有助于我们更好地弘扬、培育和践行社会主义核心价值观。社会主义核心价值体系与社会主义核心价值观之间既有区别又有联系，二者统一于建设社会主义先进文化，统一于建设中国特色社会主义伟大事业。社会主义核心价值体系是社会主义核心价值观凝练的基础，社会主义核心价值观是社会主义核心价值体系的内核，是社会主义核心价值体系的根本性质和基本特征的具体体现，也是社会主义核心价值体系的基本实践要求，更是社会主义核心价值体系高度凝练和升华的集中表达。

（一）社会主义核心价值体系与社会主义核心价值观的联系

关于社会主义核心价值体系与社会主义核心价值观之间的联系，大致说来，主要有两种观点：一是基础内核说；二是本质一致说。

1. 社会主义核心价值体系是社会主义核心价值观的基础与内核

社会主义核心价值体系与社会主义核心价值观之间的关系可以表述为基础内核说，对此，我们从两个方面来理解。

第一，社会主义核心价值体系是社会主义核心价值观的基础与前提。首先，社会主义核心价值观是以社会主义核心价值体系为理论基础的。任何一种理论的形成都不是偶然的，都要有一定的理论基础和理论渊源。社会主义核心价值体系为社会主义核心价值观的形成提供了坚实的理论基础。就好比建造高楼大厦，首先要搭建高楼大厦的结构框架，用钢筋混凝土立起支柱框架，然后才用砖瓦和泥土填砌起来，再加以具体装饰。在这里，社会主义核心价值体系就是搭建高楼大厦的结构框架，社会主义核心价值观就是搭建高楼大厦的砖瓦和泥土。"从这个意义上讲，社会主义核心价值体系就是构建社会主义大厦的思想基础和精神支柱。没有社会主义核心价值体系就没有社会主义核心价值观的产生和发展演进。"① 其次，社会主义核心价值体系是社会主义核心价值观形成和发展的必要条件。社会主义核心价值体系为社会主义核心价值观构建提供了指导思想和基本遵循。随着全球化的深入和改革开放的推进，西方的价值观已经对我国的主导价值观造成了一定的冲击，表现为价值观的多样化。在这样的情况下，当务之急是需要确立一种新的价值观，而这种价值观又要便于人们入脑入心。许多学者都在凝练概括、表述表达社会主义核心价值观，形成了多种表述，但是究竟哪一种能够成为社会主义核心价值观的最终表达，最能反映我国社会主义的本质属性，这就需要以社会主义核心价值体系为指导，要在社会主义核心价值体系的框架内。社会主义核心价值

---

① 王建成、郭幼茂：《社会主义核心价值观五讲》，江苏教育出版社 2012 年版，第 13 页。

观就是以社会主义核心价值体系为指导思想和基本遵循的。

第二,社会主义核心价值观是社会主义核心价值体系的内核和精髓。2006 年 10 月,党的十六届六中全会第一次提出了"建设社会主义核心价值体系"的重大命题,并明确社会主义核心价值体系的内容及其建设社会主义核心价值体系的战略任务。社会主义核心价值体系为社会主义核心价值观的凝练选定了坐标,明确了方位。核心价值观作为相对恒定持久的价值观,是对现实经济政治制度、文化机制体制深层思考的一种价值理念、道德规范和理想境界。党的十八大提炼和概括了以"三个倡导"为内容的社会主义核心价值观,是社会主义核心价值体系最深层精神的升华,是社会主义精神中最根本、最重要和最集中的价值内核,也是中华民族优秀历史文化的传承和发扬,是建设社会主义先进文化和弘扬民族精神的有机环节。从社会主义核心价值体系到社会主义核心价值观的发展演变,凝聚了中国共产党人培育和践行社会主义核心价值观的深邃思考和战略选择,对推动中国特色社会主义伟大事业具有重要意义。不言而喻,社会主义核心价值观是社会主义核心价值体系的内核,它由里向外扩散和渗透、支配、统摄社会主义核心价值体系的各个层次。"而社会主义核心价值体系是包括核心价值观以及围绕它的几个不同层次的价值观:伦理价值观、政治价值观、经济价值观、生活价值观等。"① 同时,社会主义核心价值观又决定社会主义核心价值体系的基本特征和基本方向,引领社会主义核心价值体系的建构。因此,"确立社会主义核心价值观与构建社会主义核心价值体系是相辅相成、有机统一的,是一枚'硬币'的两面"②。

2. 社会主义核心价值体系与社会主义核心价值观的本质是一致的

社会主义核心价值观与社会主义核心价值体系,在本质上是一致的、统一的,都是建设中国特色社会主义不可或缺的重要组成部分,是同一问题的两个方面。

---

① 王建成、郭幼茂:《社会主义核心价值观五讲》,江苏教育出版社 2012 年版,第 12 页。
② 戴木才、田海舰:《论社会主义核心价值体系与核心价值观》,《中国党政干部论坛》2007 年第 2 期。

首先，社会主义核心价值观与社会主义核心价值体系本质上是一致的。"它们都是科学与信仰、真理与价值、规律与规范的统一，都是先进生产力的价值反映、先进文化的价值体现、先进社会制度的价值内核，都是来自人民的愿望、服务人民的利益、维护着社会主义的主体价值，包含着崇高的价值追求和进步的价值准则。"① 社会主义核心价值观与社会主义核心价值体系都体现了社会主义意识形态的本质要求，凝结着社会主义先进文化的精髓，是中国特色社会主义道路、理论体系、制度的价值表达，都具有价值引领的重要作用。因此，二者在本质上是同一的，方向上是一致的，都属于社会主义主流意识形态的范畴，受社会主义经济基础决定，并服务于社会主义经济基础。

其次，社会主义核心价值观与社会主义核心价值体系是彼此联系、相互制约的。只有建设好社会主义核心价值体系，才能确立起社会主义核心价值观。"因为树立中国特色社会主义共同理想的理论基础是马克思主义，是以马克思主义的社会发展规律理论为依据而做出的价值选择。同样，只有确立起社会主义核心价值观，才能真正建设好社会主义核心价值体系。因为中国特色社会主义共同理想是前进的目标，社会理想制约着道德理想等目标。"② 社会主义核心价值观为社会主义核心价值体系建设进一步明确了切入点和工作着力点。因此，建设社会主义核心价值观与建设社会主义核心价值体系是一致的。

（二）社会主义核心价值体系与社会主义核心价值观的区别

社会主义核心价值观与社会主义核心价值体系之间既相互联系，又各有侧重，其侧重点的异同主要表现在内容、切入点、地位作用、范围等几方面。

1. 从包含的内容分析，二者各有侧重

社会主义核心价值观与社会主义核心价值体系尽管都是对社会主

---

① 红旗大参考编写组：《建设社会主义核心价值体系大参考》，红旗出版社 2007 年版，第 62 页。
② 红旗大参考编写组：《建设社会主义核心价值体系大参考》，红旗出版社 2007 年版，第 62 页。

义意识形态的表述表达，但是内容各有侧重。社会主义核心价值体系的内容主要包括四个方面，即马克思主义指导思想、中国特色社会主义共同理想、以爱国主义为核心的民族精神和以改革创新为核心的时代精神以及社会主义荣辱观，它是一个系统性、总体性的框架，具有更多的理论成分。社会主义核心价值观主要包括三个层次的内容，即国家层面的价值目标——建设富强、民主、文明、和谐的国家；社会层面的价值追求——构建自由、平等、公正、法治的社会；公民层面的价值准则——塑造爱国、敬业、诚信、友善的公民形象。"社会主义核心价值观以'三个倡导'为基本内容，更清晰地揭示了社会主义核心价值体系的内核，确立了当代中国最基本的价值观念，突出了核心要素，强化了实践导向。"[①] 可见，社会主义核心价值观的基本内容明确了国家、社会、公民三个层面的价值目标、价值取向和价值准则，是实实在在的要求，规范性和实践性都很强。

2. 从理论的切入点分析，二者各有侧重

社会主义核心价值观在社会主义价值体系中居于最高地位，反映了社会主义的本质属性，它向人们阐述社会主义价值观的核心内容，表达社会主义的价值目标、价值追求和价值准则，从最深层次上回答"什么是社会主义"的根本问题。与封建主义价值观、资本主义价值观相比，社会主义核心价值观具有独特的优势，它反映了广大人民的普遍愿望和价值取向，充分展示社会主义制度的巨大优越性和无比生命力。"在理论侧重上，社会主义核心价值观从精神观念入手，强调对社会主义的准确理解和把握，侧重'阐述性'、'展示性'、'理论基础性'，倾向于根本价值理念的建构。"[②] 而社会主义核心价值体系指的是在所有社会主义价值目标中处于统摄和支配地位，决定着社会主义制度性质、目标任务、发展道路、前进方向，在社会主义发展进程中起主导作用的一种或

---

① 范希春、朱喜坤：《社会主义核心价值体系青少年读本》，人民教育出版社 2014 年版，第 57 页。

② 宋天征：《社会主义核心价值观与核心价值体系的比较分析》，《福建论坛》2009 年第 2 期。

多种价值观念的有机统一体。"它强调社会主义核心价值体系在整个社会价值体系中的主导支配地位，强调社会主义核心价值体系在社会实践中的指导地位。"① 因此，"在理论侧重上，社会主义核心价值体系从外在性的体系入手，强调实践性和可操作性，侧重支配性、整合性、社会实践性，倾向于更加直观的结构和具体的内容"②。

3. 从地位作用分析，二者各有轻重

社会主义核心价值体系是社会主义本质形态的集中体现，是全党全国各族人民团结奋斗的共同思想基础和精神引领，是引领全体社会成员在思想道德上共同进步的一面旗帜。"社会主义核心价值观涵盖经济、政治、文化、社会等各个领域，既体现了共产主义的远大理想和最高价值，又反映了现阶段我国社会主义现代化建设的宏伟战略目标和总体布局，体现了党的最高纲领和最低纲领的统一，体现了社会主义物质文明、政治文明、精神文明、社会文明、生态文明的有机统一。"③

4. 从范围大小分析，二者具有包容关系

从内容包括的范围来说，二者具有包容关系。社会主义核心价值体系范围较大，它包括社会主义核心价值观，它们之间是整体与部分、一般与个别、共性与个性的关系。"社会主义核心价值体系按照从低级向高级的逻辑层次递升顺序排列为社会生活价值观、经济价值观、政治价值观、伦理价值观以及核心价值观，社会主义核心价值观是社会主义核心价值体系的一部分，同时又处在社会主义核心价值体系的顶端。"④ 可见，社会主义核心价值观从属并渗透于社会主义核心价值体系，是社会主义核心价值体系的核心和灵魂。

---

① 王建成、郭幼茂：《社会主义核心价值观五讲》，江苏教育出版社 2012 年版，第 16 页。

② 宋天征：《社会主义核心价值观与核心价值体系的比较分析》，《福建论坛》（社科教育）2009 年第 2 期。

③ 王建成、郭幼茂：《社会主义核心价值观五讲》，江苏教育出版社 2012 年版，第 17—18 页。

④ 张利华：《试析中国特色社会主义核心价值体系的结构和内涵》，《中国特色社会主义研究》2007 年第 4 期。

第三章 社会主义核心价值观融入大学生思想政治教育的必要性

　　党的十九大报告明确指出："社会主义核心价值观是当代中国精神的集中体现，凝结着全体人民共同的价值追求。要以培养担当民族复兴大任的时代新人为着眼点，强化教育引导、实践养成、制度保障，发挥社会主义核心价值观对国民教育、精神文明创建、精神文化产品创作生产传播的引领作用，把社会主义核心价值观融入社会发展各方面，转化为人们的情感认同和行为习惯。"① 党的十八大以来，以习近平同志为核心的党中央高度重视高校思想政治工作，把高校思想政治工作摆在突出位置，作出一系列重大决策部署。2019 年 3 月 18 日，习近平主持召开学校思想政治理论课教师座谈会，会上再次强调："新时代贯彻党的教育方针，要坚持马克思主义指导地位，贯彻新时代中国特色社会主义思想，坚持社会主义办学方向，落实立德树人的根本任务，坚持教育为人民服务、为中国共产党治国理政服务、为巩固和发展中国特色社会主义制度服务、为改革开放和社会主义现代化建设服务，扎根中国大地办教育，同生产劳动和社会实践相结合，加快推进教育现代化、建设教育强国、办好人民满意的教育，努力培养担当民族复兴大任的时代新人，培养德智体美劳全面发展的社会主义建设者和接班人。"② 大学生是国家的未来、民族的希望，

---

　　① 习近平：《决胜全面建成小康社会 夺取新时代中国特色社会主义伟大胜利——在中国共产党第十九次全国代表大会上的报告》，人民出版社 2017 年版，第 42 页。
　　② 《习近平谈治国理政》（第 3 卷），外文出版社 2020 年版，第 328 页。

他们的思想政治状况和价值观现状关系着国家的安危和民族的兴衰。当前，受市场经济和西方思想的影响，部分大学生的思想方面呈现出了一定的负面因素，功利主义、自由主义、消费主义、享乐主义思想有所蔓延，长此以往，后果将不堪设想。社会主义核心价值观作为大学生思想政治教育的核心，在当下加强大学生的社会主义核心价值观能够增强大学生的凝聚力、感召力和向心力。因此，当务之急将社会主义核心价值观融入大学生思想政治教育就显得尤为必要。

第一节　大学生价值观现状统计与概括

为了更好地了解当前大学生思想政治状况和价值观现状，笔者对遵义医学院、遵义医药高等专科学校、遵义师范学院、毕节学院等几所院校开展了大学生思想政治状况和价值观现状滚动调查。本次调查采取问卷调查与座谈、访谈相结合的方式，共发放调查问卷 800 份，回收有效问卷 768 份，有效回收率为 96%。本次调查涉及大一、大二、大三和毕业班的学生，涉及的专业有医学、英语、体育、中文、管理等。另组织百余名学生参加了座谈、访谈。

调查表明，贵州省高校大学生思想政治状况整体上积极健康向上。他们关心国内外大事，坚决拥护党的领导，充分信任新一届中央领导集体，对中国特色社会主义事业发展前景充满信心；高度认同社会主义核心价值观，有强烈的爱国热情和民族自豪感、自信心；有着良好的思想道德素质和社会责任感，乐于实践、奉献和创新；认同学校各项工作，热爱学习和生活，高度评价教师队伍建设、校风学风建设特别是辅导员工作、家庭经济困难学生资助工作。

调查显示，部分大学生在就业和发展前景问题上感到有压力，缺乏一定的吃苦耐劳精神，在自律性、身心素质、实践能力等方面迫切需要进一步提升。大学生的网络生活内容丰富多彩，通过手机等移动终端使用社交网络已经成为其学习、社交、娱乐和了解社会的重要手段之一。大致说来，大学生价值观状况可概括为积极和消极两方面。

一 大学生价值观所呈现出的积极方面

通过问卷调查可以发现，大学生价值观呈现出了许多积极的方面，主要可以归纳为以下几点。

（一）普遍关心国内外大事，高度信任党中央的领导，政治立场坚定、政治态度鲜明

通过调查显示，大学生普遍关心国内外大事，高度信任党中央的领导，政治立场坚定、政治态度鲜明，对新一届中央领导集体充满期待，对我国未来良好的发展趋势和实现"中国梦"充满信心。这表明他们在政治上、思想上日趋清醒和成熟，是建设中国特色社会主义的可靠后备力量。

1. 高度信任党中央的领导

大学生普遍认为以习近平同志为核心的新一届中央领导集体是"亲民"（72.62%）、"实干"（78.56%）、"务实"（69.34%）和"自信"（56.81%）的，对新一届党中央和政府充满了期待和信心。

2. 政治态度鲜明，对中国特色社会主义充满自信

大学生具有鲜明的政治立场，在大是大非问题上有着清醒和正确的认识，高度认同和坚定拥护党的领导、马克思主义的指导地位、社会主义核心价值观、中国特色社会主义制度和改革开放事业，对中国特色社会主义道路、理论体系、制度充满自信。在调查问卷所列 10 个重大政治问题上，学生赞同（"非常赞同"＋"比较赞同"）的平均值为 90.66%，而"非常赞同"的平均值为 63.22%。

3. 相信我国未来发展的美好前景，对实现"中国梦"充满信心

大学生虽然认为"就业难，无业、失业人口多"（49.15%）、"腐败问题"（47.28%）、"区域发展不平衡，个人收入差距扩大"（43.64%）等依然是当前影响我国社会稳定的主要因素，但相信党和政府会继续解决这些问题，因而对我国未来发展趋势充满信心，相信中国特色社会主义事业会得到进一步发展，我国综合国力会进一步增强，国际地位会进一步提高；相信党的执政能力将进一步增强，执

政水平会进一步提高；相信我国科技将取得更大的进步，逐步实现建设创新型国家目标；相信经济的发展前景广阔和人民生活水平的提高；相信人才强国和人力资源强国目标必将实现。

在座谈中，大学生也纷纷表示，相信在党的正确领导下，我国未来将加快转变经济发展方式，提高经济社会发展质量，极大地增强整个中华民族的自信心和凝聚力。这表明大学生对中国特色社会主义事业发展前景更加充满信心。

（二）政治思想整体上健康向上，认同社会主义核心价值观

大部分学生政治思想整体上健康向上，认同社会主义核心价值观，充分认识新时代大学生的社会责任和历史使命，积极投身社会实践。

1. 世界观、人生观和价值观健康正确，思想积极向上

大学生普遍认同人民是历史创造者、个人只有在集体中才能发展、国家集体利益优先、人要有坚定的理想信念、劳动创造幸福、诚信是做人之本等思想观点。

90％的大学生赞同"实干兴邦"，立志要把自己培养成为社会主义核心价值观的积极践行者，表现出较强的社会责任感和奉献意识。这表明大学生的思想道德素质正在逐步提高、践行社会主义核心价值观的意识显著增强，也充分证明近年来学校深入开展社会主义核心价值观教育取得了令人欣喜的效果。

2. 精神状态良好，充满自信，朝气蓬勃

大学生普遍充满自信，认为自身是有爱国热情、有理想信念、有文明修养、有诚信意识、有法制和纪律观念、有人际交往能力的一代，显示出新时代大学生充满朝气、积极向上的精神面貌。

3. 敢于历史担当，积极投身社会实践

调查显示，88.28％的大学生参加过志愿服务，达到近年来最高水平，其中近60％的大学生认为参与志愿服务最主要的目的是奉献社会或认识社会。超过30％的大学生选择参与公益服务类社团。

（三）热情支持学校各项改革，赞同推进素质教育

绝大部分大学生热情支持学校各项改革，赞同推进素质教育，热盼共享学校发展成果，期盼学校建设和发展更上新水平。

1. 大学生充分肯定学校开展的各项工作，高度评价家庭经济困难学生资助工作和辅导员工作

绝大部分大学生对学校改进专业和课程设置、教材与教学内容、教学设备，改进思想政治理论课教学、辅导员工作，强化党团组织建设和作用发挥，开展学生学术科技创新活动、学生社团活动和社会实践活动，做好家庭经济困难学生资助工作、心理健康教育与咨询服务、就业指导与服务，加强校园网络建设与管理、校风学风建设等都给予了很高的评价。与往年相似，"家庭经济困难学生资助工作""辅导员工作"依然是大学生满意度很高的两项工作。对学校各项工作、学习生活环境和教师队伍的肯定评价均值，都达到历年最高值。这表明，贵州省高校办学条件和育人环境普遍得到了改善，推进素质教育取得了显著的成效，得到了大学生的普遍肯定。

2. 大学生充分肯定学校在畅通学生与学校交流渠道，推动学生参与学校管理方面所做的工作

绝大部分大学生在对学校的工作有意见需要反映时，选择"向辅导员、班主任或导师反映"的比例逐年上升，而选择"通过 BBS、微博等网络平台发帖"或"向同学或家长倾诉"的比例呈现下降趋势，尤其是通过网络平台发帖这一途径更为少有。更值得关注的是使用校长、书记信箱的比例逐年显著增加，这表明学校广开言路、尊重和吸纳学生意见建议的工作思路符合学生意愿，大学生也越来越倾向于使用成熟、合理、理性的手段参与学校建设与管理。

3. 充分肯定学校育人环境提升改造工作，高度评价学校校风学风与校园文化建设、教师教书育人水平

绝大部分大学生认为，学校在提高管理人员和后勤人员的服务态度服务水平，增强教师教书育人作用，强化校园治安和秩序状况，加强校风学风与校园文化建设，改善实验室、图书馆图书资料、学生活

动场所，协调治理周边文化娱乐活动场所、网吧等合法经营及治安，提高食堂饭菜质量与调整价格等方面都下了很大的功夫，取得了很大的成绩，为他们的学习生活提供了一个良好的环境。

4. 充分肯定学生思想政治教育工作，高度信任学生工作队伍

绝大部分学生充分肯定辅导员在学生成才成长中的重要作用。在遇到心理压力或对学校的工作有意见需要反映时，学生选择"向辅导员、班主任或导师反映"所占比例逐年上升，对于辅导员队伍的信任正在增强。在大学生社团的指导教师中，大学生工作队伍的比例超过六成。认为辅导员在大学生学习生活中所起到的作用"很大"。

同时，绝大部分学生对学生工作队伍在开展家庭经济困难学生资助工作、党团组织建设、大学生社团活动、社会实践活动、就业指导与服务、心理健康教育与咨询等方面工作都给予了很高的评价。这表明学校的学生工作队伍建设与思想政治教育水平不断提高，实效不断增强，大学生的认同度进一步提升。

5. 充分肯定学校就业指导服务工作，有志到艰苦地方建功立业

就业问题仍是大学生在学期间感受到的最大压力。对学校积极开展就业指导与服务以缓解学生的压力，94.24%的学生给予了肯定评价，同时希望学校继续"加强就业指导，开拓就业市场，提供就业信息与服务"，"提高教学质量，强化实践环节，提升就业能力"。

（四）学习生活态度端正，校园文化丰富多彩

当前，绝大部分学生对自己的学习状况总体上感到满意，越来越多的大学生积极参与社团活动，越来越多的大学生同时加入多个社团。在各种大学生社团中，大学生多选择文艺体育类社团。大学生工作者是这些学生社团主要的指导老师，这也是辅导员和大学生工作职能部门直接接触大学生的重要渠道。近几年来，越来越多的专业教师也参与指导大学生社团，使大学生社团成为大学生与专业教师开展跨专业跨领域交流的重要平台。毋庸置疑，校园文化的丰富和发展，大学生社团的不断涌现，既丰富了学生的课余文化生活，更满足了大学生奉献和求知的精神需求，提升了大学生的综合素质。

（五）信教学生珍惜大学学习生活，积极培养自身素质

在参加问卷调查的学生中，有34人（约2%）的学生信仰宗教。这些学生信仰伊斯兰教（12人）、基督教（新教）（8人）、佛教（7人）、天主教（4人）和道教（3人）。

这些信教学生关心国内外大事，肯定中国共产党和政府的工作，在重大政治观点上保持正确态度；充分肯定学校的工作，肯定教师队伍的水平；积极参加校园文化生活，参与学生社团活动和志愿服务活动，但他们愿意参与文艺体育类社团，很少参加公益服务类社团。他们把一部分课外时间主要用于体育锻炼，而主要将时间用于上网的信教学生比例少于非信教学生。

（六）家庭经济困难的大学生生活态度乐观向上，具有较强的奉献、自强精神

在参加问卷调查的学生中，有35.51%的大学生来自经济困难家庭，他们有着较强的奉献精神和自强精神。

家庭经济困难的大学生在大学期间最大的压力是"就业和发展前景问题"和"学习科研问题"。在课外时间，他们更多参加兼职、勤工助学，以此来解决经济问题和生活问题，缓解生活的压力。他们积极参加社会实践活动、志愿服务活动和各种公益活动，显示出积极乐观的精神状态。他们将经常性参与志愿服务作为"奉献社会"的重要途径，更倾向于参与公益服务类社团和学术科技类社团。

（七）多数大学生的思想是务实的

现在的大学生大多有自己的主见，不再随波逐流，他们对人生价值的看法与选择都有自己的见解。面对当今社会的激烈竞争，他们大多都有自己的人生规划。从刚进入大学的那天起，他们就开始按照自己的规划努力拼搏。并且他们已不满足于课堂上所学到的专业知识，而是努力拓宽知识面，更新知识结构，提升自己的知识水平。

二　大学生价值观所呈现出的消极方面

在调查问卷中，可以发现大学生受到社会外部环境的影响，思想

上除了呈现出积极的方面外，也呈现出一定的消极方面，概括说来，大致归结为以下方面：

（一）大学生普遍缺乏把理想与现实、认知与行动相统一的自觉

大学生对党的信任和感情，对理想信念的坚定和对党的执政理念的认同，无不显示出当代青年是有理想信念的。学生普遍认同"理想信念"是青年人成长成才非常重要的一项素质，大部分学生是怀着对理想信念的追求而提出入党要求的。

但是，在日常学习生活中，一部分大学生表现出认知与行动不统一的状态。例如，多数学生对当前所处的生活学习环境，对学校各项工作尤其是教师队伍素质表示满意，但对这种令人满意的环境和条件，许多学生却不能很好地珍惜，也不能珍惜大学的美好时光，不想通过努力去获取知识，而只想走捷径，贪图享乐，显示出"自律能力较弱"等特征。甚至也有极个别大学生没有理想，没有目标，上大学就是为了混张文凭。

（二）网络的消极因素多元化蔓延，侵蚀校园文化生活，消解学生奋发学习的自觉性

互联网为大学生带来便捷高效生活的同时，也消解大学生的学习积极性。调查显示，70％的大学生在课堂上使用过手机上网，而其中26％的大学生则在课堂上经常性使用手机上网，而这种上网的主要内容是发微博、聊天、玩游戏、看娱乐笑话等，并且这种情形已成为校园中的一种普遍现象。

此外，从大学生经常浏览的网站来看，人民网、新华网等远没有新浪和腾讯网等受到大学生欢迎；学校内自建自管的 BBS 社交平台，也远没有以人人网为代表的公共社交网络能吸引大学生的注意力。这种现象表明，网络正在影响着大学校园文化生活的内容和大学生的生活方式，侵蚀着大学生的自律能力和判断能力，对大学生思想政治教育提出了新的挑战。

（三）大学生党员的先锋模范作用需要进一步发挥，大学生党员教育管理和培养还需要加强

在参加问卷调查的学生中，有 27.79% 的大学生为党员。他们在参与社团活动和志愿服务活动上、在对自身学习状况的满意度上、在肯定辅导员的作用上，在关注国际国内大事上、肯定党和政府各项工作上、赞同重要政治观点上、认同"理想信念"对自身成长尤为重要上，都显示出比普通大学生更高的思想认识水平。

在课外时间使用上，一部分大学生党员主要用于上网，而花在兼职、勤工助学、体育锻炼、社会实践活动、志愿服务活动和公益活动的时间少于普通学生。在学习上，认为自身自律能力较弱的大学生党员比例略多于普通大学生，而在课堂上频繁使用手机上网的大学生党员也明显多于普通大学生。在对学校工作有意见需要反映时，大学生党员中多选择"通过 BBS、微博等网络平台发帖"。

对于学校管理人员的服务态度、学校校风、食堂饭菜价格和教师队伍素质，大学生党员的肯定评价也低于普通学生。

（四）研究生群体需要密切关注，研究生思想政治教育亟待加强和创新

研究生是高校中年龄相对偏大、学习科研压力较大的群体，也是各高校需要特别关注的群体。高校思想政治教育工作者既要充分把握研究生的思想特点和分析问题的理性态度，同时也要加强和创新思想政治教育，真正实现研究生有人管、管到位和管得暖人心。2019 年 2 月，教育部办公厅下发了《关于进一步规范和加强研究生培养管理的通知》（教研厅〔2019〕1 号文件），对研究生培养管理提出了八点具体要求，以此来完善研究生培养和管理。因此，针对研究生这一高校特殊群体，要深入研究研究生的群体特征，充分把握研究生的思想动态，"要切实加强研究生思想政治教育，促进研究生德智体美劳全面发展"[①]。

---

① 教育部办公厅：《关于进一步规范和加强研究生培养管理的通知》，教研厅〔2019〕1 号，2019 年 2 月 26 日。

调查显示，经常性参加志愿服务的研究生较少，而"偶尔参加"志愿服务的研究生较多。他们不愿意毕业后到西部或基层就业，"非常赞同""人生的价值在于奉献"这一说法的研究生较少。

部分研究生把业余时间主要用于上网，而非用于参加社会实践、志愿服务和公益活动。在课堂上，研究生频繁使用手机的情况比本科生严重。

在入党动机问题上，研究生多将入党与个人发展甚至满足个人心理需求联系起来，多选择为了"谋求仕途发展""增强就业竞争力"，较少选择为了"追求理想信念"或是"对党的执政地位和执政理念有信心"。在是否愿意入党的原因选项上，数据反映，研究生对社会主义事业的信心相比本科生不足，对身边党员的先进性问题也有较多的负面评价。

在政治问题上，研究生对国际国内大事的"非常关注"程度、对党和政府各项工作的"非常满意"度、对重要政治观点的"非常赞同"和对我国未来若干发展趋势"非常乐观"度都低于本科生几个百分点甚至十几个百分点。而对于"人民是历史的创造者，群众是真正的英雄""诚信是做人之本"等重要思想道德问题，表示"非常赞同"的研究生也少于本科生。

部分研究生认为最大的压力是"学习和科研问题"，他们"担忧本专业的就业前景"。在对学校工作有意见需要反映时，研究生更倾向于通过 BBS、微博等网络平台发帖，而不愿向辅导员、班主任或导师反映，因为他们不认为辅导员在自己学习生活中起作用"很大"，对"学校管理人员、后勤人员服务水平""校园治安和秩序状况"等学习生活环境，对"专业和课程设置""教材与教学内容"，对"辅导员工作""家庭经济困难学生资助工作"都较少给予肯定评价。

（五）功利参与较多，政治参与较少

当今社会已日趋民主和开放，要求公民积极参与公共事务。大学生是一个最为活跃的群体，理应有更高的热情积极参与国家的政治生活。然而，当前大学生对国家政治生活的参与仍存在着不少问题，许多大学生对于一些有利可图的活动参与热情比较高，如奖学金、助学金的申请、学生干部的选拔等，而对于一些潜在的利于学生发展或者是关系到国家、社会或学校利益的活动，大学生参与的积极性普遍不高，缺乏一定热情，消极、被动参与，难以真实地反映自身的利益诉求，从而达到长远锻炼和发展自我的目的。大学生是祖国的未来和希望，大学生的精神面貌和参与态度将直接影响到国家的发展，因此，大学生只注重功利性的参与，缺乏高层次参与的现状需要教育工作者高度重视并予以正确的引导，以帮助大学生树立科学的参与意识。

第二节　大学生价值观现状的成因分析

大学生价值观方面之所以表现出上述种种现象，其背后有着必然的原因。他们生活在传统与现代、东方与西方、计划与市场等多种因素交织、交锋、交融的大变革时期，各种思想难免会对他们带来一定的影响，尤其是传统文化、西方文化、市场经济和他们所接受的学校教育等。

一　大学生价值观呈现积极方面的原因

前面通过调查问卷可以发现，绝大部分学生的价值观是健康的、积极向上的，究其原因可以归纳为四个方面：一是高校思想政治教育的作用，二是借鉴了中华传统文化的积极因素，三是吸收了外来文化的合理因素，四是吸收了西方思想政治教育中的积极因素。

（一）高校思想政治教育的作用

思想政治教育是一种以教育者为主导的显性教育与隐性教育相统一、言教与身教相统一、他教与自我教育相统一、理论教育与实践教育相统一的综合性教育。高校思想政治教育对大学生的健康成长与成才有着极为重要的意义，大学生价值观所呈现出的积极方面在很大程度上是高校思想政治教育的结果。

1. 思想政治教育能够引导大学生树立崇高的理想信念

"理想是人们在实践中形成的对未来社会和自身发展的向往与追求。信念是人们在一定的认识基础上确立的对某种思想或事物坚定不移并身体力行的精神状态。坚定的理想信念是一个人、一个政党、一个民族、一个国家的精神支柱和精神动力。"① 理想信念教育是思想政治教育的核心内容。对大学生进行理想信念教育，就是以社会主义、共产主义理想信念为核心的理想信念教育，就是要使大学生把共产主义理想内化为个人理想，树立共产主义目标并为之努力奋斗。在进行理想信念教育时，要把共产主义远大理想教育与新时代中国特色社会主义建设这一共同理想教育结合起来，激励大学生胸怀远大理想，脚踏实地地为实现共同理想而奋斗。同时，教育大学生要把社会理想的教育与个人理想的引导结合起来，帮助大学生把个人理想汇入崇高的社会理想之中并在为实现社会理想的过程中实现自己的个人理想。这样，理想信念教育才能深入浅出，既连天线又接地气，增强教育的说服力，从而深入大学生之心，达到思想政治教育的目的，使大学生不断砥砺自己奋发有为、奋勇前行，在实现中华民族伟大复兴中国梦的过程中实现自己的人生价值。实践证明，树立崇高的理想信念对大学生具有极为重要的意义。崇高的理想信念有助于大学生选择自己在人生大舞台上施展自己的才华，从而获得有价值的人生。实现中华民族伟大复兴的中国梦需要一代代有崇高理想信念的时代新人坚韧不拔地为之努力奋斗。正如习近平总书记所言："中国梦是历史的、现实的，也是未来的；是我们这一代的，更是青年一代的。中华民族伟大复兴的中国梦终将在一代代青年的接力奋斗中变为现实。"②

---

① 陈万柏、张耀灿主编：《思想政治教育学原理》，高等教育出版社 2015 年版，第 186 页。

② 习近平：《决胜全面建成小康社会 夺取新时代中国特色社会主义伟大胜利——在中国共产党第十九次全国代表大会上的报告》，人民出版社 2017 年版，第 70 页。

2. 思想政治教育能够把大学生培养成为担当民族复兴大任的时代新人

开设以马克思主义理论为基本内容的高校思想政治理论课程，是坚持社会主义办学方向的本质要求。坚持社会主义办学方向，最重要的是培养什么人、如何培养人的问题，这是办学的根本问题。坚持社会主义办学方向，最关键的就是要全面贯彻党的教育方针，坚持高等教育为社会主义服务，为人民服务。高校坚持社会主义办学方向，需要加强党对高校的思想政治领导。党对高校的领导，主要是思想政治领导。而思想政治领导的重要方式，就是坚持用马克思主义的科学理论武装大学生的头脑，帮助大学生树立正确的世界观、人生观和价值观，坚定大学生走中国特色社会主义道路的理想信念，从而把大学生培养成为担当民族复兴大任的时代新人。对此，习近平总书记指出："新时代贯彻党的教育方针要坚持马克思主义指导地位，贯彻新时代中国特色社会主义思想，坚持社会主义办学方向，落实立德树人的根本任务，坚持教育为人民服务、为中国共产党治国理政服务、为巩固和发展中国特色社会主义制度服务、为改革开放和社会主义现代化建设服务……培养担当民族复兴大任的时代新人，培养德智体美劳全面发展的社会主义建设者和接班人。"①

3. 思想政治教育能够帮助大学生形成积极健康的精神状态

积极健康的精神状态，是时代新人内在的精神素质。一个人有了良好的精神状态，就能刻苦学习，努力工作，积极进取，不断发展和完善自己；就能不畏艰难险阻，不怕挫折，向着理想目标奋进。如何引导大学生形成良好的精神状态，是高校思想政治教育的重要课题。高校思想政治理论课程是从理论上加强大学生思想政治教育的主要渠道。高校思想政治理论课，是以马克思主义理论特别是中国化的马克思主义理论作为主要教育内容的课程，它是社会主义大学的本质特征，是高校思想政治教育的主渠道，是大学生的必修课。高校思想政

① 《习近平谈治国理政》（第3卷），外文出版社2020年版，第328页。

治理论课程的教育目的，就是要教育和引导学生从整体上学习、理解、掌握马克思主义的科学理论，并运用马克思主义的科学理论和方法来改造自己的主观世界，努力树立正确的世界观、人生观、价值观，从而帮助大学生形成积极健康的精神状态。它本质上是加强对大学生进行思想塑造和价值铸造的思想政治教育活动，它的落脚点是培养和造就具有马克思主义理论素养和社会主义思想道德品质的社会主义事业的合格建设者和可靠接班人。习近平总书记指出："思想政治理论课是落实立德树人根本任务的关键课程。……我们办中国特色社会主义教育，就是要理直气壮开好思政课，用新时代中国特色社会主义思想铸魂育人，引导学生增强中国特色社会主义道路自信、理论自信、制度自信、文化自信，厚植爱国主义情怀，把爱国情、强国志、报国行自觉融入坚持和发展中国特色社会主义事业、建设社会主义现代化强国、实现中华民族伟大复兴的奋斗之中。"[①] 建设富强、民主、文明、和谐、美丽的社会主义现代化强国，需要大学生具有积极健康的精神状态，用饱满的热情投入到新时代中国特色社会主义建设中。

4. 思想政治教育能够提高大学生思想政治素质、促进大学生的全面发展

大学生思想政治教育是提高大学生思想政治素质、促进大学生全面发展的首要内容和根本保证。大学生的素质结构包括思想政治素质、科学文化素质和身心健康素质，大学生的全面发展是思想政治素质、科学文化素质和身心健康素质的全面发展和提高。思想政治素质是大学生最重要的素质，它是大学生科学文化素质和身心健康素质发展的基础。促进大学生的全面发展，首先需要提高大学生的思想政治素质，带动和促进大学生的科学文化素质和身心健康素质的发展。高校思想政治理论课程作为大学生思想政治教育的主渠道，在提高大学生思想政治素质、促进大学生的全面发展方面发挥着不可替代的重要作用。思想政治理论课通过对大学生的教育，塑造其健全人格，丰富

① 《习近平谈治国理政》（第3卷），外文出版社2020年版，第330页。

大学生的精神世界，使他们拥有健康的心理和高尚的道德品质。在人格塑造过程中，思想政治理论课一方面帮助大学生明确自己的目标，使他们根据自己的奋斗目标来确定认知、情感、态度和行为；另一方面组织大量有效的实践活动，使大学生在实践活动中巩固已经形成的认知、情感、态度和行为。坚持理论与实践的统一，将社会价值准则和行为规范融入社会实践活动中，有利于大学生形成社会发展所需要的思想素质和能力品质。人格的完善，更重要的是精神世界的丰富和满足。通过思想政治教育，能够使大学生的精神世界得到极大的丰富和提升，使大学生的政治觉悟和道德观念达到一定的高度。大学生的精神境界和需求层次通过思想政治教育得到提升，从而形成崇高的理想和坚定的信念，促进大学生的全面发展。

（二）借鉴了中华传统文化的积极因素

作为具有五千年历史的文明古国，中华民族在漫长的历史发展长河中，不仅创造了辉煌灿烂的物质文明，而且在精神文明方面，形成了独具一格的思维方式、行为方式、价值取向和社会心态等民族文化传统。中华民族文化传统以其源远流长、博大精深、丰富多彩、区域广阔以及对人类历史所做的巨大贡献而为世界瞩目。其中，既包含着诸如热爱祖国、勤劳勇敢、刻苦耐劳、热爱自由、艰苦奋斗、自强不息、和而不同、求同存异、高度的民族自尊心和自信心等优秀的思想文化成果，也包含着克明俊德、以民为本、立身惟正、明道善策、举贤任能、教而后刑等具有积极意义的治国理政思想。所有这些，都是中华民族在长期的历史发展过程中，由于特殊的自然地理环境、经济形式、政治结构、意识形态的相互作用而形成的文化积累，历经万世，薪火相传，已深深地融化在中华民族的思想意识和行为规范之中，内化为人们的一种文化心理和性格，成为规范人的思想行为和日常生活的强大力量。

新时代的大学生不仅具有扎实的传统文化根底和深厚的文学修养，而且在学习中高度重视继承和发扬中华民族优秀传统文化，重视用中华民族优秀文化成果来武装自己。例如，"林则徐的'苟利国家生死以，岂因祸福避趋之'，以及'谁知盘中餐，粒粒皆辛苦'、'一粥一饭，当思来之不易'、'少壮不努力，老大徒伤悲'等等，这些都是传统文化中给人以正能量、教人勤奋、忠贞、有抱负、不断进取的名言。"① 当前，大学生价值观所呈现出来的积极方面，是借鉴了传统文化中的积极因素。正确认识传统文化对大学生思想政治教育的影响有着极为重要的意义。

1. 中华优秀传统文化在思想政治教育中的作用

中华优秀传统文化在思想政治教育中的作用不可忽视，具体表现在以下两个方面：

第一，中华优秀传统文化对塑造理想的人格、培养人们健康向上的人生理想发挥着重要的作用。社会主义市场经济的实行，一方面刺激了人们的利益、调动了人们的积极性；另一方面也给人们的精神世界带来了负面影响。为了减轻这种影响，满足社会主义市场经济对人的理想人格的更高要求，我们可以挖掘中国传统文化中齐家治国平天下、以天下兴亡为己任、重义轻利、以苦为乐、情感欲望与理性精神相统一等积极进步的思想，培养人们的人文精神，加强人们的理想信念教育；借鉴中华优秀传统文化中乐观主义的人生哲学，提倡主体自觉的意识和不断超越的精神，帮助人们树立积极向上的人生态度，建立积极进步的生活方式；学习中华优秀传统文化中"慎独""自省""改过""践履"等修身方法，教育人们从我做起、从现在做起，在现实生活的大潮中实践、磨砺、寻找、获取精神生活启示和道德生活体验，从而塑造健全的人格。②

第二，中华优秀传统文化具有高度的社会认同感，有助于形成规范人们思想和行为的核心价值观。任何一个社会、一个国家或民族，要维系存在和发展，都必须建立一种使绝大多数社会成员认同的核心价值观，能够在政治、经济、思想等基本原则方面达成共识，从而有

---

① 中共中央文献研究室刘少奇研究组：《毛泽东邓小平江泽民论青少年和青少年工作》，中国青年出版社2003年版，第276页。

② 马福运：《江泽民思想政治教育理论研究》，中共中央党校出版社2009年版，第70页。

效规范人们的思想和行为。如前文所述，价值观具有鲜明的阶级性和时代性。一方面，价值观属于意识形态方面的内容，是由经济基础决定的，所以，社会核心价值观的形成和发展也是由社会经济基础决定的，受历史发展阶段和社会制度的制约；另一方面，社会核心价值观的发生、发展同社会文化传统的积累密切相关，建立在人们对历史文化认同的基础之上。因此，历代统治阶级都十分注重从传统文化中提炼具有进步意义的思想，并赋予时代的气息，加以具有时代意义的理论阐释，建构起社会核心价值观的理论基础和重要内容。当下，在建设社会主义市场经济的过程中，挖掘中国传统文化中"公利至上""民利至上""道义至上"等传统文化中的积极价值观，对于克服市场经济带来的消极影响，形成和发展中国特色社会主义价值观，具有十分重要的现实意义。

因此，大学生在新时代所展现出来的崭新精神风貌，如热爱祖国、忠于人民，勇于实践、追求真理、锐意进取，艰苦奋斗、乐于奉献等等，某种意义上继承了中华优秀传统文化的精髓。

2. 借鉴中华优秀传统文化提供的思想政治教育资源

文化具有继承性。新时代，进行社会主义精神文明建设也要求人们必须正确对待传统文化，从这个意义上说，大学生思想政治教育在很大程度上充分借鉴吸收传统文化中许多优秀的思想因素。

中华优秀传统文化极为重视道德教化的功能，从远古时代起就提倡"君子以多识前言往行，以畜其德"，要求经常从先贤的嘉言懿行中学习智慧和道德，用以培养和完善自己的品格。我们的先辈在修养品德、成就事业、治理国家等方面，积累了大量宝贵思想、经验、警句和格言，体现了历代社会所提倡、崇尚的精神境界。如孔子的"朝闻道，夕死可矣"；孟子的"富贵不能淫，贫贱不能移、威武不能屈"，贾谊的"国而忘家，公而忘私"；诸葛亮的"鞠躬尽瘁，死而后已"；顾炎武的"天下兴亡，匹夫有责"的论述；林则徐的"苟利国家生死以，岂因祸福避趋之"等等，这些精神汇集在一起，构成了中华民族代代相传的国魂意识，成为中华儿女立身砥行的精神支柱，潜移默化地融化在中华儿女的思想意识和行为规范中，对中华民族的繁衍、统一、稳定和发展无疑产生了巨大影响。因此，结合当下的社会实际，植根于民族文化的土壤，不断汲取中华优秀传统文化的养分，充分挖掘中华优秀传统文化的资源，对于加强个人的思想修养和提升人文素质有着重要的作用。

从内容上看，中华民族传统文化中的精髓主要体现在以下几方面：

第一，"国家兴亡、匹夫有责"的爱国精神。在五千年的中华文明史中，中国人民世代相承的爱国主义传统以及表现出的巨大向心力，成为中华民族传统文化最宝贵的精华，同时也是中华民族伟大凝聚力的源泉。从汉代贾谊的"国而忘家、公而忘私"，到北宋范仲淹的"先天下之忧而忧、后天下之乐而乐"；从南宋陆游的"位卑未敢忘忧国"，到明代文天祥的"人生自古谁无死、留取丹心照汗青"；从清代顾炎武的"国家兴亡、匹夫有责"，到近代鲁迅的"我以我血荐轩辕"，忧国忧民、公而忘家、抗敌御辱、精忠报国的爱国主义精神，像一条红线，贯穿于中华民族的精神结构和文化心理结构之中，成为中华民族的普遍精神支柱。正是这种强调国家利益、民族利益、人民利益高于一切的爱国主义精神，使中华民族在血雨腥风中不断披荆斩棘、开辟前进的道路，并日益崛起于世界的东方。传统文化中的这种爱国精神对于国家的存亡、社会的发展都具有重大的作用，其一，这种爱国精神可以激发为争取国家独立英勇献身的牺牲精神；其二，这种爱国精神成为反对民族和国家分裂、维护民族团结和祖国统一的斗争精神；其三，这种爱国精神成为推动国家物质文明和精神文明发展进步的创造精神；其四，这种爱国精神成为同一切阻碍历史发展和社会进步的腐朽社会制度、反动阶级进行顽强斗争的革命精神；其五，这种爱国精神能够提升广大人民的民族自尊心和自信心。

第二，"自强不息、刚健有为"的进取精神。"天行健，君子以自强不息""士不可以不弘毅""穷则独善其身，达则兼济天下""修身，齐家，治国，平天下"等闪烁着积极进取精神的思想，都是中华民族刚健有为、奋发向上的民族精神的集中概括和生动写照。正是这种精神，激励无数仁人志士不畏强暴，拯国民于水火，救国家于危亡，挽狂澜于既倒。正是在这种精神的激励下，中华民族虽历尽百代沧桑，渡尽无数劫难，仍然显示勃勃生机。

第三，"正直守信、至诚至善"的人生境界。在以儒家为代表的中国传统文化中，善良正直、诚实守信是对人立身处世最起码的要求，至诚至善则是人生修养的最高境界。《论语》中说："与朋友交，言而有信。"《礼记》中说："诚者，天之道也。诚之者，人之道貌岸然也。诚者不勉而中，不思而得，从容中道，圣人也。诚之者，择善而固执之者也。"这种对至诚至善的追求，养成了中国人民与人友善、讲究信誉、信守诺言的性格品质。在社会主义市场经济条件下，充分借鉴中华传统文化中的这些精华，提倡正直守信、至诚至善，对促进人与人之间的相互尊重、相互理解、相互信任，具有重要的现实意义。

第四，"厚德载物、协和万邦"的包容精神。团结友爱、和睦相处的理念，厚德载物、求同存异的精神，天人合一、协和万邦的主张，是中华传统文化中一贯提倡的包容精神的具体体现。《论语》中的"礼之用，和为贵""己所不欲，勿施于人"，主张人与人之间要团结友爱，建立一种和谐的人际关系。《论语》中的"君子和而不同，小人同而不和"，强调"和"是多种因素的并存与互补，不是简单的同一，而是一种有差异的统一，表现在人与人之间就是要宽厚处世，互相包容；表现在人同自然环境和天地万物之间就是要"厚德载物"，遵循自然规律，达到"致中和，天地位焉，万物育焉"；表现在民族关系和国际关系上，则提倡热爱和平、平等互利、求大同而存小异，做到"百姓昭苏，协和万邦"。①

第五，整体至上、天下为公的价值取向。中华传统文化强调国

---

① 马福运：《江泽民思想政治教育理论研究》，中共中央党校出版社 2009 年版，第 73 页。

家、民族的整体利益，追求中正和谐的理想境界和社会秩序，塑造民族团结和国家统一的思维趋向和共同心理。当然，中华优秀传统文化中对思想政治教育和大学生价值观的积极影响还有很多，在此我们只是列举了其中最直接的几个方面。

总之，大学生思想状况和价值观现状所呈现出来的积极方面，是与吸收、借鉴了传统文化中的积极因素分不开的，对此我们不容置疑。当下，我们只有全面认识中华传统文化的正面教育作用及其负面影响，在批判继承的基础上赋予其精华以新的内涵，才能创造具有民族特色和时代特色的新文化，这正是当代思想政治教育的任务所在。

3. 借鉴中华优秀传统文化提供的思想政治教育方法

中华优秀传统文化在为现代思想政治教育提供丰富资源的同时，也提供了许多极富规律性、可资借鉴的思想政治教育的基本原则和方法。从具体教育原则和方法上看，传统文化中提倡的德教为先、率先垂范、注重内省、身教重于言教、动之以情、晓之以理、将心比心的原则和方法都已为当代思想政治教育所运用，为社会主义精神文明建设提供了宝贵丰富的思想材料。

第一，言传身教，以身作则。中国古代教育家和贤明的君主特别讲究言传身教的作用，留下了许多以身作则、率先垂范的千古佳话。"政者，正也，子帅以正，孰敢不正！"孔子认为，领导者和教育者自身品质对人民品德的影响不可小视，为了做好治理国家和教育人民的工作，领导者和教育者首先要正其身。此所谓："其身正，不令则行；其身不正，虽令不从。"

第二，身体力行，体用浑然。"履，德之基也。"中华传统文化历来注重修养实践和道德践履，强调道德认知和道德行为的统一。孔子主张"执礼"，严格按照道德行为规范进行训练和检验，"听其言而观其行"。孟子认为实际事务甚至痛苦境地的磨炼是人担当大任的先决条件，提出了"生于安乐而死于忧患"的著名论断。荀子认为："道虽迩，不行不至；事虽小，不为不成。"这些论述，揭示出人的思想品德和道德心理形成的客观规律，强调只有长期"躬行力究"，才能"体用浑然",达到思想品德成于内而形于外的完美结合。

第三,克己自省,慎独慎微。古代教育家认为,一个人良好道德品行的养成,必须在个人自觉的基础上,不断提高自我省察的能力。"见贤思齐焉,见不贤而内自省也",才能达到"齐贤"之目的。孔子十分强调自省的作用,要求学生经常反省自己。他说:"吾日三省吾身,为人谋而不忠乎?与朋友交而不信乎?传不习乎?"在做好自省的同时,中华传统文化还十分推崇"克己",增强自己的克制能力,做到"慎独"和"慎微",因为道德修养"莫见乎隐,莫显乎微,故君子慎其独也"。将外在教育与内在省察结合起来,是古代杰出思想家一贯的教育思想。清代著名思想家王夫之说过:"有自修之心则来学,而因以教之;若未能有自修之志而强往教之,则虽教无益。"

第四,居必择邻,游必就士。"近朱者赤,近墨者黑","蓬生麻中,不扶而直;白沙在涅,与之俱黑"。这些精辟论述,深刻揭示了"与善人居,如入芝兰之室,久而自芳也"的道理。古代教育家很早就注意到了环境对教育的影响,所以留下了"孟母三迁""千金买邻"的历史故事。"古代教育家认为,人性如'素丝','染于苍则苍,染于黄则黄',必须注意对孩子品德修养的熏陶,为孩子的成长提供一个'君子之德'蔚然成风的环境。"①

（三）吸收了对外来文化的合理因素

每一个民族和国家的思想文化都不是孤立和封闭地发展起来的,中华民族文化本身就是广为吸纳一切外来文化成果的产物。在中国历史上,无论是秦汉、三国两晋南北朝,还是隋唐和元明清,每一次大的中外文化交流,都不同程度地促进了中华文化的发展和社会进步。近代以来,西方文化随同资本主义列强的坚船利炮一起打开了中国封建社会的大门,给予古老的中华文明以前所未有的震撼和冲击,同

---

① 马福运:《江泽民思想政治教育理论研究》,中共中央党校出版社2009年版,第75页。

时，也促使一大批先进的中国知识分子寻找救国救民的思想武器。十月革命后，马克思主义逐渐与中国革命实践相结合，产生了毛泽东思想，成为中华文化吸收外来文化最成功的典范，并由此形成了以马克思主义为指导的中国共产党思想政治教育理论和实践，揭开了中国思想政治教育历史的新篇章。

随着当今国际交往的日益密切和科学技术的飞速发展，为世界各国间思想文化的交流创造了新的物质手段，思想文化领域的开放已成为推动各国社会经济文化进步的必由之路和时代发展不可阻挡的趋势，任何拒绝接受外来优秀文化成果的做法，只会延缓民族文化的进步发展，导致国家社会的停滞落后。

思想文化领域对外开放的实践也充分说明：第一，有利于了解和吸取当代世界文化中的进步思想和观念，开拓人们的视野，帮助人们破除那些与时代精神不相符的陈旧观念，促进思想解放和观念更新。第二，有利于吸收和借鉴世界各国先进科学技术、经营管理方法以及其他一切有益的知识文化。第三，有利于人们充分认识我国在世界民族之林的地位和作用，认识中华民族的长处和不足，了解我国与发达国家的差距，激发起强烈的爱国主义情感，增强民族自信心和进取心以及实现中华民族伟大复兴的使命感。

从大学生思想政治教育内容上看，资本主义在其建立数百年来，特别是一些发达国家，在政治、思想、教育、文化等方面积累形成的反映社会化大生产发展规律，符合人类社会进步要求的思想观念的积极成果，主要有：以利益观念为中心的价值观念、效益观念、市场观念、人才观念；以进取观念为中心的竞争观念、时间观念、效率观念、信息观念、知识观念、创新观念；以民主观念为中心的平等观念、参与观念、法治观念等等；这些为思想政治教育注入了新的活力。对属于资本主义上层建筑的社会意识形态，如政治、道德、法律、哲学、历史观点，也应在认识其阶级性和反动性的基础上，充分吸收其合理的成分。

此外，西方社会科学与自然科学中诸如：行为科学、管理科学、信息科学、系统科学、政治学、社会学、心理学、伦理学、教育学等学科也从理论和实践方面为思想政治教育的理论和方法提供了极为有益的借鉴。

（四）吸收了西方思想政治教育中的积极因素

人类社会发展的历史表明，任何一种先进思想都不可能脱离世界文明大道，在封闭和孤立的环境中取得发展。当前大学生的思想政治和价值观方面呈现出积极的态势是借鉴与吸收人类创造的一切优秀文明成果，包括西方思想中的积极因素。就思想政治教育而言，资本主义国家的思想家和教育家很早就提出了许多与哲学、社会学、政治学、伦理学、心理学、教育学等紧密联系的思想政治教育的思想，不同国家、不同地区的思想政治教育理论，都有值得我们学习和借鉴的东西。

西方思想政治教育具有普遍存在的价值和规律。思想政治教育理论作为一种人类共同的社会实践活动，并不是社会主义国家和无产阶级政党的"专利"。虽然许多资本主义国家把"思想政治教育"称之为"公民教育""法制教育""共同价值观教育"等等，但其目的都是宣传和捍卫资本主义的意识形态、价值观念和社会制度。为了实现这一目的，各个国家都根据自己的社会历史条件和实际情况，形成了独具特色的思想政治教育工作模式。尽管思想政治教育的社会制度、民族特征、阶级属性和服务对象都不相同，但其中却蕴含着思想政治教育工作的普遍价值和共同规律。1997 年 10 月底至 11 月初，江泽民在访问美国期间，特意参观了签署《独立宣言》的独立厅。在他看来，托马斯·杰弗逊等革命者的行动都是出于爱国主义，这可能是凌驾于任何目的之上的。接着，他在哈佛大学演讲时又强调："阳光包含七种色彩，世界也是异彩纷呈。每个国家、每个民族都有自己的历史文化传统，都有自己的长处和优势，应该相互尊重、相互学习、取长补短、共同进步。"① 习近平总书记也指出："我们要促进和而不

---

① 转引自［美］罗伯特·劳伦斯·库恩《他改变了中国：江泽民传》，塔琳译，上海译文出版社 2005 年版，第 273 页。

同、兼收并蓄的文明交流。人类文明多样性赋予这个世界姹紫嫣红的色彩，多样带来交流，交流孕育融合，融合产生进步。文明相处需要和而不同的精神。只有在多样中相互尊重、彼此借鉴、和谐共存，这个世界才能丰富多彩、欣欣向荣。不同文明凝聚着不同民族的智慧和贡献，没有高低之别，更无优劣之分。文明之间要对话，不要排斥；要交流，不要取代。人类历史就是一幅不同文明相互交流、互鉴、融合的宏伟画卷。我们要尊重各种文明，平等相待，互学互鉴，兼收并蓄，推动人类文明实现创造性发展。"①

二　大学生价值观呈现消极方面的原因

大学生价值观呈现消极方面的原因可以具体归纳为市场经济的影响、西方文化的影响和网络文化的影响这三个方面。

（一）市场经济的影响

社会主义市场经济体制的确立和发展，极大地推动了我国经济发展和社会进步。一方面，社会主义市场经济的深入发展，为我国经济社会注入了强大的生机活力，催生出新的思想观念如创新意识、效率意识、平等意识等；另一方面，市场经济的发展也促使一些消极、颓废的观念有所滋长，一些人思想困惑、信仰淡漠、拜金主义、享乐主义、极端个人主义有所滋长，一些领域诚信缺失、道德失范。可见，社会主义市场经济的发展使社会思潮更加多元、多样、多变，各种观念相互交织、碰撞和影响。但是市场经济的一些特点却不可避免地影响到了人们的价值观念、思维方式、人生态度等方面，对尚处在世界观、人生观和价值观形成中的大学生影响更大。不可否认，市场经济极大地激起了大学生的创造力、调动了大学生的积极性，充分张扬了大学生的个性。但是由于市场经济自身还不完善，不可避免地会给一部分大学生带来一定的负面影响。在市场经济条件下，竞争意识容易诱发个人主义的恶性膨胀，导致部分大学生产生功利主义、拜金主义

---

①　《习近平谈治国理政》（第2卷），外文出版社2017年版，第524—525页。

的倾向，部分大学生逐渐形成了享乐主义的人生价值观，攀比之风、享乐之风在一定程度上存在，甚至个别大学生弃学从商，荒废学业。同时，在市场经济条件下，企业或个人之间实行的是公平竞争、优胜劣汰，这一竞争法则给大学生带来了强烈的危机感和紧迫感，但是市场经济又过多讲求利益和实惠，造成部分大学生在价值取向中个人小目标与社会大目标相互撞击，这样就直接或间接地影响到大学生的人生价值取向。所以，新时代大学生价值观方面所表现出来的负面影响在一定程度上是市场经济所带来的，对此，高校思想政治教育工作者要高度重视。

（二）西方文化的影响

西方文化对大学生价值观的影响主要通过西方社会思潮和西方大众文化两个方面来实现的。

1. 西方社会思潮对大学生价值观的影响

随着改革开放和全球化的推进，西方各种社会思潮如人本主义、存在主义、功利主义、实用主义等纷纷涌入我国，出现了多种文化多元价值并存的景象。这样，西方社会的生活方式、价值取向，通过各种渠道不断影响着大学生，享乐主义、个人主义在部分大学生中蔓延，中华民族传统的爱国主义、集体主义和艰苦奋斗精神也受到一定程度的消解。同时，西方敌对势力通过"淡化""丑化""溶化"等策略，通过网络、广播等各种传媒渠道，利用各种机会，加紧对我国进行思想和文化渗透，将西方资产阶级腐朽的思想、文化和生活方式传播进来，导致部分大学生的价值观发生了巨大的变化。大学生由于辨别是非的能力较差，在纷繁复杂的各种思潮的影响下，价值观念出现了偏移，呈现出政治上的实用主义，情感上的感觉主义，理性上的怀疑主义和选择上的世俗主义等倾向。久而久之，一部分大学生对社会主义国家的政治思想理论体系和奋斗目标产生怀疑、发生动摇、不信仰、不崇尚，而对资本主义国家的政治思想理论体系产生好感，发生心理上、思想上的倾斜，甚至信奉、追求。可以说，西方文化思潮的冲击，从一定程度上撼动了大学生主流文化的"主心骨"——主流价值观，最终影响到大学生的政治认同感。政治认同的削弱，既是西方文化思潮入侵的基本动意，也是红色政权最需高度警惕、严加防范的威胁。因此，要通过社会主义核心价值观教育引领先进文化建设，为文化建设注入"强心剂"，科学弘扬集体主义、爱国主义、艰苦奋斗精神。由此可见，西方社会思潮的渗透使社会主义意识形态和价值观的基础面临一定的冲击和挑战。

2. 西方大众文化冲击主流价值观念

"大众文化"（mass/popular culture）一词出自法兰克福学派，后来演变为"文化工业"，以突出大众文化所独有的商业性和消费性等本质特征。应该说，大众文化的冲击，其影响已经远远超出了文化、价值观本身的讨论范畴，它所真正冲击的，其实是人本身，是对人性的无情消解。究其根本，是通过个人主义、消费主义、享乐主义等消极价值观念的全面渗透，腐蚀人之为人的斗志和信念，最终成为西方生活方式、价值观念的附庸。因此，可以说，以社会主义核心价值观引领当代中国先进文化建设，其战略意义显然也超越了文化建设本身的范畴，根本是对人性的救赎，让人重新找回曾经拥有的人性、自信和奋斗精神。

通过以上论述可以看出：在西方社会思潮影响、西方文化帝国主义冲击、大众文化泛滥的大背景下，个人主义、享乐主义、无政府主义、民族虚无主义等诸多消极、错误价值观开始崭露头角，侵蚀着大学生的思想，在一定程度上扭曲着他们的言行，使社会道德秩序、法制秩序、文化秩序面临挑战，这样从根本上不利于国家文化安全建设、不利于国家意识形态建设、不利于社会主导价值体系建设。加上全球化进程的加快，使世界越来越重视自己的文化个性力量、政治能量，使得"文化"几乎成为政治的附庸，"文化帝国主义"和"大众文化的泛滥"给国家文化安全带来了前所未有的挑战，更通过文化传播动摇了部分大学生的既有价值观念，使国家意识形态权威地位面临一定的挑战。大学生作为国家的未来和民族的希望，通过加强社会主义核心价值观教育，有效巩固社会主义的主流意识形态，从而更好地维护国家的意识形态安全。

（三）网络文化的影响

网络文化目前已经成为大学生校园生活的重要组成部分，包括信息采集、网络交流、网络游戏、网络购物、网络创业等诸多方面，给大学生活带来巨大便利。但同时，网络信息中也充斥着反动、迷信、黄色等内容，对大学生思想道德、身心健康、生活方式尤其是价值观念造成了极大冲击和消极影响，使缺乏辨别力、自制力而好奇心又强的部分大学生受到危害。从大学生价值观形成的外部条件看，社会生活总过程决定着大学生价值观的形成，社会的利益分配导向，社会的价值取向导向，对大学生价值观的形成、发展都具有决定性作用。因此，应把社会各个方面的力量动员起来，把社会各个方面如政府、学校、家庭、社会等资源整合起来，充分发挥协同作用，积极营造大学生健康成长的良好社会环境。在全社会范围内创造一个倡导主导价值观、维护主导价值观、弘扬主导价值观的良好社会风气和社会环境，帮助大学生牢固确立正确的价值取向。

第三节　社会主义核心价值观融入大学生思想政治教育的必要性

党的十八大提出的以"三个倡导"为主要内容的社会主义核心价值观，有着深刻的时代背景和现实依据：一方面，从国内看，我国正进入全面建成小康社会的关键期，发展处于大有作为的重要战略机遇期。在发展新的战略机遇期的各种因素中，经济、政治、军事因素固然重要，但是文化作为软实力在综合国力中的地位越来越凸显。另一方面，从国际形势看，西方发达国家凭借着先进的科技、设备等手段不断进行文化渗透，例如美国通过影视作品潜移默化地影响国人的生活方式、价值观念等，久而久之就会弱化国人的文化认同与政治认同。这些都不利于国家的发展。通过前文所述，部分大学生在国内、国际环境下价值观方面出现了一定的问题。针对大学生价值观方面所存在的问题，我们要立足中国国情、反映时代精神，将社会主义核心价值观融入大学生思想政治教育，有计划、有目的地对大学生进行社会主义核心价值观教育，从而积极弘扬、培育和践行社会主义核心价值观，这具有重大的现实意义。对此习近平总书记也明确指出："广大教师要用好课堂讲坛，用好校园阵地，用自己的行动倡导社会主义核心价值观，用自己的学识、阅历、经验点燃学生对真善美的向往，使社会主义核心价值观润物无声地浸润学生们的心田、转化为日常行为，增强学生的价值判断能力、价值选择能力、价值塑造能力，引领学生健康成长。"①

一　社会主义核心价值观融入大学生思想政治教育是维护国家意识形态安全的需要

党的十九大报告明确指出："意识形态决定文化前进方向和发展道路。必须推进马克思主义中国化时代化大众化，建设具有强大凝聚力和引领力的社会主义意识形态，使全体人民在理想信念、价值理念、道德观念上紧紧团结在一起。"② 苏联解体、东欧剧变的原因我们可以从诸多逻辑脉络来加以解释，但是究其深层原因恰恰是意识形态安全这条主线出了问题。

（一）苏联解体与意识形态安全

列宁时期，他高度重视维护社会主义意识形态安全问题。在意识形态教育方面，他主张采用灌输的方法，把社会主义意识通过从外到内灌输给工人，从而培养起工人阶级的政治意识，以推动社会主义建设和巩固社会主义政权。尤其难能可贵的是，列宁认为社会主义意识形态不能故步自封，而必须根据社会主义实践需要和时代需求，不断与时俱进。在战时共产主义政策时期，列宁主张意识形态教育以共产主义信仰为核

---

① 中共中央、国务院：《关于加强和改进新形势下高校思想政治工作的意见》，《人民日报》2017 年 2 月 28 日。

② 习近平：《决胜全面建成小康社会 夺取新时代中国特色社会主义伟大胜利——在中国共产党第十九次全国代表大会上的报告》，人民出版社 2017 年版，第 41 页。

心；在新经济政策时期，列宁把意识形态教育的重点转移到马克思主义基本原理与俄国实际相结合，反对教条化。这样，列宁时期的社会主义意识形态，不仅获得了苏联人民群众的认可，更在与国内外敌对势力的斗争中，巩固了苏联社会主义政权。然而不幸的是，到了斯大林时期，社会主义意识形态不可避免地打上了强权垄断的烙印，最终导致苏联社会主义意识形态理论的保守和僵化，致使社会意识形态不仅不能反映苏联国内广大人民的普遍愿望与社会主义建设的现实，更封闭了同其他国家进行文化科技事业交流的通路，导致苏联在第三次科技革命浪潮中被西方发达国家远远落下。随后，在赫鲁晓夫时期，意识形态逐渐解冻，直至戈尔巴乔夫时期，苏联意识形态安全彻底瓦解。

（二）东欧剧变与意识形态安全

受苏联影响，东欧各社会主义国家共产党政权的丧失，不仅同样与意识形态安全密切相关，更与苏联意识形态安全有着遥相呼应的因果关系。东欧剧变的过程可以分为以下几个阶段。

1. 斯大林模式化阶段

东欧社会主义国家的建立，正当斯大林大一统模式的强势扩张之际，各国相继宣布在意识形态上以马克思列宁主义为指导，但基于各国具体国情，各国并不希望完全照搬苏联模式。而冷战的爆发，又使各国在意识形态建设上与苏联紧紧绑在了一起，受苏联直接控制的苏东国家欧洲共产党情报局，成为推广苏联意识形态模式的工具。东欧各社会主义国家被迫照搬了高度集权、大搞个人崇拜的苏联模式，从而催生了严重的教条主义与官僚主义。意识形态宣传严重脱离了东欧各国的实际，成为阻碍社会发展的绊脚石，致使人民的生活水平没有明显改善。在这种形势下，一方面，东欧各国的共产党和社会主义意识形态的威信被大打折扣，从而使共产党失去国内人民的拥护和支持，失去了群众基础；另一方面，东欧各国国内反对派也乘虚而入，纷纷成立了自己的组织，并大肆攻击共产党。而大一统的苏联意识形态模式，也助长了大国沙文主义的兴起。

2. 突破大一统模式的尝试与失败

日益僵化的意识形态逐渐暴露出的各种弊端，引起了国内人民的强烈不满，促使一些国家开始冲破大一统的社会主义意识形态模式，尤其赫鲁晓夫解冻方针出台后，各国纷纷要求纠正错误、摆脱斯大林模式、脱离苏联控制，相继发生了"波兹南事件""匈牙利事件"。赫鲁晓夫害怕各国国家意识形态安全体系的独立会导致社会主义阵营的瓦解，便通过军事干预扼杀了各国"突破"行动，既为后来苏联镇压捷克斯洛伐克的"布拉格之春"提供了蓝本，更为东欧剧变埋下了祸根。

3. 东欧剧变与社会主义意识形态安全的终结

20 世纪八九十年代，西方国家和平演变，与此同时国内矛盾也尖锐化，最终导致东欧国家的政局骤变。继波兰的统一工人党失去执政地位后，东欧其他社会主义国家的共产党也纷纷垮台，各国走上了资本主义道路。虽然各国共产党都宣布改称为社会党或社会民主党，把民主社会主义理论作为自身的意识形态和指导思想，走民主社会主义道路，但东欧各国的共产党并没有获得执政地位，而是由反对党执政。反对党执政后，以自由主义为主导意识形态，这样就导致意识形态多元化时期到来。

（三）社会主义核心价值观融入大学生思想政治教育是维护国家意识形态安全的需要

通过上面对苏联解体、东欧剧变的梳理，我们可以清楚地认识到，在很大程度上，正是由于意识形态安全出了问题才导致了苏联解体、东欧剧变。而当时意识形态的改变在于人们价值观的改变。核心价值观是社会发展进步的灵魂，没有核心价值观的支撑，社会将迷失前进方向、失去精神根基。中国古代"三纲五常"的核心价值观，维系了封建社会两千多年的社会稳定。西方社会提出的"人权、自由、平等、博爱"等价值观念，对巩固资本主义制度发挥了重要作用。所以，以史为鉴，当今社会每个国家都高度重视价值观建设。

党的十八大适应我国社会发展和广大人民的意愿提出的 24 字社会

主义核心价值观成为当下凝聚全国人民的强大精神动力。大学生是国家和民族的未来,肩负着国家富强、民族振兴的重任。而长期以来,西方敌对势力企图通过大学生这个载体来实施西化分化我国的阴谋从未消停过。加之当前我国正处在社会转型期,多种社会矛盾交织在一起,大学生作为一个特殊的群体,在这种背景下,部分大学生的价值观也呈现出了多元多变的特点,由此西方敌对势力趁机加快了对我国大学生实施价值观渗透的步伐,他们通过选拔优秀大学生到他们国家留学、选用资产阶级的形象代言人等更加隐蔽的手段来实施他们的计划。

不言而喻,大学生价值观的改变影响意识形态安全,面对这种形势,高校思想政治教育工作者要保持高度的警惕,绝不能掉以轻心。因此,当下对大学生进行社会主义核心价值观教育刻不容缓。通过社会主义核心价值观教育来夯实大学生的价值观基础,筑起一道抵御各种腐朽思想文化侵袭的铜墙铁壁,牢牢占领高校意识形态这块前沿阵地,将大学生紧紧团结在中国共产党的周围,确保大学生的意识形态安全,进而有效地维护国家意识形态安全。这样,才能在凝魂聚气、强基固本上下足功夫,有效应对西方敌对势力的意识形态渗透战略,进而维护国家的意识形态安全。当前,中央政府高度重视社会主义核心价值观的培育和践行,2013 年年底,中共中央办公厅印发《关于培育和践行社会主义核心价值观的意见》,明确指出:"培育和践行社会主义核心价值观要从小抓起、从学校抓起。把社会主义核心价值观纳入国民教育总体规划,贯穿于基础教育、高等教育、职业技术教育、成人教育各领域,形成课堂教学、社会实践、校园文化多位一体的育人平台;适应青少年身心特点和成长规律,深化未成年人思想道德建设和大学生思想政治教育,构建大中小学有效衔接的德育课程体系和教材体系,推动社会主义核心价值观进教材、进课堂、进学生头脑。"①

---

① 中共中央办公厅:《关于培育和践行社会主义核心价值观的意见》,《人民日报》2013 年 12 月 24 日。

二　社会主义核心价值观融入大学生思想政治教育是实现"中国梦"的强大精神力量

实现中华民族伟大复兴的中国梦是以习近平同志为核心的党中央提出的重大战略思想，是全党全国各族人民共同的奋斗目标。党的十八大以来，习近平总书记多次指出，实现民族复兴中国梦要凝聚中国力量，弘扬中国精神。当前，在一定程度上可以说，社会主义核心价值观是中国精神的抽象概括和集中体现。所以，要实现民族复兴的中国梦，就要积极弘扬社会主义核心价值观。2013 年 12 月，中共中央、办公厅印发了《关于培育和践行社会主义核心价值观的意见》。2014 年 1 月 4 日，刘云山同志在培育和践行社会主义核心价值观座谈会上对《意见》作了权威解读。《关于培育和践行社会主义核心价值观的意见》和刘云山同志讲话都包含一个重要的观点，那就是"培育和践行社会主义核心价值观是实现民族复兴中国梦的强大精神力量"[①]。这一点对于大家来说是毫无疑问、毋庸置疑的。

大学生作为国家的希望和民族的未来，对他们进行社会主义核心价值观教育，有利于推动实现中华民族伟大复兴的中国梦。因为只有切实加强对大学生社会主义核心价值观的宣传教育，弘扬共同理想、凝聚精神力量、建设道德风尚，才能形成全民族奋发向上、团结和睦的精神纽带，才能不断增强大学生的道路自信、理论自信、制度自信和文化自信，使大学生在思想和精神上更加强大起来，从而让大学生深切体会到社会主义核心价值观的思想真谛，不断形成更加广泛的价值认同，成为凝聚大学生为全面建成小康社会、实现中华民族伟大复兴的中国梦而奋斗的共同思想基础和精神纽带，进一步夯实大学生的精神支柱。

以"三个倡导"为主要内容的社会主义核心价值观是实现中国

[①]　严书翰：《社会主义核心价值观是实现民族复兴中国梦的强大精神力量》，人民网，2014 年 1 月 20 日。

梦的强大精神力量。实现中华民族伟大复兴的中国梦，把我国建成一个富强民主文明和谐美丽的现代化国家，不是一蹴而就的事情，需要经过一个长期而艰难的过程。在这个过程中，必将经过风风雨雨，困难和挑战会不期而遇。大学生作为一个富有青春活力的群体，要动员、激励大学生为实现"中国梦"而不懈奋斗，离不开强大的思想保证和坚实的精神支撑。正如习近平总书记所指出的："中国梦是历史的、现实的，也是未来的；是我们这一代的，更是青年一代的。中华民族伟大复兴的中国梦终将在一代代青年的接力奋斗中变为现实。"① 因此，加强大学生社会主义核心价值观教育，并密切联系新时代建设中国特色社会主义的实践经验和伟大成就，使大学生感受到社会的进步和国家的富强，不断形成更加广泛的价值认同，以社会主义核心价值观占领他们的精神高地，筑牢他们的理想信念这座思想大厦，真正使社会主义核心价值观成为凝聚大学生为实现中华民族伟大复兴的"中国梦"而不懈奋斗的共同思想基础和精神纽带，进而为实现中华民族伟大复兴的"中国梦"提供强大精神动力。对此，党的十九大报告也指出："广泛开展理想信念教育，深化中国特色社会主义和中国梦宣传教育，弘扬民族精神和时代精神，加强爱国主义、集体主义、社会主义教育，引导人们树立正确的历史观、民族观、国家观、文化观。"②

实现中华民族伟大复兴的中国梦激荡着共创未来的澎湃激情，全面深化改革的共识凝聚起13亿人不懈奋斗的磅礴力量，推进国家治理体系和治理能力现代化可谓天时、地利、人和。坚守我们的核心价值，矢志追求美好崇高的道德境界，我们的民族就永远充满希望，我们的国家也必将不断攀登发展新高度。事实一再证明，人民有信仰，民族才有希望，国家才有力量；大学生有牢固的精神支

---

① 习近平：《决胜全面建成小康社会 夺取新时代中国特色社会主义伟大胜利——在中国共产党第十九次全国代表大会上的报告》，人民出版社2017年版，第70页。
② 习近平：《决胜全面建成小康社会 夺取新时代中国特色社会主义伟大胜利——在中国共产党第十九次全国代表大会上的报告》，人民出版社2017年版，第42—43页。

柱，国家才有美好的未来。同时，民族复兴中国梦的实现要靠广大国民的民族凝聚力。所谓民族凝聚力主要是指建立在共同的理想信念、价值追求、统一意志上的精神凝聚力，以及建立在精神凝聚力基础之上的民族团结的力量。而这种凝聚力又主要来源于国民对核心价值观的认同。社会主义核心价值观的内涵和特性为我们培育和践行社会主义核心价值观提供了价值尺度，也由此决定了它对当下所进行的中国特色社会主义建设实践能产生重大影响。因此，对大学生进行社会主义核心价值观教育，并将社会主义核心价值观的教育宣传活动，融入大学生教育全过程。这样，才能更好地使大学生不断形成更加广泛的价值认同，从根本上增强中华民族的凝聚力，从而实现中华民族的伟大复兴。

历史和现实一再表明，只有建立共同的价值目标，一个国家和民族才会有赖以维系的精神纽带，才会有统一的意志和行动。

三　社会主义核心价值观融入大学生思想政治教育是提升国家文化软实力、抵御西方资本主义价值观的需要

当今世界，文化在综合国力竞争中的地位日益凸显。一个国家要真正成为大国和强国，不仅需要经济、科技等有形的硬实力作为基础，更需要无形的软实力来作后盾。随着社会的发展和时代的进步，软实力在国际竞争中的作用越来越突出。文化作为软实力的核心内容，它从不同的维度影响着人类社会的方方面面。价值观作为文化的核心，其在文化发展、提升文化软实力中的作用是不言而喻的。正因为价值观在软实力中的重要作用，一些西方发达资本主义国家凭借经济、科技优势，企图把他们的意识形态、价值观念推销、扩张到世界各个角落。例如，以美国为首的西方大国常常打着"民主""自由"的幌子向全世界推行美国价值观，进行意识形态渗透。近两年西亚、北非一些阿拉伯国家出现的政治动荡，就是美国和西方一些国家进行政治价值观输出的最好例证。他们这样做的理由很简单："如果美国代表了其他人想效仿的价值观，那么美国领导世界就只会付出更小的代价。"

不容置疑，社会主义与资本主义两大形态之间的较量实质上就是价值观的较量。如前文所讲过的，资本主义价值观以"自由""平等""博爱"为核心，认为社会的一切权力都到源于个人对自己生活的基本权利。只有个人的权利才是至高无上的。这种对个人权利的极端推崇，也引发了西方社会的许多问题。例如，美国私有拥有枪支泛滥，导致校园和社会场所凶案屡屡发生，但权力机关始终没有采取禁枪或控枪行动。根本原因之一就是美国社会认为，私有拥有枪支是个人的基本权利之一，谁也不敢触犯这个基本权利。而当下我国的社会主义价值观的原则，在肯定个人的权利的基础上，更强调的是爱国主义、集体主义和社会主义，因此，社会主义价值观与资本主义价值观有本质的区别。事实上，西方资本主义国家对外宣扬他们的核心价值观是自由、平等、博爱、人权，其真正意图是对外输出并推行他们的政治制度。我国当下所强调的社会主义核心价值观建设，其目的是为实现中华民族伟大复兴的中国梦提供精神动力和智力支持，绝不是对外政治渗透和价值观输出。

如前文所述，新时代大学生在西方文化的渗透下、在西方所谓的"没有硝烟的战争"中价值观出现了一定的问题。因此，对他们进行社会主义核心价值观教育，让他们更加清醒地认识社会主义核心价值观的精神实质，逐渐培育起他们的社会主义核心价值观意识，进而将其外化为自觉的行动。这有利于应对西方资本主义价值观的冲击和挑战，切实维护我国的文化安全。所以，针对大学生这样的群体，面对日趋激烈的国际竞争，要提升我国的文化软实力、抵御西方资本主义价值观，就需要对他们进行社会主义核心价值观教育，不断激发他们的文化创造活力，从根本上激发中国文化的竞争活力，这样才能不断提升我国的文化软实力和国际竞争力，进而推动中华文化更好地走出去。

四 社会主义核心价值观融入大学生思想政治教育是社会主义先进文化建设的需要

"文化是一个国家、一个民族的灵魂。文化兴国运兴，文化强民族强。没有高度的文化自信,没有文化的繁荣兴盛,就没有中华民族伟大复兴。"① 毋庸置疑,全球化不仅加强了各国之间的经济联系,同时也密切了各国的文化交往,使得西方文化与东方文化、传统文化与现代文化不可避免地交织在一起。可以说,新时代大学生正处于一个思想活跃、文化交融、观念碰撞的时代。多元文化的出现,一方面促进了文化的交流与发展,另一方面也给中国原有的价值观念体系造成了重大冲击。尤其是西方发达国家凭借其先进的设备和科技优势向发展中国家进行价值观输出和文化渗透,企图实现文化上的霸权,进而实现一统天下的阴谋。而新时代的大学生心态比较开放、思维比较活跃,对西方文化的感知较为敏感。但是由于大学生在人生阅历上面的不足和价值观的不成熟,难以对西方文化的积极因素和消极因素进行理性的辨别,对西方所宣传的自由主义、消费主义、享乐主义等价值观念逐渐产生了认同。如今,消费之风、奢靡之风、攀比之心等不良现象在一部分大学生中间蔓延,例如部分大学生穿戴讲牌子、吃喝讲排场。这种现象的存在,在一定程度上消解了大学生原有的价值观认同,对新时代我国的先进文化建设造成了很大的冲击。

价值观是文化的核心,而社会主义核心价值观是新时代我国文化的精髓。社会主义核心价值观涵盖了社会的政治、经济和文化等发展的指导思想、价值取向,为社会主义先进文化建设指明了方向。因此,要加强大学生社会主义核心价值观教育。"没有社会主义核心价值观,文化建设就失去方向和灵魂。"② 社会主义核心价值观从根本上决定着先进文化发展的基本形式,先进文化通过文化理念的不断革新并以文化事业、文化产业等各种形式实践着社会主义核心价值观的精髓。一方面,通过对大学生的社会主义核心价值观教育,提升大学生价值观整体境界、优化大学生价值观整体结构,激发并发挥大学生

---

① 习近平:《决胜全面建成小康社会 夺取新时代中国特色社会主义伟大胜利——在中国共产党第十九次全国代表大会上的报告》,人民出版社 2017 年版,第 40—41 页。
② 王燕文:《社会主义核心价值观研究丛书·总论》,江苏人民出版社 2015 年版,第 197 页。

作为社会主义先进文化建设重要群体的价值观正面导向功能，引领社会主义先进文化建设沿着健康的方向发展；另一方面，通过对大学生的社会主义核心价值观教育，可以在一定程度上提高大学生文化价值观水平，引导大学生提高自身审美水平、提高文化鉴别能力，规范、指引大学生自身的文化消费行为，远离消极腐朽文化思想的侵蚀，从而提升个体文化行为水平、文化形象。这样，既能够帮助大学生辩证地认识西方文化、理性地认识中国文化，又能够帮助他们有效抵御多元文化冲击，更好地传承中华优秀传统文化，推动文化价值观念创新，实现中国先进文化发展质的飞跃，为新时代社会主义先进文化建设注入持久的动力和新鲜的血液。

五　社会主义核心价值观融入大学生思想政治教育是大学生健康成长的需要

胡锦涛曾深刻地指出："一个有远见的民族，总是把关注的目光投向青年；一个有远见的政党，总是把青年看作是推动历史发展和社会前进的重要力量。"[①] 习近平总书记也指出："青年兴则国家兴，青年强则国家强。青年一代有理想、有本领、有担当，国家就有前途，民族就有希望。"[②] 青年代表未来，青年创造未来。只有赢得青年，才能赢得未来。大学生是青年的重要组成部分，是国家十分宝贵的人才资源，是祖国的未来，是党和人民的希望。大学生能否健康成长，直接关系到党和国家的前途命运，关系到我国社会主义现代化建设战略目标能否实现，关系到中国特色社会主义事业是否后继有人。中华民族要实现伟大复兴，中国特色社会主义事业要永葆生机与活力，就必须确保大学生健康成长。

新时代，部分大学生的健康成长特别是思想道德素质的提高面临着诸多挑战、存在着诸多负面因素，概括起来，主要有以下几方面：其

---

① 《胡锦涛文选》（第 1 卷），人民出版社 2016 年版，第 327 页。
② 习近平：《决胜全面建成小康社会 夺取新时代中国特色社会主义伟大胜利——在中国共产党第十九次全国代表大会上的报告》，人民出版社 2017 年版，第 70 页。

一，西方敌对势力对中国实施"西化""分化"战略一直没有消停过，它们利用互联网、影视等传媒进行思想渗透，极力攻击马克思主义、诋毁中国共产党、丑化社会主义制度、美化资本主义制度，使一部分大学生对社会主义、共产主义事业的信心有所下降。其二，少数党员干部脱离群众、贪图享受、以权谋私、贪污腐败，在一定程度上败坏了党在大学生心目中的形象。其三，社会转型期存在的诸如贫富差距拉大、分配不公、升学考研就业竞争压力加大等问题，也使一部分大学生在不同程度上出现了诸如诚信意识淡薄、社会责任感缺乏、艰苦奋斗精神淡化等道德缺失的问题。其四，大学生由于年纪轻、社会阅历浅、政治鉴别力不强，世界观、人生观、价值观尚未完全定型，自我发展不成熟、看问题容易片面、极端，较易为外界的各种腐朽思想和不良思潮所蒙骗等。在上述负面因素的影响下，一部分大学生中开始出现价值真空、价值错位、价值虚无等现象，一部分大学生不同程度地存在着政治信仰迷茫、理想信念模糊、价值取向扭曲、诚信意识淡薄、社会责任感缺乏、艰苦奋斗精神淡化、团结协作观念较差、心理素质欠佳等问题。如果不能很好地解决这些问题，势必会影响到部分大学生的健康成长。

社会主义核心价值观是社会主义制度的内在精神和生命之魂，体现了新时代中国人民团结奋斗的精神追求。社会主义核心价值观融入大学生思想政治教育，可以促进大学生的健康成长。高校加强社会主义核心价值观教育，能够为大学生提供适合新时代社会发展要求的道德规范。社会主义核心价值观是一个全面的思想道德规范体系，对每个社会成员的思想观念、思维方式、价值取向和行为规范都有着深刻的影响。社会主义核心价值观公民层面的爱国、敬业、诚信、友善，集中体现了社会主义道德规范和行为规范的基本要求，提出了在社会主义市场经济条件下每个人应该倡导的道德观念和行为准则，提供了一个容易理解的具体标准。高校加强社会主义核心价值观教育，从而为大学生提供道德规范，有利于大学生明辨是非、美丑、善恶，既能够使社会主义核心价值观成为大学生普遍遵循的社会规范和行为习惯，又能使大学生真信、真懂、真用马克思主义，逐渐树立中国特色社会主义理想，积极做社会主义核心价值观的弘扬培育和践行者，进一步为他们的健康成长保驾护航。因此，要使新时代大学生健康成长就需要加强新时代大学生社会主义核心价值观教育，用社会主义核心价值观的基本内容教育新时代大学生，坚定他们的社会主义、共产主义信念，增强他们理解、响应、执行党的基本路线、方针、政策的自觉性，从而确保大学生能够健康成长。要促进新时代大学生健康成长，就不仅要提高他们的科学文化素质，更要大力提高他们的思想道德素质，加强新时代大学生社会主义核心价值观教育，用社会主义核心价值观去统领和整合他们的价值取向，为他们指明成长的正确方向，促进他们对社会主义核心价值观的认同和内化、自觉树立正确的价值观念。这既是培养新时代中国特色社会主义建设者和接班人的需要，也是提高高校人才培养质量的需要，更是奠基大学生未来人生发展的需要。培养造就有理想、有道德、有文化、有纪律的具有社会主义觉悟的能够德智体美全面发展的一代新人，是我国社会主义高等教育的根本方针，是一个关系我国教育发展方向的重大问题。

总之，面对当前国际和国内形势，对大学生进行社会主义核心价值观教育有着重要的理论意义和现实意义。一方面，进行大学生社会主义核心价值观教育，使他们坚守价值领域的话语权，构建起集中反映和表达社会主义制度内在精神和发展要求的价值观念体系，牢牢掌握高校意识形态的领导权、坚守高校意识形态这块前沿阵地，从而有效维护国家的意识形态安全。另一方面，对大学生社会主义核心价值观教育，既是实现中国梦的强大精神动力，又是社会主义先进文化建设的需要，更是提升国家文化软实力、抵御西方资本主义价值观的需要。

第四章　社会主义核心价值观融入大学生 思想政治教育的原则

2017 年 2 月，中共中央、国务院印发《关于加强和改进新形势下高校思想政治工作的意见》，对加强和改进高校思想政治工作的基本原则提出了五条基本原则，其中之一就是："坚持遵循教育规律、思想政治工作规律、学生成长规律。把握师生思想特点和发展需求，注重理论教育和实践活动相结合、普遍要求和分类指导相结合，提高工作科学化精细化水平。"① 社会主义核心价值观融入大学生思想政治教育必须运用马克思主义的基本观点和方法，根据价值观形成的一般规律，结合当前世情、国情和时代发展特点以及新时代大学生思想观念的新趋势，紧紧围绕融入标准，探求切实可行的融入原则。只有这样，才能真正巩固社会主义核心价值观在高校思想政治教育中的核心地位，从而使社会主义核心价值观成为大学生的精神引擎，进而牢牢占领高校这块意识形态的前沿阵地，为实现中华民族伟大复兴的中国梦提供坚实的精神食粮和强大的精神动力。

第一节　价值观形成的内在机理及其过程

关于价值，马克思认为："一物的属性不是由该物同他物的关系

---

① 中共中央、国务院：《关于加强和改进新形势下高校思想政治工作的意见》，《人民日报》2017 年 2 月 28 日。

产生，而只是在这种关系中表现出来。"① 因此，只有当客观事物被人们所认识，并能满足人们的某种需要时，该客观事物才能具有价值。可见，价值取决于两个因素，其一是客体的属性，其二是主体的需要，价值是主体的需要和客体的属性两者的统一。客体满足主体需要的程度决定了其价值的性质与大小。"价值观是指人们对于某类事物价值的基本看法、总的观念，具体表现为人们对该类事物相对稳定的信念、信仰、理想，是人们对该类事物的价值取舍模式和指导主体的价值追求模式。一方面表现为价值取向、价值追求，凝结为一定的价值目标；另一方面表现为价值尺度和准则，成为人们判断价值事物有无价值及价值大小的评价标准。"② 可见，价值观的形成是主客观共同作用的结果，人的价值观的形成也遵循一定的内在机理与外在因素。要进行正确的价值观教育，就必须揭示价值观形成的内在机理与外在因素。

一 价值观形成的内在机理

价值观总是和特定主体相联系，是一定主体基于特定需要和自我意识形成的。一般说来，价值观形成的内部因素可分为两大类：一类是非理性的价值意识，主要包括人的需要、欲望、情感和意志；另一类是理性的价值认识，主要指人的信念、信仰、理想等等。价值观表现为人们关于一系列基本价值的态度、信念、信仰和理想。从非理性的价值意识发展到理性的价值认识，这是人的认识发展过程中的一个重要阶段，也是一个由低级向高级发展的过程。

（一）需要是价值观得以形成的前提

心理学研究表明：需要是人的一切活动的动力的源泉，是人的积极性产生的基础，处在人的心理到行为过程中的起点位置。人在生理需要的基础上发展和形成了社会需要，并进一步形成人的认识、情

---

① 《马克思恩格斯文集》（第5卷），人民出版社2009年版，第72—73页。
② 《社会主义核心价值观学习读本》编写组：《社会主义核心价值观学习读本》，新华出版社2013年版，第15页。

感、意志、性格、兴趣以及理想、信念、世界观。需要是人类活动的最基本的前提条件，人类的许多活动产生于人的需要。人的意识作为人类的一种思维活动，其产生也是源于需要，在一定意义上可以说，正是由于需要才产生了人的意识。学者黄鸣奋认为："价值产生于主体与对象的关系之中，是对象相对于主体之需要所具备的意义。需要是有机体对于自身生命的存在、延续和发展所不可缺少的条件，价值则是环境对有机体的存在、延续和发展所发挥的作用，这两个范畴是相互对应的。"① 因此，需要也是价值意识的基础，在需要的基础上价值意识的各种形式才得以产生。价值观属于人类意识活动的高级部分，"价值观系统就是建立在主体需要系统之上，对主客体之间的价值关系进行反思并整合而形成的观念系统"②。

（二）欲望构成价值意识的起点

学者李清霞认为："欲望是指人在欲求不满的状态下，对社会生活以及人自身的价值目标的渴求，是实践的动因及目的。"③ 欲望属于人的自然属性，它是人性在现实生存中的外在表现。人的欲望具有无穷性的根本特征，这种"无穷性"是指欲望在种类上的无穷，人的欲望并不一定都与生理因素直接相关，还有一些与生理并非直接有关的欲望，例如实现自我价值的欲望。"欲望种类繁多，满足的程度与方式也千差万别，人的一切高级情感都由此引发，人类的文明和发展都与之有巨大的关联。"④ 可见，欲望是人的需要的直接表现形式，是价值意识的起点。由于每个人的心理和文化结构不同，所以每个人的欲望是不同的，有些欲望常常带有一定的片面性和狭隘性。需要注意的是，人的欲望不是在理性支配下产生的，但这并不等于说欲望等同于冲动，二者有着很大的区别。在现实生活中，人的很多欲望是无法实现的，欲望经常会受到理性的压抑。

---

① 黄鸣奋：《需要理论及其应用》，中华书局 2004 年版，第 35 页。
② 盛春辉：《从价值观形成的规律看价值观教育》，《求索》2003 年第 4 期。
③ 李清霞：《沉溺于超越》，中国社会科学出版社 2008 年版，第 6 页。
④ 李清霞：《沉溺于超越》，中国社会科学出版社 2008 年版，第 7 页。

（三）意志是价值心理向价值行动转化的中间环节

需要、欲望和情感在意志的统摄下朝着一定的目标努力，使人们的价值心理达到自觉程度。人的行为融贯了认知、情感和意志，但知、情、意并不总是融洽和谐的。仅对一种行为拥有明确理性认知，而无积极的情感体验，多半是行之不远的；反过来，对一种行为沉溺于感性欢愉层次，而无理智引导，这也并非善事。意志作为知与情的中介，其独特功效就在于统摄了两者的关系。学者黄颖黔、李铁认为："意志以认知为基础，在主观意识里形成抗干扰的反馈机制，随时维护着行为方向；意志又能够激发积极情感，加深行为体验程度，减少自发性抵触情绪，营造出强化行为动机的心理定势，使得情感得以升华，信念更为坚定。"[1] 由此可以看出，在行为过程中通过意志作用，感性与理性紧密联系，把长远目标融于现实情景之中，使人百折不挠地前进，成为激励人们行动的动力。总之，行动是意志的反映，意志调节行动。

（四）信仰是人们最高的价值信念，是人们对最高价值的追求

信仰不但表现了人们对最高价值的追求，而且还表现了人们追求真、善、美的美好愿望和对未来生活的无限憧憬。这就反映了人们既超越现实、超越自我又追求最高价值，这正是人们达到高度自觉所表现的自我意识。信仰以信念为基础，信仰本身也是一种信念，是一切信念中最重要、最根本的居于统摄、支配其他信念的最高信念。由于每个人的人生观、世界观和生活环境的不同，每一个人的信仰也并非完全相同。例如，在我国大部分人信仰马克思主义，但也有一部分人信仰宗教。不言而喻，如果一个人的信仰违背了科学，那么他的人生道路就会误入歧途。

从上面的论述可以看出，在影响价值观形成的因素中，非理性的价值认识和理性的价值认识在价值观形成中所起的作用是不同的。大致说来，非理性的价值认识能够为理性价值认识的形成发挥动力和

---

① 黄颖黔、李铁：《行为科学导论》，华南理工大学出版社 2000 年版，第 104 页。

调节的功能，在价值观形成过程中发挥意向作用；同样，理性价值认识在价值观形成过程中也发挥了重大的作为，它为价值观的形成起着价值定向的功能。因此，社会主义核心价值观教育融入大学生思想政治教育就必须重视大学生的理性价值认识和非理性的价值认识，遵循价值观形成的内在机理。

二　影响价值观形成的内在因素

影响大学生价值观形成的因素有很多，在这里主要探讨自我意识和价值目标对大学生价值观形成的影响。

（一）自我意识对大学生价值观形成的影响

大学时代是大学生身心发展的重要时期，在这个时期大学生逐步建立起新的思维视角——自我意识，人的自我意识本身又包含着丰富的内容。人类关于自身存在的自我意识，是把关于人的存在的对象意识作为意识的对象，寻求和反思这些对象意识及其所意识到的对象对人的生活和人的发展所具有的"意义"，在这种自我意识中，关于人的生活活动和人的生活世界的意识成为意识的对象，而从人的生活活动和人的生活世界中所寻求和反思到的"意义"则成为意识的内容。因此，人类关于自身存在的自我意识，就是寻求和反思"意义"的意识。换言之，在把人自身作为"对象"的"自我意识"中，人的情感、意愿、意志、目的等也自觉成为人的"意识对象"。自我意识是价值观形成的主观条件，但是大学生由于受认识、情感、意志等心理因素发展水平的制约，他们的自我意识并不十分成熟。

由于我国市场经济的实行带来了利益主体的多元化，利益主体的多元化使得大学生自我意识相对增强，普遍存在着关注个体性和自主性的现象。同时受西方消费主义文化的影响，部分大学生存在着过分追求自身利益、忽视国家利益和集体利益的倾向，从而导致了一部分大学生的享乐主义、功利主义思想的蔓延。从国家和社会的长远发展来看，要求每一位公民必须积极维护国家和集体利益，但这并不意味着对个人利益的抹杀。大学生在处理国家和集体利益与自身利益冲突时，要坚持以国家和集体利益为重，协调好与个人利益的关系，达到国家和集体利益与个人利益的优化选择。从严格意义上讲，一个成熟的价值观是成熟的自我意识的体现。人只有正确掌握了客体存在和自身的主体存在，并通过自我意识把主客体区分开来，在经过对客体的无数次评价之后，才能形成某种价值观念。在大学生这样一个具有自我意识不完全成熟，但又趋于成熟，对事物的判断带有明显的幼稚性和情感性，但又敢于进行分析和评判的特点的阶段，他们的价值观也呈现出情感性和理智性矛盾交织的特点。这一特点显示了他们的价值观形成的规律是：从非理性的价值意识向理性的价值认识不断发展。非理性的价值意识，包括欲望、兴趣、情感、意志等，它是心理活动水平的个体意识，是一种自发的、不稳定的价值取向；理性的价值认识，包括理想、信念、信仰，它是稳定的关于客体价值和主客体价值关系的观念、模式，是非理性的价值意识经过多次重复、长期积淀而形成的稳定的、有明确价值追求的观念。非理性的价值意识和理性的价值认识是形成价值观的基础。因此，大学生价值观的形成过程就是以非理性价值意识为基础，即以人们对事物的需要、兴趣、情感、意志为基础，逐步确定稳定的态度和行为，最终形成理想、信念和信仰的过程。

对大学生进行自我意识的引导，就是采取多种形式，促进大学生形成正确的自我认知、客观的自我评价，学会积极地自我提升和超越，最终达到健全的自我意识。

（二）价值目标对大学生价值观形成的影响

所谓价值目标是指人的道德意识和道德活动，必有一个最终的目的和目标，解决为什么活着和怎样活着的问题。价值目标作为一个人的总的意向或最高目的，它联系着人的一切行为和活动，贯穿于他的全部社会实践之中，体现他的理想和人生观。价值目标的选择是以他对利益的理解为前提的。正确的价值目标的选择是在社会实践中经过反复思想斗争才能实现的。在构成大学生价值观的各种要素中，价值目标属于最基本的要素。它是指大学生所追求的贯穿于自身一切活动行为中有其动因作用的最终的目的，它支配大学生去解决为什么活着以及怎样活着才更有意义等人生的根本问题。大学生价值目标内容繁多，大致说来，它具有三个特点：一是大学生的价值目标可以分为多种，既包括社会目标、道德目标，也包括职业目标等。在这些目标中，社会目标属于大学生价值目标的主体，它统摄、引领其他目标，道德目标是准绳，其他目标要受到社会目标的支配，并受道德目标的制约。二是大学生的价值目标有不同的层次性。大学生的价值目标有些属于高尚的层次，具有积极的意义，而有些价值目标处于较低的层次，具有消极的意义。从总的趋势上来说，高层次的价值目标将日益成为主导和主要的目标。三是具体价值目标与总价值目标的统一。大学生对人生追求的最终目的称为总价值目标，对人生追求的具体目标是具体的价值目标。

由此可见，大学生要树立正确的价值目标，这样才能帮助他们实现自己的人生价值和理想目标，使自己的人生过得有意义。当前，我国正在进行中国特色社会主义现代化建设，大学生也应该积极投入到这一伟大事业的建设中来，为了国家的繁荣富强和社会的更快发展而作出自己应有的贡献。

从大学生价值观形成的内部条件看，对大学生进行价值观教育应该遵循学生的生理、心理发展规律，制订相应的计划，进行有目的地施加教育影响。只有当大学生对所接受的教育获得认同时，学生接受教育的内在积极性才能被激发出来，从而自觉地进行自我思想斗争，对自身的价值取向偏差进行矫正，这样才能逐步树立正确的价值观。在对他们进行主导价值观教育时，应当不断地创新，用创新的理论和创新的实践教育他们，让他们在思想政治层面上认识主导价值观的意义和重要性。在实践上感受主导价值观对建设社会主义现代化的意义和重要性，从而自觉地树立以社会主义主导价值观为蓝本的个体价值观。

三 价值观形成的过程

价值观作为人的一种社会意识并不是先天形成的，是人们在从事一定的社会实践中逐步生成的，是个体在适应外部环境与满足自身需要不断进行思考、提炼、整合与选择的过程，价值观成为人们对一定社会生产关系和社会关系的反映，它的形成要经历一个连续的过程。

一般说来，个体价值观的形成分为四个阶段①：其一，价值观形成的潜意识模仿阶段。这个阶段是指从出生到十三四岁这一期间，在这一期间，个体思维发展水平和自我意识分化的程度还处于较低水平，个体还不能对外界事物和自身形成较为清晰的认识，因此，个体对人生和社会的理解还不成熟，所以还谈不到是什么价值观。其二，价值观的萌芽阶段。这个阶段一般是指十五六岁，在这个阶段，个体的价值观开始萌芽，个体开始意识到价值观问题，对自身的价值和生活的意义有了一些疑问和思考，但是，这时的价值观还处于朦胧状态，因此还不能说已经形成了价值观。其三，价值观的形成与发展阶段。这一阶段一般是指十七八岁，在这一阶段，随着个体所参与的社会生活范围的扩大、生活自理和独立能力的增强，个体的辩证思维能力会进一步发展，自我意识也会进一步分化，在此基础上，个体会积极主动地思考人生和社会问题，同前几个阶段相比，这一阶段的社会观念和生活态度较为稳定，因此，可以说个体逐渐形成了价值观。其四，价值观的确立与稳定阶段。这一阶段一般指个体到青年中期，在这个阶段，个体拥有了一定的社会阅历，对个人问题和社会问题有了较为深刻的认识和理解，个体的价值观逐渐确立和稳定起来。

第二节　影响大学生价值观形成的外在因素

无论是个体的还是群体的价值观都不是先天固有的，也不是人们

---

① 李忠军：《意识形态安全与大学生政治价值观研究》，东北师范大学出版社 2008 年版，第 184 页。

头脑中纯粹主观自生的。任何价值观都是人们在一定的社会环境下，通过自身的实践活动中逐步形成的，价值观的形成是主体在实践活动中社会条件和自我意识相互作用的结果。人的价值观不是与生俱来的，而是在后天的社会实践中逐步形成的，并与人生的发展历程同步变化。不同时代、不同社会，人们价值观不同，而同一时代、同一社会中人们的价值观也是不尽相同的。每一特定时代人的价值观都来自于他们所生活的社会现实和需求，是一定社会的物质生活方式、政治经济制度、观念传统文化熏陶和塑造的结果。因此，个体价值观的形成有着鲜明的社会历史性。在研究价值观时，必须紧密联系当时的社会历史条件，而不能孤立地将其视为纯粹的个人体验。这是因为价值观的形成和发展除了受到内部因素的影响，还受到多种外在条件的影响。

一　学校教育对大学生的价值观发挥重要作用

学校是培养人才的殿堂，是培养人才的最佳场所。学校教育阶段是人生中最美好的时光，学生的可塑性最强，这个阶段是学生树立正确的世界观、人生观和价值观的最佳阶段。学校教育是极其重要的，儿童从六七岁上学，直到大学或研究生毕业，有十多年的时间是在学校度过的。学校教育、学校文化、老师的人格形象等对学生有着重要的影响。大学生的思想品德、世界观、人生观和价值观等观念，是在家庭、学校、社会等多方面教育下形成的，其中学校起着重要的作用。学校教育在传授文化知识的同时，必须着手培育学生的科学精神和人文素质，加强公德心、社会责任感、职业伦理和职业精神等方面教育，帮助学生树立正确的价值观。

在一个人的成长过程中，学校阶段是价值观确立和形成的重要时期，学校教育给学生的不仅仅是知识，更是一种信念，一种做人的准则，一种支持学生足以走完人生道路的强大精神动力。许多学生进入学校之前对社会很陌生、对世界很惊奇、对人生很幼稚，是学校的教育让他们逐渐成熟，形成稳定的人生观、世界观和价值观。学生在校的大部分时间是参加各学科的学习活动，教师通过各学科的教学，将思想观点、政治准则和道德规范有效地渗透到学生的头脑之中。无论从学生生活的时间和空间，还是从德育所取得的实际效果，学校教育是个体价值观形成的主要渠道。人类从无知孩童到成为成熟独立的个体，人的社会化是在接受各种教育中进行的，家庭教育、学校教育、职业教育、社会教育等等，在各种各样的言传身教中得到知识的同时也得到了包括各种道德观念、价值观念等社会意识，这在个体价值观的形成中起了重要的作用。"社会价值观首先是在父母的思维方式、行为方式、生活方式中，在情感交流中有意无意地传递给了子女。其次，在学校教育中，从课程的设置、教学安排到具体的上课、考试、升迁，除了向学生传授各种知识、技能的同时，还是社会统治阶级有目的、有计划地灌输社会的主导价值观、价值规范的过程。"① 因此，教育是实现社会主导价值观的工具和手段，其本身是有价值取向的，这种价值取向是由社会主导价值观所决定的。任何一个社会总要通过各类教育在个体身上强化社会主导价值观，使个体形成社会所认可的价值观。

大学生是中国特色社会主义建设的栋梁，大学时期也正是他们人生观、价值观形成的关键时期，帮助他们树立正确的价值观念，对他们的成长至关重要。因此，高校作为意识形态的前沿阵地，高校思想政治理论课教师必须牢牢抓住这个主阵地，在教学环节中应把引导、帮助和教育大学生确立起包括世界观、人生观、科学观、道德观等主导价值观在内的价值观念体系作为工作的中心环节来抓，并引导学生勤奋学习，努力树立为建设新时代中国特色社会主义而奋斗的坚定信念，树立正确的人生价值观。同时，积极组织学生，开展实践型教学，带领学生走进社会，亲身感受改革开放的巨大变化，亲身体会到在中国共产党的领导下我国发展所取得的巨大成就，进一步激发学生的学习动力，志存高远、脚踏实地促使他们把自身所学与社会发展紧

---

① 郑少鹏：《基于转型期价值观转变的中国建筑创作研究》，中国建筑工业出版社2009年版，第19页。

密结合起来，自觉投身于当下中国特色社会主义建设的浪潮中，实现自身的人生价值。广大青年"要坚持学以致用，深入基层、深入群众，在改革开放和社会主义现代化建设的大熔炉中，在社会的大学校里，掌握真才实学，增益其所不能，努力成为可堪大用、能担重任的栋梁之材"①。

二 经济体制转型对大学生价值观形成的影响

目前，我国正处在从传统的计划经济体制向现代市场经济体制转变时期。伴随着社会经济体制的转型，大学生思想观念上的冲突、转变和更新都是不可避免的。因为经济体制的转型不是一般地选择发展经济的手段和方法，它涉及对传统的社会主义观念的重要变更，涉及对当代资本主义世界的重新认识，它极为深刻地牵动着大学生原来的价值观，并提出了一系列需要我们回答的问题，如：在大学生人生观、价值观领域，是否也应当通行市场经济等价交换的法则？在今天不断涌动的市场经济大潮下，是不是要抛弃那些信仰和理想，重新确定自己人生的价值目标？在金钱、物欲充斥社会各个角落的情况下，大学生该不该改一下"迂腐"的人生哲学，转换一下社会角色，变动一下衡量是非曲直的标尺？……这些价值观上的困惑、振荡和抉择，对社会进一步的变化发展又有着至关重要的作用，它关系着我国应建设什么样的市场经济，培养什么样的主体人格，树立什么样的奋斗目标，创造怎样一个世界等一系列带有根本性的问题，需要高校教育工作者认真进行研究，并给予正确的回答。诸如此类，在发展社会主义市场经济中人们遇到的亟待解决的观念上的问题还有很多。这些观念都是受一定的价值观支配的。可以说，在经济体制大转型过程中，大学生社会生活的方方面面都面临着如何适应市场经济体制，如何正确看待社会主义市场经济体制，以及在新的社会主义市场经济条件下应当树立什么样的价值观等问题。而大学生的价值观及其统率下的观念体系转变如何，又支配和影响着大学生的行

---

① 《习近平谈治国理政》，外文出版社 2014 年版，第 51 页。

为，关系着这场体制转型的方向和成败。

可见，随着经济体制改革的深入，整个社会的是非观、价值观等发生了强烈的震荡。市场经济让人们更深刻、更直接地感悟现代工业文明的文化要求，因而也从以下多方面直接促动了传统文化的深刻变化。过去，整个社会普遍存在重义轻利、重农轻商现象，商品观念和商品意识非常淡薄。如今在市场的驱动下，形成了注重利益、讲究效率和公平、竞争等价值观念。由此可见，社会的经济状况直接影响了大学生经济地位和利益分配，从而影响了大学生对于价值关系的认识和理解，影响了价值观的产生和发展。

三　社会意识形态对大学生价值观形成的影响

意识形态是一个仁者见仁、智者见智的问题。从社会政治哲学的视角看，意识形态属于思想上层建筑范畴，它是一定社会或阶级的理论体系，代表了一定社会统治阶级的思想或观点，具有一定的阶级性。正如学者朱兆中所说："意识形态就是以一定社会集团的利益和要求为出发点，以一定哲学（或者宗教）为基础，以一定价值观为核心，以一定政治目标或社会理想为标识，以一定的话语系统表达出来并通过一定的组织程序确立起来的系统的思想信念。"[①] 实践性是意识形态所具有的一大特性，这是因为，作为思想上层建筑的意识形态代表了统治阶级的思想观点，而统治阶级总是想方设法把他们的意识形态付诸实践，实现他们的既定目标，这一切都需要所有社会成员来积极广泛地参与到其中。只有这样，统治阶级才能实现其政治目标和政治理想；否则，任何远大的政治目标和崇高的政治理想都将无法实现。

可见，统治阶级要想实现其政治目标和政治理想，就要充分发挥意识形态的导向性和动员性功能来调动广大社会成员的积极性。毋庸置疑，一定社会的意识形态在一定条件下能够转变为一种强大的物质力量，这种物质力量能够激发和动员其所有社会成员为实现既定的政

---

① 朱兆中：《中国社会主义意识形态建设纵论》，上海人民出版社2003年版，第5页。

治目标和政治理想而努力奋斗、勇往直前的热情、信心和决心。对此，马克思在《〈黑格尔法哲学批判〉导言》中就曾指出："批判的武器当然不能代替武器的批判，物质力量只能用物质力量来摧毁；但是理论一经掌握群众，也会变成物质力量。理论只要说服人，就能掌握群众；而理论只要彻底，就能说服人。"① 总之，一定社会的共同价值观总是在一定社会主流意识形态的倡导和支持下，并始终与统治阶级的根本利益和意志相一致。在现实生活中，主流意识形态可以通过两种途径传达给社会成员：其一，统治阶级通过一定的法律手段、社会舆论和学校教育，进行有目的、有计划地把某种价值观灌输给成员，从而内化为社会成员的价值观；其二，统治阶级还可以通过文化传统、风俗习惯、社会心理等这些传播载体，将主导价值观在潜移默化中传递给社会成员，达到润物细无声的效果，并努力使社会成员的个人价值观与社会的主导价值观相统一。当下，需要把习近平新时代中国特色社会主义思想融入大学生思想政治教育的全过程，实现习近平新时代中国特色社会主义思想入大学生之脑、之心与之行，从而实现中国特色社会主义的办学目标。

四　文化对大学生价值观形成的影响

迄今为止，关于文化的定义多达几百种，不同的学者对文化有不同的界定。但是总的来说，"在广义上是指人类社会历史实践过程中所创造的物质和精神文明的总和；在狭义上是强调文化的精神方面，是指人类主体所创造的一切精神性成果，包括知识、信仰、艺术、道德、法律、风俗以及人类在社会里所得到一切的能力与习惯"②。本书是从狭义上定义文化，包括植根于内心深处的思维方式、价值观念、道德伦理、审美情趣、性格特征和外化的行为习惯、风尚习俗等主体形式的存在和延续。人是文化的唯一主体，同样，人也是价值观

---

① 《马克思恩格斯文集》（第 1 卷），人民出版社 2009 年版，第 11 页。
② ［英］爱德华·泰勒（Edward Bumett Taylor）：《原始文化》，连树声译，广西师范大学出版社 2005 年版，第 1 页。

的唯一主体。但是，对于人来说，价值观比一般文化是更重要、更核心的东西。所以，就其实质来看可以说价值观是文化的核心。这是因为：其一，一定的文化总是蕴涵着一定的价值观。现实社会中所存在的一些文化现象、文化产品或人们的一些文化活动，其本身总是蕴涵着或折射着一定的价值观和价值内涵，反映了一定的价值追求。其二，价值观的塑造总是以一定的文化为载体。一定社会的价值观教育，大多采用文化的方式来进行。这是因为，文化具有潜移默化的效果，对人们的价值观教育采用文化的方式虽然间接，但是能起到春风化雨、润物细无声的效果。因此，无论是家庭教育、学校教育还是社会价值规范的提出大多采取文化的表达方式来促进价值观的形成。其三，价值观的形成总是以一定的文化作为场景。"价值观的形成既是人们对生活体验和生活阅历的自发思考，也是主流社会自觉建构社会规范的过程；既是社会政治生活和经济生活在思想领域和观念领域的折射，也受到历史文化传统的熏染和影响。家庭、学校、同辈团体、社会等各个层面表达的文化生活构成了价值观形成的文化场景。"①

文化的主体形式已经在千百年来深深地融入社会的各个领域，成为一种遗传基因在不知不觉中影响着人们的思想意识和价值观。就如中国在传统主流儒家文化的影响下，传统价值观具有明显的封建礼制思想，如君权至上、家族本位、等级秩序等方面的价值取向，而近代西方因为受文艺复兴时期的文化影响，价值观上具有强烈的个体意识、人文精神、民主意识的价值取向。可见，文化对价值观形成与发展具有重要作用，文化在人类发展中不断地沉淀、融入新的因素，代代传承，形成深层的价值观念体系，可以说文化的核心在于价值观。在全球化的今天，我们不仅受到了本土传统文化的深刻影响，而且外来文化也在对本土文化的冲击中，对作为意识形态的价值观的发展产生了深刻的影响。中外文化共同构成了每一个主体存在和发展的文化氛围，对其价值观的形成和发展产生了全面而复杂的影响，人之所以

---

① 谢晓娟：《大众文化影响下的大学生价值观教育》，《教学与研究》2012 年第 1 期。

是人，就是因为人有自我意识。而自我意识的本质特征则是人对自由的无限追求，在人类文明发展的历史实践中我们可以看到，文化发展的历史水平，自由实现的层次，则是它的具有决定意义的标志。人的自由全面发展，是人的最崇高的价值追求，是文化建设的根本目的。所以，恩格斯说："文化上的每一个进步，都是迈向自由的一步。"①因此，人类社会文化的发展，实质上也就是价值观的一种历史进步。

综上所述，无论经济体制、意识形态、教育还是文化，它们对价值观的形成并不是孤立、单一地产生影响，而是相互渗透、彼此交错、共同作用，对价值观的发展形成一股合力。因此，大学生价值观的形成是在多种社会因素的共同作用下的结果。所以，将社会主义核心价值观融入大学生思想政治教育时，不仅要遵循价值观形成的内在机理，而且还要充分考虑价值观形成的外在条件，只有这样才能更好地实现社会主义核心价值观与思想政治教育的有效融合。

第三节　社会主义核心价值观融入大学生思想政治教育的原则

党的十八大结合当前的世情、国情提出了以"三个倡导"为主要内容的社会主义核心价值观。2013年年底，中共中央办公厅印发了《关于培育和践行社会主义核心价值观的意见》，明确提出要把培育和践行社会主义核心价值观融入国民教育全过程，这自然包括了融入大学生思想政治教育。2015年1月，中共中央办公厅、国务院办公厅印发《关于进一步加强和改进新形势下高校宣传思想工作的意见》，强调指出："高校作为意识形态工作前沿阵地，肩负着培育和弘扬社会主义核心价值观，为实现中华民族伟大复兴的中国梦提供人才保障和智力支持的重要任务。"可见，把社会主义核心价值观融入大学生思想政治教育成为新时代重要的时代命题。

---

① 《马克思恩格斯文集》（第9卷），人民出版社2009年版，第120页。

　　社会主义核心价值观融入大学生思想政治教育要坚持什么样的原则，从根本上制约着新时代大学生社会主义核心价值观培育的效果，如果原则不合理就很难达到预期的效果。为此，将社会主义核心价值观融入大学生思想政治教育以推进新时代大学生社会主义核心价值观培育，必须根据价值观形成的内在机理和外在机制，坚持科学的原则。只有坚持科学的原则，才既能更好地弘扬、培育和践行社会主义核心价值观，又能达到思想政治教育的目的，实现二者的良性互动。

　　2013 年 12 月，中共中央办公厅印发《关于培育和践行社会主义核心价值观的意见》，提出"四个坚持"的原则，即"坚持以人为本，尊重群众主体地位，关注人们利益诉求和价值愿望，促进人的全面发展；坚持以理想信念为核心，抓住世界观、人生观、价值观这个总开关，在全社会牢固树立中国特色社会主义共同理想，着力铸牢人们的精神支柱；坚持联系实际，区分层次和对象，加强分类指导，找准与人们思想的共鸣点、与群众利益的交汇点，做到贴近性、对象化、接地气；坚持改进创新，善于运用群众喜闻乐见的方式，搭建群众便于参与的平台，开辟群众乐于参与的渠道，积极推进理念创新、手段创新和基层工作创新，增强工作的吸引力感染力"①。2017 年 2 月，中共中央、国务院印发《关于加强和改进新形势下高校思想政治工作的意见》，指出："加强和改进高校思想政治工作的基本原则是：（1）坚持党对高校的领导。落实全面从严治党要求，把党的建设贯穿始终，着力解决突出问题，维护党中央权威、保证党的团结统一，牢牢掌握党对高校的领导权。（2）坚持社会主义办学方向。坚持马克思主义指导地位，坚持以人民为中心的发展思想，更好为改革开放和社会主义现代化建设服务、为人民服务。（3）坚持全员全过程全方位育人。把思想价值引领贯穿教育教学全过程和各环节，形成教书育人、科研育人、实践育人、管理育人、服务育人、文化育人、组织

────────

　　① 中共中央办公厅：《关于培育和践行社会主义核心价值观的意见》，《人民日报》2013 年 12 月 24 日。

育人长效机制。（4）坚持遵循教育规律、思想政治工作规律、学生成长规律。把握师生思想特点和发展需求，注重理论教育和实践活动相结合、普遍要求和分类指导相结合，提高工作科学化精细化水平。（5）坚持改革创新。推进理念思路、内容形式、方法手段创新，增强工作时代感和实效性。"[1]

在以上原则的指导下，结合大学生思想政治教育的实际和社会主义核心价值观的特点，笔者认为，社会主义核心价值观融入大学生思想政治教育要坚持以人为本原则、理论灌输和实践体验原则、显性教育和隐性教育相结合原则、解决思想问题与解决实际问题相结合的原则。

一 以人为本原则

大学生价值观教育作为高校思想政治教育的重要内容，肩负着培养大学生思想素质和提高大学生修养的重大任务，一直以来都受到党中央和政府的高度关注。大学生作为社会主义核心价值观教育的对象，教育的出发点和落脚点都应是新时代大学生，这既是对教育对象的尊重，也是发挥其主观能动性的前提与基础。因而要保证价值观教育的时效性，就必须确保大学生对教育的认同和接受，如果价值观教育没有注意到教育者和受教育者之间交流沟通的重要性，势必将引起受教育者的逆反心理。对此，2013 年 12 月中共中央办公厅印发《关于培育和践行社会主义核心价值观的意见》中就指出培育和践行社会主义核心价值观要坚持"以人为本，尊重群众主体地位，关注人们利益诉求和价值愿望，促进人的全面发展"[2]。

以往的价值观教育往往缺少平等交流和尊重人、理解人、关心人的氛围。这样的价值观教育大多采取独白的方式，来力图强制、控制

---

① 中共中央、国务院：《关于加强和改进新形势下高校思想政治工作的意见》，《人民日报》2017 年 2 月 28 日。

② 中共中央办公厅：《关于培育和践行社会主义核心价值观的意见》，《人民日报》2013 年 12 月 24 日。

教育对象价值观念的形成。教育者作为社会主流价值观的代表，实施价值观教育的主要方式就是灌输，这样很容易压抑教育对象的主体性、消磨教育对象的独立人格，长此以往，会造成人精神上的麻木、态度上的冷漠，变得消沉，没有活力，以致使教育对象形成一种惰性心理、一种依赖式的思维习惯，盲从权威、懒于思考、缺少质疑和批判精神，无益于价值观念的评判与分析。这种价值观教育培养出的只能是精神匮乏、毫无个性和创新性的单面人。"在这种培养模式下，看不到学生思考问题的能力、独立的愿望和思想的自由，看不到学生个体潜在的智慧和求善的意向。这种试图通过强制、规定教育对象的价值观形成、发展的方式，不但损坏了个体价值观发展的其他可能性，也使价值观教育失去了可能性的发展空间，其后果就是导致价值观教育目标不能得到实现。"①

高校是社会的有机组成部分，其思想政治教育的根本任务就是启发学生的自觉性，调动学生的积极性，激发学生的创造性，这就要求大学生思想政治教育要以学生为本，一切为了学生，为了一切学生，为了学生的一切，弘扬学生的主体性和价值性，把学生的健康人格、自由、平等、幸福和全面发展作为教育的终极关怀，培养学生公平、宽容、诚信、自主、自强、自律的自我意识和观念。因而大学生社会主义核心价值观教育作为教育的核心组成部分，应将科学教育理念的树立作为第一要务即"以人为本原则"。

以人为本，是科学发展观的核心，是一切思想政治工作的根本宗旨，更是大学生社会主义核心价值观融入思想政治教育的基本原则。"以人为本"在整个大学生社会主义核心价值观教育中体现为"以生为本"，即坚持以学生为本，学校一切教育教学工作的展开都要站在学生的立场上，切实保障学生在教育活动中的主体地位，充分调动学生的积极性，最大限度地激发学生的创造力，促进学生的全面发展。习近平总书记在 2016 年 12 月召开的全国高校思想政治工作会议上就

---

① 李文信：《大学生核心价值观教育创新论》，阳光出版社 2011 年版，第 186—187 页。

指出:"思想政治工作从根本上说就是做人的工作,必须围绕学生、关照学生、服务学生,不断提高学生思想水平、政治觉悟、道德品质、文化素养,让学生成为德才兼备、全面发展的人才。"① 在马克思看来,未来社会是以人为本、实现人的全面发展的社会,"在那里,每个人的自由发展是一切人的自由发展的条件。"② 学生是现实的、集体的和完整的人,而不是简单的、抽象的、机械的教育对象,整个教育活动都应以大学生的切实利益作为基本的出发点和归宿,创造一切可能的条件让大学生的物质需要和精神文化需求得到相应的满足。不言而喻,物质需求的满足是大学生发展的必要前提,而精神、文化需求则是大学生在大学阶段所获得的精神财富,两者对于学生的成长与发展都缺一不可。因而在社会主义核心价值观教育的过程中,应当重视引导启发其内在的教育需要,通过激发学生主动学习和发展的积极性,自觉形成科学的价值观,从而促进学生的全面发展。

社会主义核心价值观教育是人的灵魂塑造工程,必须坚持以人为本,着眼于人的全面发展。社会主义核心价值观融入大学生思想政治教育要坚持以人为本就是在价值观教育中关注大学生的感受和多方面的需要,从学生的实际需要出发创造条件去满足大学生多方面的合理需求,帮助他们去解决问题,利用社会主义价值观进行正确的引导,引导大学生在社会价值和个人价值统一实现的过程中去获得幸福的感受,从而达到价值观既定教育目标的实现。因此,社会主义核心价值观融入大学生思想政治教育必须把学生的主体地位放在首位,围绕学生这一主题来开展。

社会主义核心价值观的教育,实质上也是大学生的一种接受活动。"接受机制中接受主体的态度和选择显得非常重要,坚持以人为本,就是要关注大学生的主体需要,调动大学生在价值观教育中的主

① 中共中央、国务院:《关于加强和改进新形势下高校思想政治工作的意见》,《人民日报》2017年2月28日。
② 《马克思恩格斯文集》(第2卷),人民出版社2009年版,第53页。

动性，积极参与到价值观教育的良性循环中。"① 价值观教育以学生为本，就是要从学生的实际需要出发，帮助他们去解决问题，同时利用社会主义价值观进行正确的引导。只有这样，才能引起学生对价值观教育的共鸣，学生才会认同、内化社会主义核心价值观教育的内容，才能真正将社会主义核心价值观"内化于心、外化于行"，切实提高价值观教育的成效。

二 理论灌输与实践体验原则

社会主义核心价值观理论灌输原则是马克思主义思想政治教育的基本原则。所谓理论灌输法主要是通过知识传授、逻辑推理、道理论述，有计划、有目的地向受教育者传授科学价值观念。理论灌输法的根本依据是马克思主义的灌输理论，这是大学生核心价值观教育的最直接、最基本的方法。关于灌输理论，列宁对此作过系统地阐释，他认为："工人本来也不可能有社会民主主义的意识，这种意识只能从外面灌输进去。"②

人类社会发展的历史表明，迄今为止，人类进行系统的知识和理论教育主要的和最有效的方法仍然是灌输方法。实践证明，理论灌输要想取得理想效果，必须改变以往那种"填鸭式"的灌输方式，要坚持以人为本，循循善诱，因势利导，疏通开导，启发诱导。

社会主义核心价值观融入大学生思想政治教育，就是要通过灌输的方法把社会主义核心价值观灌输给学生，用社会主义核心价值观的科学理论来掌握大学生、武装大学生，从而外化为大学生自觉的行为。因为理论要掌握大学生，不可避免地要实行理论灌输。从理论灌输角度讲，也可以说是采取强制认同的做法，即指通过灌输、说教或伦理制度化等方式形成大学生的道德认知和道德习惯。关于教育灌输的看法，有学者认为："我不再坚持用否定的态度看待灌输性质的道

---

① 陈芝海：《大学生社会主义核心价值观教育研究》，光明日报出版社2012年版，第112—113页。
② 《列宁选集》（第1卷），人民出版社1995年版，第317页。

德教育，现在我了解到，道德教育必然在一定程度上带有灌输的性质。"应该说，这里所说的灌输，是科学社会主义层面的意义与教育学层面的方法的特殊结合，是为了给大学生提供一种合适的理论环境，为了让社会主义核心价值观真正入脑入心，内化为人们的政治素养和道德品质。值得注意的是，这里所说的灌输绝不是把教育对象置于完全被动的地位、居高临下地进行强硬灌输的做法，而是充分尊重教育对象的自主意识、平等观念和民主权利，是理论灌输和思想疏导的有机结合。但是我们应该认识到，教育的过程并不是纯理论的活动，教育既要强调向被教育者传授抽象的理论，更要注重教育对象在实践中体验、阐明和发挥所学的理论知识，即通过外化实践达到对理论认识的信服和掌握。因此，把社会主义核心价值观融入大学生思想政治教育，一方面要通过理论灌输的手段，另一方面还要通过学生的实践体验来强化教育效果，这是把社会主义核心价值观融入大学生思想政治教育缺一不可、不可分割的两个环节。内化认同是外化实践的前提，外化实践是内化认同的目的。内化认同要通过理论灌输来实现，外化实践就是通过实践体验巩固强化所接受的思想价值观念。

把社会主义核心价值观融入大学生思想政治教育，要坚持理论灌输与实践认同的原则，二者是彼此联系、缺一不可的。因此，用马克思主义理论灌输法将社会主义核心价值观灌输给大学生后，还必须通过大学生的实践认同才能达到预期目标。马克思主义理论的内在要求就是实践，事实上，理论与实践是彼此联系、不可分割的。思想政治教育的本质特征就是教育与人类社会实践的一致性。早在20世纪60年代，新道德教育流派就强调认知和实践活动的重要性，认为："品德教育无论发生在何处，都必须给青年人提供各种不同的机会去行动，实践他们正在形成的价值观和思想，根据他们的道德经验去思考他们认为有价值的东西。"①

---

① Ryan, Kevin, and Mclenans, G. F., *Character Development in School and Beyond*, Praeger Praeger, 1987, p. 26.

不言而喻，人们的价值观不会在头脑中自发形成，它是人们在实践中不断选择的结果。社会主义核心价值观融入大学生思想政治教育的过程实际就是一个不断参与和体验的过程，是获得一种精神、一种立场的不懈追求的实践过程。

大学生社会实践活动是高校课堂教学的延伸和补充，是加强大学生思想政治教育、培养锻炼综合能力，全面提高素质的必要途径。同时，大学生社会实践活动也是加强学校与社会联系、促进二者共同发展的桥梁和纽带。在校大学生，绝大多数是从中学直接进入大学的，他们缺乏对社会的深入了解，没有实践经验，缺乏劳动锻炼，存在高分低能等问题。针对这些情况，党中央一再强调要加强高等学校的思想政治工作，要全面贯彻党的教育方针，加强社会实践。2015 年《中共中央关于改进和加强高等学校思想政治工作的决定》中也指出："青年学生只有在学习科学文化的同时，积极参加社会实践，更多地了解国情，了解社会主义建设和改革的实际，更多地了解人民群众的思想情况，才能树立起为建设社会主义祖国而献身的信心，逐步锻炼成为有用人才。"江泽民也给青年大学生明确提出"四个统一"的要求："坚持学习科学文化与加强思想修养的统一；坚持学习书本知识与投身社会实践的统一；坚持实现自身价值与服务祖国人民的统一；坚持树立远大理想与进行艰苦奋斗的统一。"① 这进一步明确了高校培养建设社会主义现代化的合格人才，必须加强以社会实践为重要渠道和环节的素质教育。同时，大学生社会实践是大学生了解社会、服务社会、造福社会的重要途径，更是转化知识、检验理论的最佳平台。因此，在进行社会主义核心价值观理论教育后，应该积极组织引导大学生走向社会，通过丰富多样的实践活动，了解社会对自身的需求，感悟坚持社会主义核心价值观所获得的尊严和成就，促使他们更加心甘情愿地按照社会主义核心价值观的要求进行自觉行动。

---

① 转引自管向群《"三个代表"重要思想关于大学生思想政治教育创新理论述要》，《江苏广播电视大学学报》2005 年第 12 期。

值得注意的是，把社会主义核心价值观融入大学生思想政治教育，必须结合现实、面向现实，以社会的实践为出发点，坚持"三贴近"原则，努力在社会主义核心价值观教育的针对性、时效性、吸引力、感染力上下功夫，这是社会主义核心价值观融入大学生思想政治教育实践性原则的根本所在。同时，马克思主义的实践原则告诉我们，大学生价值观的最终生成源于实践，也只有在实践中才能将社会主义核心价值观得到验证和内化。

三　显性教育与隐性教育相结合的原则

在思想政治教育活动中，隐性教育与显性教育是两种既相互联系又有区别的教育方法。"所谓显性思想政治教育，是指思想政治教育组织者充分利用各种公开手段、公共场所，有领导、有组织、有系统的思想政治教育方法。教育者、教育内容、教育目标和教育对象都是'暴露'的，教育形式是正面的、直接的。"① 与显性教育相比，隐性教育是一种无讲台教育，讲究以情动人、以情感人、以情育人，让受教育者感觉不到在接受教育者的"灌输"，从而在一种无意识的状态下，受到环境的感染、活动的熏陶。在隐性教育中，教育者、教育内容、教育对象都是不直接显露的，这种教育常采用"渗透"的形式，让教育者在不知不觉、潜移默化中受到教育。在隐性思想政治教育过程中，教育者通常利用隐蔽的方式巧妙地使教育对象掌握和理解抽象的思想政治教育概念，达到应有的思想政治理论水平，进而内化为自己的内心观念，并自觉指导自己的言行。

可见，显性教育和隐性教育各具特点，多元文化背景下，把社会主义核心价值观融入思想政治教育要在坚持显性教育的同时，通过隐性教育来弥补显性教育的不足和缺陷，实现两者的有机结合，为此可以从以下几方面着手：

---

① 刘金如：《思想政治教育实效性研究》，团结出版社2007年版，第223—224页。

（一）把社会主义核心价值观融入校园文化建设

校园文化是大学生思想政治教育的重要载体，它能很好地将显性思想政治教育与隐性思想政治教育结合起来，使思想政治教育取得良好的效果。校园文化是以学校内的价值观念为核心，并由承载这一价值体系的活动形式和物质形态表现出来的一种精神氛围，包括物质文化、制度文化以及精神文化。其中物质文化主要包括学校内的各种建筑、教学设施、实验器具等；制度文化主要指学校的校规、校训等；精神文化主要指教师的奉献精神、探索精神和学生的钻研精神、创新精神等。社会主义核心价值观融入大学生思想政治教育，实现显性思想政治教育与隐性思想政治教育相结合，就要把社会主义核心价值观融入校园文化建设。

1. 开展以社会主义核心价值观为主题的文化艺术活动

在高校校园中，经常进行升旗仪式活动能激励大学生爱国、敬业的热情；组织各种类型的学术活动能唤起大学生自由、民主的激情；组织各种类型的比赛能筑起大学生平等、公平的底线；组织各种纪念日活动、参观博物馆、瞻仰伟人故居等能塑造大学生诚信、友善的品格；观看反映国家繁荣发展的影片能使大学生感受到国家的富强、和谐。大学生通过参加这些文化艺术活动，能够认同社会主义核心价值观并逐渐形成自身的价值取向和价值目标，从而增强识别假恶丑的能力，进而自觉投入到新时代中国特色社会主义建设的伟大实践中。

2. 形成以社会主义核心价值观为引领的精神文化环境

在高校将社会主义核心价值观融入大学生思想政治教育要从抓教风做起，以教风带学风，学风促校风，帮助广大师生树立以社会主义核心价值观为核心内容，以文明、和谐、民主为主要目标的校园文化精神，继而形成平等、诚信、友善的人际关系环境和自由、公正、法治的集体舆论环境以及爱国、敬业的人生奋斗目标。所以，优化校园文化环境，营造一种有利于社会主义核心价值观形成的环境氛围，形成以社会主义核心价值观为引领的精神文化环境，进行无形教育，无疑是社会主义核心价值观融入大学生思想政治教育的有效途径。

（二）以社会实践活动为载体将社会主义核心价值观内化为大学生自觉的行为活动

社会实践是马克思主义的一个重要观点，社会主义核心价值观融入大学生思想政治教育也应该以社会实践为载体，将社会主义核心价值观外化为大学生自觉的行为活动。人的社会实践活动具有自觉能动性，在此过程中，人们渗透并消化自己已有的社会关系的要求和规范，不仅认识对象世界，同时也发展和改造自身。以社会实践活动为载体将社会主义核心价值观外化为大学生自觉的行为活动，要求通过开展各种社会实践活动，将社会主义核心价值观的内容寓于活动之中，通过大学生的自我参与和实践来认知、领悟、评价社会主义核心价值观，达到自我选择、自主教育的目的。由于社会主义市场经济的实行，利益主体的多元化、利益需求的多样性不断增强，使得学校、社会与学生的利益需求也发生了不同变化。因此，在校大学生要积极参与各种社会实践活动，例如参与青年志愿者服务活动或组织大学生下乡实习，开展一帮一、手牵手扶贫活动。通过这些活动，让他们从中接受教育和锻炼，从而加深对社会主义核心价值观的认识，进而自觉外化为自身的行为活动。

四　解决思想问题与解决实际问题相结合原则

马克思主义认为，社会存在决定社会意识，有什么样的社会存在就会有什么样的社会意识与之相对应。同样，大学生的思想状况也是来源于客观实际，受客观条件的制约。因此，社会主义核心价值观融入大学生思想政治教育也不能脱离大学生的实际，解决思想问题必须同解决实际问题结合起来。

经过了中学教育的大学生往往还没有形成自己的世界观、人生观和价值观，他们对社会以及自己的人生认识还不成熟，其思想和心理很不稳定，容易受到外部环境和个人实际问题的影响。因此，思想政治教育要取得好的效果，就必须了解大学生生活和学习中存在的实际问题。思想政治教育工作者只有深入大学生，及时把握大学生生活和学习中的实际问题，进而把握其思想脉搏及各种思想热点问题，在认真分析的基础上，找出问题的症结所在，并及时采取有效措施，说明情况，化解矛盾，理顺情绪，有的放矢地进行思想政治教育，才能保证思想政治工作的顺利进行。例如，当大学生面临物质匮乏、学习压力大等实际问题时，学校有关人员或教师对其具有什么样的态度，能不能解决他们的实际问题，将直接影响社会主义核心价值观教育的效果。如果学校有关人员或教师能够急学生之所急，想学生之所想，伸出援助之手给予他们足够的经济补助和学习指导，解决他们的实际困难，真正让学生感受到学校所给予他们的关爱，这样，就会在情感和思想上增进大学生对国家、社会的认同，提高社会主义核心价值观教育的效果，进而促使他们发奋学习、贡献社会、报效国家。再如，当学生面对就业压力大、择业困难时，如果学校能结合我国社会发展的实际引导学生对其正确认识，从而打消学生的顾虑，进而使学生认识到要想在竞争日益激烈的社会中有自己的一席之地，就要不断完善自己，成为一个对社会、对国家有用的人才，这在一定程度上就是在践行社会主义核心价值观。

同时，对大学生进行社会主义核心价值观教育要想取得更好的效果，就要求教育的方式和内容也应当密切联系学生的实际情况，满足他们的实际需求。所以，要以学生普遍关心的热点、难点问题为切入点，切实解决大学生思想上、学习上和生活中的实际问题，努力满足大学生正当合理的要求。只有把提高大学生的思想认识与解决具体实际问题结合起来，寓理于事，于情于理，才能从理论和实践的统一上赢得学生的支持和信任，从而增强思想政治教育的说服力和感染力。只有充分了解学生的实际状况和思想现状，知道他们在关注什么，需要什么，积极捕捉他们对于社会主义核心价值观教育的心理接受点，社会主义核心价值观教育才具有感染力与说服力。在对大学生进行社会主义核心价值观教育时，既要向大学生阐述社会主义核心价值观的科学内涵、理论渊源与重要性等内容，从理论的高度帮助大学生理解社会主义核心价值观的深刻内涵。同时，又要注重大学生社会主义核心价值观教育的实践性。马克思曾说，不是意识决定生活，而是生活决定意识，"应当在鲜活的生活实践中还原社会主义核心价值观教育的生命色彩，让生活实践赋予大学生真切、生动的精神体验，升华对社会主义核心价值观的理解和认识"①。因此，要把开展大学生社会主义核心价值观教育与解决大学生生活中的现实问题结合起来，从而增强大学生对社会主义核心价值观的认同感。

目前，大学生所面临的实际问题主要有就业问题、经济问题，因此有效解决学生所面临的这些实际问题，要需要做好以下工作。

（一）搭建就业平台，拓宽就业渠道，加强就业指导

大部分高校都设有就业指导中心，并且能够很好地履行他们的职责，发挥他们的职能，在学生就业指导方面发挥了很大的作用。不言而喻，大学生的就业指导工作做得好，能够在一定程度上引导他们树立正确的择业观、人生观、价值观和事业观，从而培养起他们的社会责任感和奉献精神，进而把个人的发展同国家、社会的需要紧密结合起来，自觉投身于新时代中国特色社会主义建设中来。

（二）完善助学机制，扩大资助范围，加大资助力度

大部分高校对经济困难的学生都给予了一定的经济援助，帮助学生解决了学习上、生活上的困难，解除了他们学习中的后顾之忧，使他们顺利完成了学业。据调查统计，凡得到学校资助的学生，大多数在校学习比较努力，毕业工作后有感恩社会、回报社会的思想意识。但目前存在的问题是，有些学校的助学机制有待进一步完善，存在资助对象不切合实际、资助范围窄、资助力度不够等问题，这些问题要引起学校有关部门的重视。因此，学校要进一步完善助学机制，扩大资助范围，加大资助力度，尽量让经济困难的学生都能得到更多的资助，让他们在思想上认同、在行动上践行社会主义核心价值观。

---

① 阚和庆：《大学生社会主义核心价值观教育的有效路径》，《思想政治工作研究》2011 年第 3 期。

第五章　社会主义核心价值观融入大学生思想政治教育的实践路径

　　社会主义核心价值观融入大学生思想政治教育要取得很好的成效，除了要从理论上坚持科学的原则外，还要在实践层面采取切实可行的路径。只有采取切实可行的实践路径，才能使社会主义核心价值观融入大学生思想政治教育达到预期的效果。对此，中共中央办公厅印发《关于培育和践行社会主义核心价值观的意见》中就明确提出："坚持育人为本、德育为先，围绕立德树人的根本任务，把社会主义核心价值观纳入国民教育总体规划，贯穿于基础教育、高等教育、职业技术教育、成人教育各领域，落实到教育教学和管理服务各环节，覆盖到所有学校和受教育者，形成课堂教学、社会实践、校园文化多位一体的育人平台，不断完善中华优秀传统文化教育，形成爱学习、爱劳动、爱祖国活动的有效形式和长效机制，努力培养德智体美全面发展的社会主义建设者和接班人。"① 教育部相关文件指出："整体推进教材、教师、教学、评价、学科、保障等方面综合改革创新，发掘各学科思想政治教育资源，不断提高课堂开展社会主义核心价值观教育的实效性。结合马克思主义理论研究和建设工程实施，丰富社会主义核心价值观教育的内容。促进社会主义核心价值观融入专业课程教

---

　　① 中共中央办公厅：《关于培育和践行社会主义核心价值观的意见》，《人民日报》2013 年 12 月 24 日。

学，打造由思想政治理论课、专业课程、社会实践、网络教学等构成的教育教学体系。"① "长期以来，遵义医学院坚持'弘扬长征精神、加强传统教育、丰富校园文化、注重社会实践、培养高素质应用型人才'的办学特色，整合内外资源，拓展教育载体，创新教育模式，形成了弘扬长征精神'十个一'工程等思想政治教育品牌。先后建成了独具文化特色的校史馆、生命科学馆、钟楼文化桥、长征文化雕塑、诺贝尔文化柱、学校先贤雕像、医学生誓词系列雕塑、文化走廊，形成了具有遵医特色的人文氛围，构建了'全员育人、全方位育人、全过程育人'的长效机制。"② 因此，根据大学生思想政治状况和大学生社会主义核心价值观教育的现状，积极探索与之相适应的实践路径和形式，创新大学生社会主义核心价值观教育方式和方法，对弘扬、培育和践行社会主义核心价值观具有重大的意义。为此，本章主要从四个方面探讨社会主义核心价值观融入大学生思想政治教育所应采取的实践路径。

第一节　以社会主义核心价值观为主旨加强 高校思想政治理论课课堂建设

2017年2月，中共中央、国务院印发《关于加强和改进新形势下高校思想政治工作的意见》，明确指出："要进一步办好高校思想政治理论课，充分发挥思想政治理论课的主渠道作用，深入实施高校思想政治理论课建设体系创新计划，完善教材体系，提高教师素质，创新教学方法，增强教学的吸引力、说服力、感染力。"③ 在高校，思想政治理论课作为大学生思想政治教育的主渠道、主阵地，对大学

---

① 中共教育部党组共青团中央：《关于在各级各类学校推动培育和践行社会主义核心价值观长效机制建设的意见》，教育部门户网站，2014年10月17日。
② 何志旭：《传承红色基因　强化立德树人》，《贵州日报》2018年11月27日。
③ 中共中央、国务院：《关于加强和改进新形势下高校思想政治工作的意见》，《人民日报》2017年2月28日。

生的健康成长发挥着重要的作用。同时，在大学生的社会主义核心价值观教育中思想政治理论课更是发挥着巨大的作用。因此，加强大学生的社会主义核心价值观教育，当务之急是就针对当前思想政治理论课在社会主义核心价值观教育中存在的问题以及外部环境对思想政治理论课带来的冲击，采取切实可行的实践路径，以社会主义核心价值观为主旨推进高校思想政治理论课课堂建设，这样才能确保社会主义核心价值观入大学生之脑、内化于大学生之心。

一　思想政治理论课在社会主义核心价值观教育中的重要作用

在高校，思想政治理论课与其他专业课不同。作为专业课，其目的主要是向学生传授科学知识，而思想政治理论课不仅要传授给学生知识，更重要的是让学生掌握正确的世界观和方法论，帮助学生树立起正确的世界观、人生观和价值观，理性地分析问题、解决问题。在竞争日益激烈的当今社会，由于就业的压力、工作的压力等原因，使得相当一部分大学生为了给以后的就业增加砝码和保障，用更多的时间和精力学习专业课程和专业技能，而对思想政治理论课不感兴趣，从而忽视了思想政治理论课对人的发展的重要作用。这种现象的存在，对大学生社会主义核心价值观教育带来了一定的消极影响。

思想政治理论课作为社会主义核心价值观教育的主渠道和主阵地，对整个价值观教育起着至关重要的作用。在高校思想政治理论课中加强社会主义核心价值观教育，能够帮助大学生树立正确的世界观、人生观和价值观，从而尽快地实现价值观认同、最大限度地达成思想共识，进而增强社会主义意识形态的吸引力和凝聚力，更好地以实际行动弘扬、培育和践行社会主义核心价值观。

一个人价值观的形成与确立往往要经历一个过程。同样，大学生对社会主义核心价值观的认同也需要一个过程，一般要经历认知—认同—内化这样一个过程。实践证明，思想政治理论课是实现这一过程的最好载体和渠道。思想政治理论课程是宣传、解读社会主义核心价值观的最佳途径，是国家在高校大学生中宣传先进思想、传播主流声音的喉舌，在推进社会主义核心价值观进课堂、进头脑过程中发挥巨大的作用。通过课堂渠道这一载体，教师与学生进行面对面的深入剖析、并从理论与实践层面进行详细的阐述，从而使社会主义核心价值观被大学生充分理解、接受并转化为价值认同，才能充分地发挥社会主义核心价值观对于大学生的引领功能，最大限度地发挥社会主义核心价值观对大学生的凝聚力和感召力。

当然，实现价值观认同，仅仅有统一的宣讲内容，通过"填鸭式"的教育方式，是远远不够的。这就需要高校教师特别是思想政治理论课教师不断创新教育模式，转变教学方式特别是要摒除教师单向灌输知识的教学方式，摒除以考试分数作为唯一标准的评判机制，摒除过于呆板的教育教学制度，在坚持理论联系实际、因材施教和启发式原则的基础上，努力改进教学方法，让大学生潜移默化地增强对社会主义核心价值观的认同感，从而达到内化于心，外化于行。高校对大学生进行社会主义核心价值观教育，其关键就是要通过思想政治理论课，让学生理解社会主义核心价值观的三个层面价值追求的内在逻辑性，使学生感受到社会主义核心价值观的深刻内涵和时代价值，激发他们的爱国情怀和责任担当。

大学生的思想政治教育必须通过一定的相互联系的课程体系对大学生进行系统教育。目前，新的思想政治理论课程体系包含五个基本层次，即《马克思主义基本原理概论》《毛泽东思想和中国特色社会主义理论体系概论》《中国近现代史纲要》《思想道德修养与法律基础》和《形势与政策》五门课程。通过这五个层次的课程教育，可以使学生逐渐地培育、弘扬和践行社会主义核心价值观。例如，开设《思想道德修养与法律基础》课程，通过对大学生进行思想道德与法治教育，可以培养大学生高尚的道德情怀，浓厚的理论涵养和较强的法治思维课程，增强大学生的社会主义法治观念，提高社会主义道德觉悟，从而不断提高自身的思想道德素养和法律素养，这样可以很好地弘扬、培育和践行社会主义核心价值观在公民层面的价值规范；开设《中国近现代史纲要》课程，可以更有效地培养大学生的爱国主义情怀，激发大学生的爱国热情，增强大学生的民族自豪感和凝聚力与向心力；开设《马克思主义基本原理概论》课程，可以使大学生掌握马克思主义的基本立场、基本观点和基本方法，并引导大学生运用马克思主义的立场、观点和方法来分析思想问题、社会问题和发展中的问题；开设《毛泽东思想和中国特色社会主义理论体系概论》课程，可以帮助大学生在重大政治问题上明辨是非，从而坚定在党的领导下走中国特色社会主义道路的理想信念；开设《形势与政策》课程，以国际国内的新变化和广大师生关注的难点、热点问题为专题的内容依据，进行马克思主义的原则立场与方法教育，以"读懂中国，了解世界"为宗旨，引领学生学会运用马克思主义的立场、观点和方法去分析与研判国内外形势，把握时代脉搏，树立正确的形势观与政策观，勇做担当民族复兴大任的时代新人。这样，才能不断提高大学生坚持党的路线、方针和政策的自觉性，紧紧将他们团结在党中央的周围，积极投身于新时代中国特色社会主义建设的伟大实践中，为中国梦的实现作出应有的贡献。因此，要充分发挥好思想政治理论课的教育作用，以社会主义核心价值观为价值导向，引导大学生准确把握社会主义核心价值观的科学含义，最大限度地增强他们的认同感，做到内化于心，外化于行。

现阶段，我国仍处于社会主义初级阶段，属于发展中的社会主义国家，我们的中心任务是实现国家层面的价值目标，建设富强、民主、文明、和谐的社会主义现代化国家。大学生作为国家建设的栋梁之材，只有树立了正确的价值观，立足现实，从社会需要出发，积极投身于新时代中国特色社会主义建设的伟大实践中，为实现中华民族伟大复兴的中国梦作出应有的贡献，这样才能实现人生价值。如果私心太重，"一切向钱看"，不肯为他人、为集体多做一点事，甚至不惜损害他人和社会利益以满足自己的私欲，就会成为国家和人民的罪人，更谈不上实现人生的价值。

作为高校教师，特别是思想政治理论课教师，关键是要合理引导大学生提升自己的精神境界，对社会问题和国家前途命运具有更加深刻的理解能力和批判眼光。同时，帮助大学生了解社会、增长才干、增强社会责任感，使大学生在感受祖国日新月异的变化中坚定信心，坚定建设中国特色社会主义的共同理想。

　　总之，思想政治理论课是大学生思想政治教育的主要渠道，而社会主义核心价值观作为思想政治教育的核心，要使社会主义核心价值观融入大学生思想政治教育取得更大的成效，就必须高度重视思想政治理论课这个主渠道，切实加强思想政治课课堂建设，充分发挥主渠道作用，努力探索社会主义核心价值观教育的有效途径，不断增强大学生对社会主义核心价值观的认同感，进而自觉地将社会主义核心价值观融入学习、生活之中，真正达到内化于心、外化于行。

二　外部环境对大学生思想和高校思想政治理论课教学带来的冲击

　　当前，我国的信息化、工业化、城市化、国际化和市场化程度不断加深，计划经济向市场经济转轨以及传统社会向现代社会转型的速度不断加快。这个"五化两转"的进程对人们的思想和行为带来极大冲击，其带来的多元化价值观引发了人们传统思想观念的转变，大学生在思维方式、生活方式、交往方式、价值取向等方面也都深受其影响，出现了许多新情况、新问题，也给高校思想政治理论课教育教学增加了难度。

（一）全球化带来的冲击

　　我们要清醒地认识到，全球化既促进了思想文化领域的空前活跃，也必然会带来一些精神垃圾，资本主义的腐朽思想、道德观念、社会生活方式以及各种丑恶现象乘虚而入，同我们历史上残留的封建剥削阶级的腐朽思想文化相结合，使我国政治、经济、社会生活中的拜金主义、享乐主义、极端个人主义滋长蔓延，各种消极腐败现象沉渣泛起，严重冲击着社会主义道德准则和行为规范，败坏了党风、民风和社风，侵蚀着部分干部、群众特别是青少年的心灵。同时我们应当清醒看到，由于经济全球化实际上主要由西方发达资本主义国家引导和推动，发达国家与发展中国家不仅存在着不平等的经济关系，而且存在着不平等的政治关系。在全球化过程中，西方敌对势力通过各种渠道和各种手段，用西方资本主义民主、自由、个人主义的政治观、道德观、价值观、人生观对我国进行政治、思想、文化渗透，企图实现其"和平演变"的战略图谋。

不言而喻，国家经济的迅猛发展，全球化进程的不断加快，给我国政治、文化和意识形态领域都带来广泛而深刻的影响，这种影响在教育领域显得尤其明显。各种文化的碰撞与融合日益频繁，西方意识形态渗透也变得更加直接，大学生接受世界各种思想文化影响的途径更广，速度更加快捷，这些对高校思想政治理论课教学产生了重大影响。各种非马克思主义，甚至反马克思主义的思潮通过互联网渗透进来，很容易给大学生造成思想混乱，价值扭曲。

面对外来文化尤其是现代西方资产阶级文化的挑战，高校思想政治理论课教学如果不能采取各种能够引起学生共鸣、带来心灵触动、吸引学生兴趣的方式引领学生，就很难战胜各种负面思想的冲击，就不可能占领大学生思想主阵地。因此，高校要以马克思主义理论为指导，加强理论前沿探索，注重应用理论建设，让思想政治理论课容易学、能应用、有价值，能够抵御和对抗消极、颓废、错误甚至反动的思想和信息对大学生的侵蚀和影响，进而促进大学生健康成长。这就给大学生思想政治教育工作提出了更迫切的要求，为此，就需要做好以下几方面的工作。

第一，正确估计思想文化领域开放的形势。由于全球化引起的各种西方文化思潮的涌入和对我国精神文明建设的负面影响，这是不可避免的，但也并不可怕。毕竟消极因素与对外开放加速发展的积极成果相比要小得多，因此，在长期坚持经济上对外开放方针的同时，"对外文化交流也要长期发展"，不能因噎废食。对于当前大学生思想所表现出来的负面因素，要积极引导，合理疏通，采取有理有据的方式进行说服以正面教育为主，让大学生真正认清社会现实。

第二，在对外思想文化交流过程中，必须保持清醒的头脑。对外开放后一度出现的西方文化思潮泛滥的状况决不能掉以轻心，要从关系党和国家命运前途的高度认识思想政治战线斗争的复杂性、艰巨性与长期性。坚决抵制大学生思想政治领域中的资产阶级自由化思潮中的精神污染，杜绝危害国家和人民利益的腐朽思想在大学生中的传播。

第三，正确对待外来文化，必须坚持择优汰劣、趋利避害的方针。精神文明建设的开放性，内在地包含着选择性。对于现代西方资产阶级文化，采取盲目排外，故步自封的态度是愚蠢的，而全盘照搬，无计划无选择地引进也是有害的。"属于文化领域的东西，一定要用马克思主义对它们的思想内容和表现方法进行分析、鉴别和批判"①。要吸纳其思想文化中进步和有益的内容，摒弃批判其反动腐朽的东西，在消化吸收的基础上，发展创造适合中国国情的社会主义新文化。

（二）社会转型带来的冲击

我国正处在改革开放的深水区，经济社会转型压力大、难度大。而这种转型必将从根本上引起人们行为习惯、心理状态、思维方式、价值观念和生活态度的重大变化，也对大学生的理想信念和价值观的形成产生巨大影响。在这一特殊时期，受外界不良思想冲击和经济社会转型中产生的各种问题的双重影响，加之新时代大学生多为独生子女，父母溺爱，形成了他们以自我为中心、功利思想明显的性格特点，并且缺乏勤俭节约、艰苦奋斗的精神。具体地说，主要表现在以下几个方面：

1. 诚信意识淡薄，价值取向扭曲

近些年来，部分大学生诚信意识滑坡已是不争的事实，高校各种考试和考核中的作弊和抄袭现象屡禁不止，造假和违约问题突出。部分大学生日益崇尚趋于功利化和现实化的价值标准，大学生关注的问题越来越实际，追求的目标越来越功利化，人生理想则很大程度倾向于自我成功和自我实现，主流价值观在一定程度上被边缘化，功利主

---

① 《邓小平文选》（第3卷），人民出版社1993年版，第44页。

义、拜金主义和利己主义等思想在大学生中的影响和渗透日益显现。

2. 注重个人利益，缺乏集体精神

新时代大学生普遍不愿被动地接受命运安排，更倾向于通过自我奋斗来实现人生理想，追寻自我成功和自我实现。这就造成了奉献精神、集体主义精神、为人民服务等思想在学生中的地位日渐降低。甚至出现了极少数学生将个人追求作为人生的唯一目的，将服务社会和他人作为达到个人目的的途径和手段，从而导致了法律意识、纪律意识和规则意识淡漠，个别大学生还存在为了达到个人目的而不惜损害他人、集体和国家利益的现象。如何在思想政治理论课上纠正大学生的错误认识，培养大学生的集体意识和奉献精神，已经成为当前亟待解决的一个重要问题。

3. 普遍缺乏艰苦奋斗精神

新时代大学生成长在改革开放的成就期，物质生活条件比较优越，没有经历过物资匮乏的艰苦时期的考验，缺少朴素节俭的生活习惯。调查中，我们发现大学生中的品牌消费悄然兴起，名牌服饰和高档电子数码产品在学生手中已不足为奇。一部分学生爱慕虚荣，攀比心强，喜欢享受，贪图安逸，甚至不考虑自身的家庭条件，甚至有个别学生还在虚荣心得不到满足时走上了犯罪道路。同时，大学生中浪费粮食和损坏公物的现象随处可见。他们普遍缺乏勤俭节约、艰苦奋斗的精神。还有一部分学生把过多的时间用在休闲娱乐上，自理能力较差，沉迷于网络、游戏，学习动力不足。

三　高校思想政治理论课在社会主义核心价值观教育中存在的问题

当前，思想政治理论课在社会主义核心价值观教育中取得了一定的成绩，但是还存在一些问题，对此，高校思想政治理论课教师要高度重视。这些问题主要有以下几方面：

（一）学生的主体地位没有得到很好的落实

在思想政治理论课教学中，大部分教师能够把社会主义核心价值观融入教学中，但是实际效果却不尽如人意，究其原因，主要是教师没有采取"因材施教、对症下药"而往往实行"一刀切"的教育方式，这样，在一定程度上忽视了学生的能动性和特殊性，使价值观教育很难取得良好的效果。实际上在社会主义核心价值观教育的过程中，大学生不仅仅是受教育者，在一定程度上还是积极参与者和体验者。教师在教育的过程中，可以结合学生个体的生活阅历，有针对性地进行教育引导。袁贵仁认为："一个人对某类事物的价值认识、价值体验乃至价值情感，一旦被实践所证实，被他人或社会所认可，就会在他的头脑中得到强化。久而久之，经过多次反复和加工抽象，就会成为一种固定的看法和态度，形成一种新的价值观念。"[①] 所以，对大学生进行价值观教育要求我们必须高度重视学生的主观能动性，充分调动学生的积极性。

（二）教育目标脱离实际

在大学生社会主义核心价值观教育中，往往存在着过于强调理想价值目标，追求理想化、虚空化的倾向，这样，使价值观教育严重脱离了大学生的实际，给大学生一种高谈阔论的感觉。实际上，大学生社会主义核心价值观教育完全可以结合学生的实际进行目标定位。大学生要培育、践行社会主义核心价值观就应该首先做到"爱国、敬业、诚信、友善"，这也是公民最起码的价值规范。其中爱国是我们每一个公民的基本素养，更是每一个大学生基本的政治觉悟；对大学生来说，敬业就是要努力学好各门课程，具备渊博的理论知识和扎实的理论功底；诚信、友善要求大学生在为人处事方面要做到与人为善、诚实待人、信守承诺，这也是大学生最基本的道德规范。当然，教师在价值观教育时要结合现实生活中的案例进行深入剖析，将社会主义核心价值观的理论魅力与现实感召力相结合，不断增强大学生的认同感，从而避免教育目标的"高、大、空"所带来的负面效应。

---

① 袁贵仁：《价值观的理论与实践：价值观若干问题的思考》，北京师范大学出版社2006年版，第133页。

（三）教育方式单一

社会主义核心价值观教育是一项复杂的系统工程，它需要社会各方面相互协调、通力进行，其中最主要的是社会、家庭和学校三者之间要互相配合。当前，大学生的价值观教育主要依靠学校来进行，社会和家庭发挥的作用远远不够，况且高校的价值观教育也往往局限于课堂教育，教育方式单调，内容缺乏生动性和说服力，难以达到教育的预期目的，这样在一定程度上弱化了学校的教育功能和价值导向。更重要的是，由于社会教育和家庭教育的不到位，在一定程度上消解了学校教育的正效应。可以说，高校价值观教育的效果不理想，一个重要原因就是学校教育往往被家庭和社会因素所弱化，甚至否定。

（四）理论与实践脱节，知行不统一

大学生对社会主义核心价值观的认识更多地停留在书本上和口头上，没有真正做到内化于心、外化于行。一部分大学生对社会主义核心价值观的践行水平较低，更不可能在公共生活领域中去培育和弘扬社会主义核心价值观。大学生社会主义核心价值观教育必须知行合一，在理论知识丰富的基础上，进行充分的实践探索，以达到理论与实践的紧密结合。在理论学习中提高认识，通过实践加深对理论的认识和把握。

总之，大学生价值观教育面临着一定的挑战。针对大学生价值观教育所存在的问题，我们要引起高度重视。如何通过切实有效的教育，引导并帮助大学生树立起正确的价值观，成为当前思想政治工作者亟待解决的问题。可以说，社会主义核心价值观的提出，为应对大学生价值观教育面临的挑战，指明了方向，提供了动力。

四 以社会主义核心价值观为主旨加强高校思想政治理论课课堂建设的路径选择

社会主义核心价值观融入大学生思想政治教育，首要是融入思想政治理论课这一主渠道，用马克思主义中国化的最新成果武装学生头脑，确保社会主义核心价值观为广大学生所理性认知和接受，实现入脑、入心进而入行。所以，要切实推进高校思想政治理论课课堂建

设，增强高校思想政治理论课的教学实效性，就要充分调动教学各要素，真正使思想政治理论课发挥大学生社会主义核心价值观教育的主渠道、主阵地作用。

（一）以社会主义核心价值观引领教学目标与教学改革

以社会主义核心价值观为主旨加强高校思想政治理论课课堂建设，就需要以社会主义核心价值观引领思想政治理论课教学目标与教学改革，凸显社会主义核心价值观在教学目标和教学改革中的价值引领作用，实现思想政治理论课立德树人的人才培养目标。

1. 制定高校思想政治理论课每门课程教学改革方案

教学改革计划分为授课内容、考核方式和课程成绩三个方面：授课内容改革由教研室统一安排，结合学生需要，在授课中适当安排有关社会主义核心价值观的典型案例作为教材之外的拓展内容；考核方式改革由教研室统一实施，课程成绩由学生参与社会主义核心价值观案例成绩、课堂汇报、期末考试及课堂表现成绩等三部分组成。考核方式改革在注重社会主义核心价值观培育和课堂积极性发展的基础上，更强调学生自主创造性；教学方法改革由任课教师根据授课章节内容需要设计开展。在教学目标的设计上，一方面要突出以学生为中心的教学改革导向，在教学内容、考核方式等方面均突出满足学生的个性发展和全面发展需要，使学生的尊严和价值得到彰显，教学活动充满快乐和自由的空间，在此基础上，使学生在教学过程中不断实现新的超越。另一方面着眼于探索培育大学生社会主义核心价值观的有效方式。在高校加强大学生社会主义核心价值观教育，既是大学生健康成长的需要，又是维护高校意识形态安全的需要。最终要实现使思想政治理论课教学质量不断提高，使大学生学习思想政治理论课的热情进一步提高，并逐步培育起学生的社会主义核心价值观，真正使社会主义核心价值观落地，不断增强大学生的凝聚力。

2. 把社会主义核心价值观融入人才培养全过程

高校必须以"培养一代又一代拥护中国共产党领导和我国社会主

义制度、立志为中国特色社会主义事业奋斗终身的有用人才"① 为目标。"而对于一个即将走向社会的大学生来说，价值观决定职业态度和人生目标，正是由于价值观对大学生的职业规划和前途命运具有导向功能，决定了价值观教育在高等教育中的重要地位。高校思想政治教育要体现德才兼备的育人理念，必须突出职业道德教育。因此，高校思想政治理论课的教学目标应该是社会主义核心价值观教育与职业道德教育的有机结合，从而增强思想政治理论课教学的吸引力和实效性。"② 当前大学生正处于世界观、人生观、价值观形成的关键时期，由于受各种不良思想的影响，部分大学生出现了"政治信仰迷茫、理想信念模糊、价值取向扭曲、社会责任感缺乏、艰苦奋斗精神不足、团结协作观念较差、心理素质比较脆弱等问题"，这就需要用社会主义核心价值观来引领思想政治理论课教学，从而建设"富强、民主、文明、和谐、美丽"的社会主义现代化强国，构建"自由、平等、公正、法治"的现代社会，培育"爱国、敬业、诚信、友善"的现代公民。

（二）以学生为本以增强教学效果

推进高校思想政治课课堂建设首要的前提就是要树立以学生为本的教学理念，以学生为本也是社会主义核心价值观融入大学生思想政治教育的前提。强调以学生为本，就是要在遵循学生自身发展的客观规律基础上，尊重学生的主体地位，把培养学生的健康人格和全面发展放在首要位置。这样，才能更好地调动课堂中的一切因素为教学服务。这就要求教师要充分重视学生在课堂教学中的角色地位，使教学目的与教学内容紧紧围绕学生来展开，真正做到教学内容的深入人心。树立以学生为本的教学理念，需要从以下几方面做起：

1. 要了解和掌握学生的思想状况，及时跟踪学生的思想发展变化

随着改革开放的日益深入和市场经济的不断推进，人们的生活水平得到了很大的提高，也充分调动了人们的积极性和创造性。但是我

---

① 习近平:《在学校思想政治理论课教师座谈会上的讲话》，新华网，2019 年 3 月 18 日。

② 陈俊:《社会主义核心价值观融入〈毛泽东思想和中国特色社会主义理论体系概论〉课教学的思考》，《佳木斯大学学报》（社会科学版）2014 年第 6 期。

们也要看到，由于市场经济的不完善，给人们的思想带来了一些消极影响，如诚信缺失、官场腐败等社会现实问题。作为高校思想政治理论课教师，我们要勇于、敢于面对社会发展中的新问题，运用马克思主义观点，帮助学生解开思想的迷雾，这样可以增强课程的现实说服力。这就要求教师要掌握学生的思想动态，了解学生懂得什么，关注什么，从而在实际教学中有针对性地予以解决。

2. 要帮助和引导学生正确解决社会现实问题

要用科学的理论引领高校大学生健康地成长成才，帮助学生善于运用所学的知识来解决社会现实问题，能够用发展的眼光理性地思考问题，培养他们明辨是非的能力。因为大学生不仅要有知识、素质和能力，更重要的是要有坚定正确的政治方向。思想政治理论课所传授的马克思主义世界观和方法论，能够帮助大学生在纷繁复杂的环境中正确地分析问题，能够增强大学生明辨是非的能力，能够确保他们坚持正确的政治方向。同时，教师要了解学生的身心特点，把握学生的学习与生活情况，有效地解决他们的实际困惑，这样才能更好地激发他们对思想政治理论课的学习兴趣，进而有效地通过思想政治理论课这个主渠道来进行社会主义核心价值观的宣传、弘扬和培育。

3. 要充分尊重学生和理解学生

习近平总书记指出："老师还要具有尊重学生、理解学生、宽容学生的品质。离开了尊重、理解、宽容同样谈不上教育。'学而不厌、诲人不倦'，有教无类，因材施教，教也多术，就是要求老师具有尊重、理解宽容的品质。这本身就是一种伟大的教育力量。受到尊重、得到理解、得到宽容，是每一个人在人生各阶段都不可缺少的心理需要，儿童和青少年更是如此。一些调查材料反映，尊重学生越来越成为好老师的重要标准。好老师应该懂得既尊重学生，使学生充满自信、昂首挺胸，又通过尊重学生的言传身教教育学生尊重他人。"①

---

① 习近平：《做党和人民满意的好老师：同北京师范大学师生代表座谈时的讲话》，人民出版社 2014 年版，第 10—11 页。

教师在教学过程中应以学生为中心，要本着贴近性、对象化、接地气的原则开展教学，改变传统的以教师为中心的教学方式，建立以学生为主体的教育教学模式，要研究、把握大学生的思想行为特点和思想政治教育教学活动的基本规律，注重启发式、互动式等多种教学方法和多媒体、网络等现代教学手段的综合运用，将普遍讲授和专题讲授结合起来，强化思想政治理论课的实践环节，采取丰富多彩、科学现代的教学方式和手段，充分发挥学生的主观能动性，让学生在轻松愉快的氛围中能够直观生动地领会学习的内容，从而实现自我认知、自我学习和自我提高，全面提高思想政治理论课的实效性。当前，由于就业压力的增大，一部分学生把更多的时间和精力放在专业课上，这就要求我们在思想政治理论课教学的过程中有效地将思想政治理论课的相关内容与专业课结合在一起，达到理论指导实践的目的，增强思想政治课的说服力，从而进一步巩固社会主义核心价值观传播的主阵地，以此增强教学的针对性与实效性和社会主义核心价值观的吸引力与感召力。

（二）丰富教学内容以突出时代特征

高校思想政治理论课要注重教学内容的不断更新，教师要有创新意识，在教材内容的重点和难点上下功夫，在反映时代发展的热点上下功夫，在与学生联系紧密的问题上下功夫，这样才能引起学生的共鸣，达到预期的效果。

社会主义核心价值观作为当前马克思主义理论的最新成果之一，将其融入大学生思想政治教育是思想政治理论课教师义不容辞的责任。为此，思想政治理论课教师就要做到以下几点：

1. 要根据社会的发展变化，及时把握时代发展的热点问题

要密切联系社会生活的实际，密切关注党的理论方针，及时把新观点、新材料、新内容体现和渗透到教学之中，进一步充实教学内容。当务之急就是要把社会主义核心价值观融入教学内容之中。这样，才能使教学的内容更贴近时代，使大学生能够及时准确地理解和把握社会发展的新趋势和党的重要思想的精神实质。在融入的过程

中，要遵循贴近实际、贴近生活、贴近学生的原则，精心提炼、设计社会主义核心价值观的教学内容，运用生动的例子和事实来阐释社会主义核心价值观所呈现的内容，寓教于乐，寓教于情，使之由抽象到具体、由远到近地指向大学生的生活世界。这样，可以增强教育内容的现实性和针对性，从而不断满足学生对精神信仰、价值观的需求。

2. 要突出教学重点和难点，不回避社会热点问题

思想政治理论课教师要深入研究教材，吃透教材，并结合当下社会实际，精练教学内容，不回避热点难点问题，运用马克思主义的世界观和方法论进行科学分析，使学生明确是非，让学生系统地掌握社会主义核心价值观的科学内涵、精神实质、基本要求等理论知识，实现对社会主义核心价值观的认同。在教学中，"授人以鱼，不如授之以渔"，要注重帮助学生掌握科学的分析问题的方法，积极引导学生理性认识和评价社会的热点、难点及疑点，包括影响比较大的各种社会思潮，避免思维的片面化与极端化，进而树立对马克思主义的信仰和对新时代中国特色社会主义事业的坚定信念。

3. 教学内容要贴近学生实际，解决现实问题

思想政治理论课教师要结合大学生的思想实际，从大学生关心的问题和关系大学生切身利益的问题为教学的切入点，在教学内容上，有效融入社会主义核心价值观，以学生对社会主义核心价值观的理解、践行为教学重点，确保社会主义核心价值观的落小、落细与落实，从而帮助大学生树立正确的价值观，用马克思主义的立场、观点和方法分析现实生活中的实际问题，解决学生思想上存在的困惑，增强思想政治理论课的说服力和感召力，从而增强大学生对马克思主义的信任感和认同感，进一步提高大学生社会主义核心价值观教育的成效。所以，要紧跟学生关注的时代热点，运用贴近学生的生活实际、贴近学生的内心特点的喜闻乐见的事例和方式引导大学生树立社会主义核心价值观，在教学中关注学生的利益诉求和价值愿望，找准与学生思想的共鸣点，积极推进教学理念创新、教学手段创新和教学方法创新，增强思想政治理论课的吸引力与感染力。

4. 要以情动人，以情化人

情感需要是人的基本需要。在道德实践中，中国传统文化倡导以道德感化、心理感化为主导的教育方式，并形成了独具特色的教育模式。"真者，精诚之至也，不精不诚，不能动人。""隋者，性之端也。循情而可以定性也。""精诚所至，金石为开。"社会主义核心价值观教育可以充分利用情感在思想品德形成和发展中的陶冶作用，寓理于情，动之以情，晓之以理，从而引起大学生的情感共鸣。

总之，思想政治理论课是大学生的必修课，对于大学生的健康成长具有十分重要的作用。高校思想政治理论课要立足社会发展的热点问题，密切联系实际，及时解决学生的思想问题，让学生在学习中找到正确的方向，不断增强思想政治理论课的感染力和吸引力，进一步增强大学生社会主义核心价值观教育的效果。

（三）完善教学方式以提高教学实效性

美国著名教育学家布鲁姆认为：知识的获得是一个主动的过程，学习者不是信息的被动接受者，而是知识获得过程的主动参与者。因此，提高大学生社会主义核心价值观教育的实效性，必须改变传统的单向灌输、以知识传授为主的教学方式。

当前，完善教学方式是提高思想政治理论课教学实效性的关键。思想政治理论课教学主要是以理论讲授为主，实践教学为辅，在这里主要探讨理论课教学方式。积极有效地利用多种教学方式，可以提高学生的课堂注意力，提高课堂教学的实效性。思想政治理论课教学可以借助以下几种教学方式来提高教学时效性。

1. 科学地运用多媒体教学

绝大部分高校利用现代化的教学手段，实现了多媒体课件教学。因为，传统的思想政治理论课一般都采取大班制的形式，人数多则300人，少则150人，这样的大班教学，单纯的板书教学，后排的学生看不清，而且学生会因抓不住老师的讲课内容和思路而容易走神。与传统的板书教学相比，使用多媒体具有很多优点：其一，多媒体课件能够字迹清楚、图文并茂、思路清晰地将课程内容连续地展现出来，突出内容的难点和重点，能够有效地抓住学生的注意力；其二，多媒体课件制作可以及时地通过文字、图片、音像资料等形式把社会热点问题及时地贯穿进来，播放一些体现时代风尚、有教育意义的背景资料片，使学生通过直观的观看，加深对理论的理解，特别是在课件中插入与授课内容有关，且学生关注的社会热点问题的视频，能极大地提高学生的注意力和兴趣性，进而增强课堂教学的时代性和实效性。社会主义核心价值观融入大学生思想政治教育也需要借助多媒体教学将社会主义核心价值观的内容通过文字、图片、音像资料等形式有效地贯穿到思想政治理论课教学中，从而使内容形象直观、通俗易懂、生动有趣，有利于充分调动学生学习的积极性，让学生在轻松愉快的氛围中自觉接受社会主义核心价值观教育，实现大学生对社会主义核心价值观的认知与认同，进而内化于心。

值得注意的是，课堂教学中多媒体课件的制作和使用需要注意的问题有：一是多媒体课件缺乏生动性。课件上字数很多、字体很小，缺乏图片、例子、音像资料等生动的教学内容，课件内容枯燥无味，不能提高学生的学习兴趣。二是"多媒体教学过程中还存在人机互动的问题，教师成了放映员，教师的表情、态势和对课堂的掌握能力变弱。教师应在课堂中积极挖掘多媒体教学的优势，实践中逐渐探索出人机和谐教学模式"①。三是多媒体课件内容陈旧，缺乏时代性。有的教师的多媒体课件内容仅仅是书上内容的翻版，不能及时地将课堂内容与现实问题对接，缺乏时代性。

2. 积极利用互动式教学

在思想政治理论教育教学过程中，教师是教学活动的主体，学生则是客体。要采取灵活多样的教学方式激发大学生学习的积极性和主动性，变要我学为我要学，变"死记硬背"的考核为"理解应用"

---

① 王蕊：《当代大学生思想政治教育研究》，中国农业科学技术出版社 2012 年版，第 102 页。

为主的考核；在实践方面，解决大学生培育、弘扬和践行社会主义核心价值观的失语、缺席与不到位，增强思想政治理论教育的效果，助力社会主义核心价值观的落小、落细与落实。在教学活动中，采用启发式教学，给学生一定的思考空间，让他们积极主动地参与到教学过程中，能取得很好的效果。采取启发式教学，一是积极进行课堂提问。课堂提问是抓住学生注意力的有效方式。教师在课堂教学中长时间地采取理论灌输的方式，会使学生的注意力下降，产生懈怠的感觉。如果适时穿插提问，能吸引学生的注意力，启发学生思考，增强教学效果。二是有效组织课堂讨论。高校思想政治理论课采取大班授课的形式，人数比较多，课堂讨论可以采取分成小组的形式，十多人一小组，就课堂教学内容进行分组讨论，然后汇总小组的讨论结果。这样，通过有效的互动方式，发挥学生的主动性和能动性，让学生成为课堂的主导。例如，在《马克思主义基本原理概论》第一次授课中，让大学生以"马克思主义是否过时"为题，进行小组讨论，然后就讨论观点进行汇总。最后，教师通过一系列的论证给出科学的结论，马克思主义不但没有过时，而且愈发显示出强大的生命力。通过这种课堂讨论的方式，既锻炼了大学生的理论思维能力，又增强了大学生对马克思主义的认同感，从而让学生在讨论中提高其理论水平和思想政治素质，进而使大学生在主动参与过程中获得自我教育和自我提升。

但是，不管课堂提问式教学还是课堂讨论式教学，都需要教师对学生的观点进行科学的分析，切忌含糊不清，一带而过。对于学生关注的热点问题，教师要给予科学的解释，把问题分析透彻，切忌回避。否则，学生将失去对教师的信任感和认同感。

3. 运用案例教学法

在思想政治理论课教学中，案例教学法是一种非常适用的教学方法。案例是对教材抽象理论的一种诠释，能增强学生对教材内容的认识和理解。教师在广泛收集教学案例的同时，要注意以下几个选择原则：第一，案例要有典型性、代表性，要有针对性和目的性地选取最能说明问题的案例，这样的案例才能紧扣授课内容，使理论讲授更深刻，也更有说服力；第二，案例要有时代性，要紧跟时代步伐，选择当今社会涌现出的先进代表的事迹，才更有感染力；第三，案例要尽量贴近大学生实际，学生才能在案例中产生共鸣，才更有导向力。例如在进行社会主义核心价值观教育中，坚持理论联系实际，把社会主义核心价值观教育与当下社会热点问题、大学生关注的实际问题结合起来，增强大学生社会主义核心价值体系教育的效果。同时，高校教师要立足学生的专业背景，在遵循以上原则的同时选择一些与学生专业紧密结合的典型案例引入教学，这样对学生更有说服力和引导力。

4. 运用启发式教学法

《学记》中曾有这样一段话，"君子之教，喻也。道而弗牵，强而弗抑，开而弗达。道而弗牵则和，强而弗抑由易，开而弗达则思。和易以思，可谓善喻也。"[①]《学记》中的这段话，充分说明了启发诱导教育方法的要义。我国古代著名教育家孔子在教育中十分注重因势利导和启发疏导方法的运用，主张在学生独立思考的基础上，进行启发诱导，使大家敞开思想，广开言路，把自己的观点和意见充分表达出来，然后通过循循善诱的说服教育，把大家的思想和言论引向正确、健康的轨道，达到举一反三的教育目的。《论语》曰："不愤不启，不悱不发。举一隅不以三隅反则不复也。"[②] 同样，大学生社会主义核心价值观教育也可以运用启发式教学，启发大学生认识社会主义核心价值观的思想真谛和文化魅力，更好地实现社会主义核心价值观的入脑、入心。

5. 借助网络载体

目前，科技革命的迅猛发展使得网络和移动终端成为继报刊、广播、电视之后的"第四媒体"，成为新时代大学生学习和生活不可缺少的重要组成部分。大众传媒成为青少年信息来源最广，对思想品德

---

① 参见《礼记·学记》。
② 参见《论语·述而》。

影响最深刻的"第一影响源"。但是，网络是一把双刃剑，一方面网络的开放性和虚拟性为大学生方便快捷地获取信息、了解世界及宣泄情绪提供了很好的平台；另一方面大量的虚假的、负面的信息也对大学生价值观的形成造成了巨大冲击。因此，作为思想政治教育的主渠道，思想政治理论课要利用网络的优势资源，第一时间占领网络这个主阵地，通过建设校园思政课专题网站、网上思政论坛等平台，广泛开展网上虚拟教学、网上实时公开课教学、微课堂、师生网络互动等活动，对学生进行答疑解惑，解决学生遇到的疑难问题，引导和帮助大学生增强网络辨别力和自我保护意识，利用网络传递正能量、倡导真善美，将网络打造成学习和践行社会主义核心价值观的又一重要平台。

（四）立足体验式教学模式以提升思想政治理论课实践教学水平

新时代大学生普遍缺乏社会经验，思想单纯，同时又受到网络等多元信息的影响和冲击，形成了相对独立，但是又不成熟的思想认识。在这种状况下，单纯依靠传统意义上的灌输教育很难转变学生已经形成了的固有观念，而当我们的灌输教育内容呆板、缺少说服力时，不但收效甚微，更会适得其反，让学生对思想政治教育产生怀疑，甚至形成抵触情绪。如何让学生感到思想政治教育是鲜活的、扎根在现实生活中的，对他们是真正有帮助、有价值的？这需要高校思想政治理论课教师将抽象的理论现实化，将课堂上的理论与社会的实践相结合，通过实践来证明理论，通过活生生的案例来影响和触动学生，提高教育效果。这就需要教师建立与学生个人成长相适应的思想政治教育实践体系。

实践教学是思想政治理论课的重要组成部分，也是最容易激发学生参与热情的教学环节，对于促进大学生了解社会、了解国情、增长才干、奉献社会，锻炼毅力、培养品格，增强社会责任感具有不可替代的作用。因此要进一步加强实践教学的针对性、有效性、系统性探索，设计与大学生成长实际相适应的思想政治教育实践体系，广泛建立思想政治教育实践基地，组织多种形式的教育活动，如参观访问、考察研究社会问题、参加社会公益活动等，进一步加大实践教学的比重和学分，全面提高实践教学质量。

同时，以社会主义核心价值观为主旨推进高校思想政治课课堂建设还需要借鉴国外思想政治教育理论和实践中蕴含的普遍规律和成功经验，如资本主义国家强调的个性发展与人的全面发展相结合的思想政治教育理念，情感和理性相结合、分层次分阶段、寓教于乐、潜移默化等教育方法；20 世纪 50 年代以来，日本采取的以"生活为中心""系统学习为中心""探究为中心""培养学生的生存能力为中心"的教育模式；20 世纪 70 年代以来，联合国教科文组织提出教育的四大支柱，即：使学生学会认知、学会做事、学会生存、学会关心，等等，对于改善思想政治理论课课堂教学具有非常重要的指导意义。一方面，可以使教师认清时代特征，进一步更新思想观念，获得更多的思想政治教育新理念，调整、补充、丰富教师的思想政治理论课课堂教学内容；另一方面，可以通过分析、比较国外一些思想政治教育的经验和教训，更加清醒地认识思想政治理论课课堂教学中存在的问题和不足。

值得注意的是，当前思想政治理论课环节还有待于进一步完善。目前，思想政治理论课教学主要还是局限在课堂之内，而且多为 100 人以上规模的大班上课，不利于师生互动，也不利于教师进行课堂管理。虽然教育部明确提出了思想政治理论课实践教学的有关要求，但在实际执行过程中，很多学校流于形式，未能将上级要求落实到位。同时，在实践教学中，实践的进程往往由学生自己掌握，缺少思想政治理论课教师的全程跟踪和现场解读，教学监管不到位，学生假冒、谎报参与实践活动现象严重。即使大学生确实参加了实践教学，往往也由于缺少社会阅历，对实践体验的分析出现偏差。

第二节　以社会主义核心价值观引领高校
校园文化建设

党的十九大报告明确指出："经过长期努力，中国特色社会主义进入了新时代，这是我国发展新的历史方位。"① 进入新时代，高校也要有新气象、新发展。从本质上讲，大学是传承人类文明、提升人类精神、守护人类尊严的地方，它的核心价值就是追求真知和真理。它负有引导社会价值观，并从道德精神上规范社会行为的使命。大学对学生的培养在一定程度上体现在校园文化方面，校园文化对学生的影响既有强制的行为规范的要求，又有耳濡目染、潜移默化的熏陶。高校校园文化既是社会主义先进文化的重要组成部分，又是学校全面发展的重要条件。在高等教育活动中，校园文化是不可缺少的组成部分。校园文化为学校营造了良好的文化氛围，是课堂教学育人功能的必要补充，是最具凝聚力、向心力和生命力的。校园文化的形成不仅是一个历史积累的过程，更是一个主动建设和积极营造的过程。因此，为了充分发挥高校校园文化的熏陶作用，积极探索与尝试社会主义核心价值观有效融入校园文化建设的途径与方法，使得校园文化在社会主义核心价值观的引领下成为大学生思想政治教育的有效载体。对此，习近平总书记在 2016 年 12 月召开的全国高校思想政治工作会议上指出："要更加注重以文化人以文育人，广泛开展文明校园创建，开展形式多样、健康向上、格调高雅的校园文化活动，广泛开展各类社会实践。"②

国外在价值观教育中，也非常注重校园文化的作用。国外非常重视校园文化精神对学生的感召力、凝聚力和向心力。例如，美国哈佛大学的校训："让柏拉图与你为友，让亚里士多德与你为友，更重要的，让真理与你为友。"可以看出，哈佛大学具有崇尚科学、追求真理的哈佛精神。可以说，正是这种校园文化精神的熏陶，从哈佛走出了 6 位美国总统，36 位诺贝尔奖获得者，培养出了大量世界级的人才。"在国外价值观教育过程中，主张更多的是通过优美的校园环境、

---

① 习近平：《决胜全面建成小康社会 夺取新时代中国特色社会主义伟大胜利——在中国共产党第十九次全国代表大会上的报告》，人民出版社 2017 年版，第 10 页。

② 习近平：《在全国高校思想政治工作会议上强调：把思想政治工作贯穿教育教学全过程开创我国高等教育事业发展新局面》，《人民日报》2016 年 12 月 9 日。

朝气蓬勃的校园精神面貌，丰富多彩的校园文化活动使学生产生归属感、自豪感、荣誉感，潜移默化地影响着学生的世界观、人生观和价值观。"① 当前，高校应该以社会主义核心价值观来引领高校校园文化建设，强化校园文化的育人功能，充分发挥校园文化的熏陶作用，这对增强大学生思想政治教育的效果、弘扬和培育社会主义核心价值观无疑具有十分重要的意义。

一　校园文化的内涵、形态及其功能

校园文化有着深刻的内涵，其形态也呈现出多样性的特点，校园文化发挥着多重功能，与学校教育形成一种合力，共同促进学生的健康发展和全面进步。

大学是培养人才、传承文明，促进人类社会发展和进步的重要源泉。《大学》云："大学之道，在明明德，在亲民，在止于至善"。著名教育家蔡元培先生认为，教育是"养成人格之事业也。使仅仅为灌注知识，练习技能之作用，不贯之以理想，则机械之教育，非所以施以人类也……国民人格的完善与否，则事关国家的隆盛"。由此可见，无论是古代，还是近现代，大学对人才的培养，不仅仅依赖于技能的培养（专业教育），更应该注重"德"的培养与人格的完善，而要实现这一点，就必须将学校教育与校园文化熏陶紧密结合。

（一）校园文化的内涵

对于高校校园文化的研究，学术界、教育界都从不同的角度出发，有不同的阐述和观点。总的来说，高校校园文化是师生员工在学校从事教学科研、学习研究和管理服务等活动过程中逐步形成，并为全体成员普遍认同、共同遵守的价值观念、基本信念、行为规范等校园精神，以及培育和承载这种精神所需的校园物质、文化环境的综合。高校校园文化是伴随着大学的出现和发展而逐步形成、丰富和发展

---

① 崔华前：《当代大学生社会主义核心价值体系教育机制研究》，合肥工业大学出版社 2012 年版，第 177 页。

的，具有鲜明的个性色彩。

（二）校园文化的形态

高校校园文化从形态上可分为物质文化、精神文化、制度文化和行为文化等。

1. 校园物质文化

校园物质文化主要是指外在的、可视的物质环境，包括各种建筑如教学楼、办公楼、图书馆、实验室、学生活动中心、教工俱乐部、校园雕塑等；校园宣传阵地的掌控，如宣传栏、校园论坛、校报、校广播电台和校园电视台。校园物质文化是学校开展人才培养、科学研究的前提条件，也是学生学习科研和生活成长的必备环境。

2. 校园精神文化

校园精神文化是校园文化中所渗透和流淌着的那种厚重而无形的精神底蕴和启迪创新的内在机制，可以说它是大学的灵魂。校园文化是学校发展过程中积淀形成的办学理念、价值观、道德准则和文化传统等精神财富的总和，是学校师生员工共同的价值追求和精神归宿。校园精神文化是校园文化的核心和灵魂，是学校最为宝贵的财富，也是区别于其他学校的显著特征。比如，一所大学的传统、校训、校风、教风和学风等，都属于校园精神文化。

3. 校园制度文化

校园制度文化主要是指学校的各项规章制度，它包括管理体制、组织机构、行为规范、规章制度，它是师生员工日常行为的基本规范，这些基本规范为学校师生所接受和奉行。

4. 校园行为文化

校园行为文化主要指校园内所倡导的健康行为，就是要促使师生养成一种健康的以及良好的行为习惯，如，先进集体评选、"文明宿舍"评比等。如果说校园精神文化是师生员工的内在精神追求，制度文化是外在约束机制，那么行为文化则是师生员工在尊崇这种内在精神追求和制度规范的前提下，在日常工作、生活和学习方式中外化出来的行为习惯、生活方式和价值操守。

（二）校园文化的功能

校园文化对学生的思想政治教育发挥着全方位的功能，科学充分地利用校园文化，就能使其与学校教育形成合力，共同促进学生的全面发展，为培养高素质的人才发挥不可替代的作用。校园文化的功能主要有以下方面：

1. 感染熏陶功能

校园文化作为一种文化环境，主要是通过对学生的的感染熏陶来实现其功能的。校园文化的感染熏陶功能使学生置身于校园文化氛围之中，在不知不觉中接受着校园文化的感染、启迪和教化。校园文化中的校风、学风、教风，正是通过耳濡目染、内心的体验和情感的熏陶来实现的。优美的校园文化一方面能够以浓郁的文化氛围提高大学生的思想道德修养，另一方面也能够使大学生在不知不觉中受到心灵的感染、情操的陶冶、哲理的启迪。

2. 价值导向功能

校园文化可以利用自身的因素来引导大学生主动接受一定的价值观和行为准则，确保大学生健康地成长成才。随着全球化的深入和市场经济的推进，社会文化的多样性也使校园文化良莠不齐。因此，学校要从育人目标出发，在校园中用社会主流文化进行引导。当前，"高校发挥校园文化的导向功能，必须坚持以社会主义核心价值观作为校园文化的价值取向，对社会文化进行有针对性的评价、比较和选择，以提高师生员工的鉴别能力和思想政治素质"①。学校要充分利用校园文化的这种价值导向功能，将社会主义核心价值观融入校园文化之中，发挥社会主义核心价值观对师生的价值导向功能。

3. 精神培育功能

"精神培育功能主要是指校园文化在赋予学校生命活力并反映学校历史传统、校园意志、特征面貌等方面的作用，从而体现师生员工的共同理想、共同信念、共同追求、共同意志和风格、职业理想、职

---

① 张明志：《高校校园文化建设的要义与方略》，《黑龙江高教研究》2009 年第 8 期。

业行为规范标准。这种功能所营造的是一种校园精神，它具有鲜明的时代性和鲜明的个性特征，并且不断地浸透到校园文化的行为主体和各种文化载体中。"① 大学是一种文化，是一种精神，大学应当表现出崇高的人文关怀，大学应以最大的投入满足学生最大的需求。有了校园精神，大学就会"以人为本"，关注大学生的精神世界和物质世界，大学生就会有一种归属感、责任感和使命感。

二　新时代高校校园文化的新特点

高校校园文化是一个系统，两大主体（学生与教师）之间、校园文化组成部分之间相互影响，推动了校园文化的不断发展，并在不同的阶段呈现出不同的特点。同时，高校校园文化是社会文化的一个子系统，与社会文化之间也相互作用，它既有自身的特点，又从不同程度上体现着当时社会文化的特色。在这些因素的相互作用下，新时代高校校园文化整体上呈现出以下新的特点。

（一）校园文化总体是健康的、积极向上的

新时代，校园文化总体是健康的、积极向上的，能够引领社会风气和文化，但也出现了一些消极影响。我们深刻感受到，高校师生整体精神面貌良好，绝大多数师生世界观、人生观和价值观端正，能够坚持正确的政治立场，高度认同中国特色社会主义制度，拥护中国共产党的领导。广大师生保持了高度的爱国热情，关心和关注国家发展，对重大理论问题和现实问题认识正确，高度认同社会主义核心价值体系是兴国之魂，是社会主义先进文化的精髓。但是，校园文化也受到社会大环境的消极影响，比如在考试、科研诚信方面，科研经费规范使用方面，存在一些不规范乃至有违道德准则和法律法规的现象。再比如，少数师生在人生价值的衡量标准方面、在理想信念方面认识模糊。

---

① 陈志军、浦解明、左益：《社会主义核心价值体系融入大学生思想政治教育全过程研究》，光明日报出版社 2009 年版，第 110 页。

（二）大学生对校园文化的发展影响显著

大学生作为校园文化主体之一，既是校园文化教育引导的对象，也对校园文化的发展起到了巨大的推动作用。大学生是高校中的受教育者，是校园文化重要的熏陶对象。然而，从当前的情况来看，作为校园文化两大主体之一，教师和学生之间那种传统的教与学的关系逐步在淡化，教学相长的色彩逐步在增强。随着 2000 年后出生的学生逐步进入大学，大学生的自我意识和主体意识更加强烈，大学生在校园文化发展中的影响显著增强。这种影响既有积极的推动，也有激烈的碰撞。比如，可以感受到意见领袖和非正式组织在学生中的影响力越来越大，他们的一言一行或者所组织的一些活动对学生的影响甚至会大于教师或传统的学生社团。

（三）网络文化对校园文化的影响日趋增强

据中国互联网络信息中心统计，"截至 2018 年 12 月，我国网民规模为 8.29 亿，全年新增网民 5653 万，互联网普及率达 59.6%，较 2017 年底提升 3.8 个百分点。我国手机网民规模达 8.17 亿，全年新增手机网民 6433 万；网民中使用手机上网的比例由 2017 年底的 97.5% 提升至 2018 年底的 98.6%"。这其中，学生群体是网民中规模最大的职业群体。这一数据说明，学生是互联网和新媒体的重要用户群，而且越来越向低龄化蔓延，很多学生在进入大学前，就已经深受网络影响。网络的普及和使用有利于大学生及时获取各类信息和学习材料，但更应该引起我们注意的是，移动互联网和新媒体的使用正改变着大学生的信息获取方式、人际交往方式、生活模式、思维习惯乃至道德判断标准和价值趋向，影响着大学生的精神追求。网络已经成为大学生生活中不可剥离的一部分，社会网络文化和校园网络文化对校园文化的影响力与日俱增。令人担忧的是，当前网络文化环境呈现出很多消极因素。除了传统的网络色情等因素外，近些年来，网络暴力、网络谣言时有发生，所谓"网络意见领袖"对大众认知产生了严重的误导，乃至是对社会良知、是非黑白和价值观的颠覆。比如，2014 年 2 月，针对东莞市色情活动泛滥的情况，广东省重拳出击"扫黄",一些所谓微博"大 V"和网络名人居然喊出"东莞挺住""东莞别哭,今晚我们都是东莞人"等荒唐的言论,公然挑战人们的价值认知和道德法律底线。这种网络炒作,极容易对大学生价值观和校园文化产生消极影响。

三　高校校园文化对大学生价值观形成的影响

高校是大学生走向社会的最后一个集中的学校教育阶段,也是大学生逐步社会化的过程。从人的成长来讲,大学生一般都处于 18 岁到 28 岁之间,这正是人的思维习惯、道德观、价值观和理想信念逐步形成和成熟的阶段。因此,大学生活对青年人价值观的形成尤为重要。高校校园文化能整合、优化大学生思想政治教育的各种资源,从显性的校园物质文化、制度文化和行为文化到隐性的精神文化都会对大学生价值观的形成起到重要的影响。

（一）校园文化对大学生价值观的形成具有教育引导的作用

刚刚步入大学校门的大学生正经历着人生的一大转变,他们的视野更加开阔,人际交往更加频繁、复杂,通过大学的学习生活和社会活动,他们将形成基本的价值观,并逐步趋于稳定。在这一过程中,他们会受到来自各方面的影响,这都将对他们价值观的形成产生或大或小、或积极或消极的作用。良好的、积极向上的校园文化将会成为青年学生价值观培育的一盏明灯。"高校校园文化是引导师生实现其奋斗目标的航向,反映了全校师生员工的共同价值观、共同追求和共同目标,它必然产生一种感召力,这种感召力能够把全校师生引导到学校办学目标和发展方向上来,引导师生共同为之努力。"① 校园文化是一个风向标,旗帜鲜明地反映了学校的倡导和主张,这将对师生的行为和价值认同产生重要的感召力,乃至于使这种倡导内化为师生的自觉行为。从干净整洁的校园环境,到学校的办学理念、办学精

---

① 陈志军、浦解明、左益:《社会主义核心价值体系融入大学生思想政治教育全过程研究》,光明日报出版社 2009 年版,第 109—110 页。

神、校训校风，校园文化从物质到精神层面，都对大学生是一种深刻的教育。

（二）校园文化对大学生价值观的形成具有约束鞭策作用

价值观的形成是一个认知与实践相互作用的过程，在"实践—认知—再实践—再认知"的循环中，确立起基本的价值观，并外化体现在人的具体行为和对事物的认识之中。校园行为文化是大学精神、办学理念和价值观的动态反映，大学生通过在学习生活和校园文化活动中的锻炼逐步形成自己的世界观、人生观和价值观，同时指导自己的日常行为。大学生的行为必定是置身于整个校园活动之中的，它受到校园行为文化的影响，当其个体行为与校园行为文化风格和要求不一致时，就会受到来自外部的约束，也会引起其自身的反思和调整。同时，这种个体行为也必须遵从校纪校规、管理办法等校园制度文化的规范。

（三）校园文化对大学生价值观的形成具有评价激励作用

价值观的形成是个体与外界相互作用的过程，高尚的价值观的形成在于自身的修养，也离不开外界的激励与认同。根据马斯洛的需求层次论，人都有被尊重的需求，对大学生来说更是如此，希望自己受到他人的尊重，进而证明自己的价值。这种个体的需求与校园文化的群体意识相碰撞，就会产生作为集体价值趋向和道德标准的校园文化对个体的评价，如果个体价值观与校园文化相一致，将会得到肯定与激励。比如，高校一般都会围绕人才培养目标和办学理念设立各类荣誉和奖项，当学生的行为和努力达到这些标准时，就会被肯定，进而激励学生继续朝这一方向努力，继续巩固和强化这种价值认同。

四　以社会主义核心价值观引领高校校园文化建设的意义

积极培育和践行社会主义核心价值观是党的十八大和十八届三中全会提出的宏伟战略，是引领中华民族实现伟大复兴"中国梦"的重要保证。社会主义核心价值观是当前我国人民的价值追求，是引领社会思潮、凝聚社会共识的重要精神法宝。高校承担着人才培养、学术研究、社会服务和文化传承创新的重要使命，是引领和传播先进文化的制高点。因此，以社会主义核心价值观引领高校校园文化建设有着重要的意义。

（一）弘扬、培育和践行社会主义核心价值观的必然要求

党中央高度重视社会主义核心价值观的弘扬、培育和践行，2013年年底就明确提出要把培育和践行社会主义核心价值观融入国民教育全过程。2015年再次强调指出："高校作为意识形态工作前沿阵地，肩负着培育和弘扬社会主义核心价值观，为实现中华民族伟大复兴的中国梦提供人才保障和智力支持的重要任务。"[①] 因此，以社会主义核心价值观引领高校校园文化建设是弘扬、培育和践行社会主义核心价值观的必然要求。

同时，以社会主义核心价值观引领高校校园文化建设是在多元文化背景下积极引领校园文化的走向。作为一个文化冲突与整合的系统，校园文化是各种社会思想与观念碰撞与交融的舞台，各种不同的思想倾向、思想潮流，主流文化和非主流文化会在此相互交织。这种现实境遇决定了高校校园文化必须始终坚持唱响主旋律，建设一种能有效统领和整合各种多元文化思潮的主导文化。而社会主义核心价值观在促进校园人形成自我认知与选择的过程中时刻发挥作用，能够引导和促使广大师生不断判定与反观自己的行为，进而或坚持、或改变自己的行为方向，努力与这一社会规范的要求保持一致，与社会主义主流文化要求相适应，这样既积极弘扬、培育和践行了社会主义核心价值观，又能够有力抵制各种腐朽思想的影响，促进广大师生形成积极向上的价值观。

（二）确保新时代中国特色社会主义事业后继有人的内在要求

高校是培养中国特色社会主义事业合格建设者和可靠接班人的重要阵地。以社会主义核心价值观引领高校校园文化建设，使大学生真

---

① 中共中央办公厅、国务院办公厅：《关于进一步加强和改进新形势下高校宣传思想工作的意见》，中央政府门户网站，2015年1月19日。

正从思想上认同社会主义核心价值观，从行为上践行社会主义核心价值观，自觉增强抵御西方思潮侵蚀的能力，这关系到社会主义事业是否后继有人，关系到社会主义事业的兴衰成败和中华民族的伟大复兴能否实现。把社会主义核心价值观渗透到校园文化建设的过程中，既能够确保校园文化建设的正确方向，又有利于发挥社会主义核心价值观的引领功能，增强社会主义核心价值观的凝聚力和感召力，提高大学生对中国特色社会主义理想和中国特色社会主义制度的认同感，这种认同感越强，就越会在校园中产生一种期待合力，这种共同愿景把广大师生的思想和力量凝聚在一起，激发他们为这个共同的目标而奋发进取的精神情感，从而不断增强道路自信、理论自信、制度自信和文化自信，增强对坚持党的领导的信念，紧紧团结在党中央的周围，进而为新时代中国特色社会主义事业作出应有的贡献。

社会主义核心价值观作为当前我国社会的主流价值，代表了广大人民的普遍愿望和价值追求，而校园文化是思想政治教育的重要载体，校园文化价值导向功能的有效发挥是建立在广泛的群体认知基础之上的。因此，以社会主义核心价值观引领高校校园文化建设能强化学生对校园文化的认同，增强学生对社会主义核心价值观的认同感，这种认同感主要表现在：第一，学生对马克思主义的基本立场、观点和方法的认同；第二，学生对自身作为国家的公民所怀有的自豪感和荣誉感；第三，学生自觉地为国家的富强、民族的复兴作出努力；第四，学生自发地为弘扬、培育和践行社会主义核心价值观作出努力。

（三）提升正确的校园舆论导向力的内在要求

一所学校的校园文化，无不折射出该校的价值取向、历史传统和办学理念等，必然体现着一种主体的思想意识和价值观念。而这种主体的思想意识和价值观念，就像一条主线一样在学校的各个方面、各个环节发挥着重要的作用，尤其是对学生具有一种引领和主导作用。以社会主义核心价值观引领高校校园文化建设必将大大增强这种引领作用。社会主义核心价值观的价值目标、价值追求和价值规范等，作为一种文化氛围浸透在校园里，对广大师生具有极大的感染力与号召力。在高校的教学、科研与生活中，社会主义核心价值观衡量着每一个行为主体在奉献社会和自我发展两方面的均衡度，支撑和维护学生、教师等不同群体的利益，协调不同校园角色之间的关系，从而使学校文化和大学精神和谐共存、共同发展，营造出和谐的文化氛围，保证师生沿着正确的方向发展。

新时代大学生是弘扬、培育和践行社会主义核心价值观的主力军，他们应具有崇高的价值追求目标。崇高的价值追求目标是人奋发向上的驱动力，也是弘扬、培育和践行社会主义核心价值观必须解决的首要问题。没有崇高的价值目标，就使一些大学生信念动摇、理想迷失、精神颓废、道德滑坡，甚至走向犯罪的深渊，尤其是在当前价值多元化的时代，这个问题就显得尤为重要。

新时代以社会主义核心价值观引领高校校园文化建设就要把富强、民主、文明、和谐作为大学生为之奋斗的价值目标，把自由、平等、公正、法治作为大学生为之奋斗的价值追求，把爱国、敬业、诚信、友善作为大学生的价值准则和价值尺度，有了社会主义核心价值观的这种引领，就会促使大学生不为任何歪理所惑，不为任何邪说所趋，不为任何风险所惧，不为任何诱惑所动，从而树立起正确世界观、人生观价和值观。

五 以社会主义核心价值观引领高校校园文化建设的路径选择

新时代校园文化建设中存在缺乏完善长效的校园文化建设机制的问题。"从校园文化的内容、形式和手段上看，校园文化建设是一个系统工程，需要一些渐入推进、逐步完善和长效常新的机制来保障这个系统工程的不断完善，日益健全。短、平、快式的校园文化建设模式虽然在短期内能够对校园氛围的营造、校园精神的塑造以及校园人的打造起到推动与标榜作用，但往往这种建设模式下所隐含的是一种谋求大而全、空无实的建设机制。"①

---

① 陈志军、浦解明、左益:《社会主义核心价值体系融入大学生思想政治教育全过程研究》，光明日报出版社 2009 年版，第 121 页。

新时代，有些高校校园文化建设仅仅是为了迎合时政与附和形势，致使建设的实效性、长效性方面存在不足。这样会严重阻碍校园文化建设的逐步完善，不能保证校园文化的长远发展。一方面，从学校发展的长远目标来看，大学要弘扬和构建传承大学精神和灵魂的校园文化，它对大学发展起指导性作用、发挥全局性影响。但另一方面，大学又要面对现实，既要面对日益激烈的生存竞争，又要面对评估的压力、招生的压力、经费使用的压力等等。面对双重压力，有些学校无奈之下选择扩招、扩张、做大，这又从某些方面导致学校资源不足、师资缺乏和教育质量下滑等。因此，当下要以社会主义核心价值观引领高校校园文化建设。

（一）大力加强校园物质文化建设

所谓校园物质文化主要指校园内的各种建筑、自然物、文化设施、活动场所、校园绿化等物质形态，因为这些都是自然界的人化，融入了人们的创意、知识、技能、价值取向和精神理念物，它是组成校园文化的硬件设施，是校园文化最直观的表现形式。物质文化建设是校园文化建设的重要组成部分。在校园物质文化建设的设计布局上，应体现社会主义核心价值观的相关内容，让大学生对社会主义核心价值观在国家层面的价值目标、社会层面的价值追求和公民层面的价值规范有更直观全面的了解。优美的校园物质文化建设是确保学校各项工作正常运行的客观条件，同时又是对大学生进行社会主义核心价值观教育重要的场所。良好的校园环境，能陶冶情操、净化心灵；能激发灵感，启迪思想，有利于大学生崇高人格的形成。因此，要大力加强校园物质文化建设，为此，可以从以下几方面着手：

1. 要体现校园建筑的育人功能

要按照环境育人的要求使学校的各种建筑及室内的布置、校容校貌的建设体现育人意识，激励学生的求知欲，陶冶师生的情操，使校园环境真正成为育苗之土、育人之地、成人之所，体现校园环境育德、益智、健体、创美、促劳的作用，充分发挥校园文化的熏陶作用。例如，一条曲径优美的校园小道、一尊安静祥和的雕像，一块放置得当的警示牌等，都向人们诉说着一定的哲理、传递着一定的观念，给每个学生以形式美、语言美、艺术美的示范，使学生不知不觉中受到环境的熏陶、精神的洗礼、人格的培育。不难想象，杂乱无章、野草丛生、废纸满地的校园环境是难以培养出文明和高雅的人才的。

2. 要合理规划校园物质文化建设的整体环境

要合理规划校园物质文化建设的整体环境，注重环境建设的整体一致性和协调性，在规划中应充分结合当地文化风情、习俗等特点，融合学校发展的历史文化特色，使建筑工程与校园风格相协调。既要兼顾大的建筑教学楼、办公楼、实验楼、食堂等之间的整体协调，又要兼顾小的布局如学生寝室、学生活动中心、教室、实验室等之间的协调一致性。同时，高校在校园物质文化建设的规划中，应坚持继承与创新相结合。一方面，要有保护意识，要传承校园的历史文化，对校园内的历史文物要注重保护，要继承学校的优良传统和精神品质。另一方面，在继承的基础上要结合新的时代特点有所创新。高校校园物质文化建设应既能体现学校历史的厚重感，又能反映学校建设所具有的时代感和创新性，树立与时俱进的思想观念，积极探索具有创新性和民族性的校园文化建设途径。

3. 要加大物质文化建设的力度

要加大物质文化建设的力度，给予充足的建设经费以提供校园物质文化建设所必要的活动场地和文化设施。如果没有一定的建设经费作为保证，再好的措施也难以付诸实施。因此，高校要把校园文化建设经费纳入学校预算，尽量在财力、物力等方面加大投入，"以物质为载体，加大经费投入，美化校园环境，改善设施，合理布局，创造高雅别致、使人心旷神怡的舒适环境，使学校的环境与高校教育目标相符合，可以助提高高校思想教育实效的一臂之力"①。

---

① 崔华前：《当代大学生社会主义核心价值体系教育机制研究》，合肥工业大学出版社 2012 年版，第 201 页。

4. 要注重校园物质文化建设的实用性和美观性

校园物质文化建设要宽敞、实用、多样化和美观。一所高校既要有宽敞明亮的教学、科研和社团的活动场所，又要有幽静别致的游乐景观。同时，校园内应有与本校相关的大家、名师的雕像，主题文化广场，校友捐赠的奇石，校园的花草树木，学校的文明标志牌等。这些物质文化都应该按"艺术"精品的标准来建设，体现出人文气息，反映出学校的文化传统和价值取向。这样，才能保障学校各项工作的顺利进行，才能充分发挥校园文化的功能。

（二）深入开展校园校风建设

所谓校风主要指学校的整体风貌和师生员工的精神状态，它承载着学校的办学传统和办学经验，是校园文化和全体师生精神风貌的集中体现，主要包括教风和学风两部分。良好的校风既能引导学生形成正确的价值判断、调整和规范学生的行为、凝聚师生的力量，又能促进大学生的全面发展和社会主义核心价值观的弘扬和培育。因此，针对当前校园文化所呈现出的新特点，必须大力营造崇尚科学、严谨求实、善于创造、具有时代特征和学校特色的良好校园风气。"其建设的内容是要在全体师生员工中形成坚定正确的政治方向，高尚的道德情操，严谨的治学态度，民主的学术空气，团结奋斗、勇于创新的开拓精神，严明的组织纪律，良好的教学和工作秩序，凝聚、激励师生员工奋发向上的校园精神等。"[1] 对此，习近平总书记在 2016 年 12 月召开的全国高校思想政治工作会议上指出："要坚持不懈培育优良校风和学风，使高校发展做到治理有方、管理到位、风清气正。"[2] 当前，加强校风建设可以从加强教风建设和加强学风建设两个方面来开展。

1. 加强教风建设

教风主要是指广大教师在从事教学、科研工作过程中所形成的并

---

① 王蕊：《当代大学生思想政治教育研究》，中国农业科学技术出版社 2012 年版，第111 页。

② 中共中央、国务院：《关于加强和改进新形势下高校思想政治工作的意见》，《人民日报》2017 年 2 月 28 日。

具有共同的相对稳定的特点和行为倾向，它集中体现着教师的职业道德、学术公德、工作态度、知识背景、教学能力等综合素质。加强教风建设，首先需要加强教师的师德建设，增强教师教书育人的责任感，做到既要教好书，又要育好人，在工作过程中自觉地把教书与育人有机地结合起来，从而使广大教师在传授知识的过程中实现育人的目的。要严格禁止教师的道德败坏、学术不端行为，一经发现，追究到底。广大教师要严格按照公民层面的价值标准即"爱国、敬业、诚信、友善"来践行社会主义核心价值观。要加大对广大教师业务培训的力度，不断提高教师的业务水平和综合素质，从而以自己的渊博知识来增强学生的吸引力和感染力，成为有魅力的教师。同时，还要从保证教学中心地位、解决教师实际问题等方面加强建设好教风。良好教风的形成离不开全体教职员工的努力，只有全体教职工都发挥潜移默化的示范作用，良好的校风才能形成。因此，高校要加强教风建设，充分发扬教师为人师表，以身作则的优良传统，引导教师率先垂范，自觉践行社会主义核心价值观，形成严谨笃学、刻苦钻研、率先垂范的良好教风。

2. 加强学风建设

学风是在校大学生在学习过程中所表现出来的精神风貌和行为作风。优良的学风包括正确的学习目的、强大的学习动力、端正的治学态度、良好的学习方法。加强学风建设就是要以学生为中心，帮助学生树立正确的学习态度，激发学生的学习兴趣，掌握良好的学习技巧，树立远大的理想目标、坚定正确的政治信念、培养勤奋、严谨、求实、创新的优良学风等。对于个别学生所表现出来的厌学情绪要及时给予引导；对于家庭困难的学生，学校要给予一定的经济补助，帮助学生解决后顾之忧。加强学风建设，就要清除不良风气，对于败坏学风的现象，特别是对于考试中作弊的学生，要在全校师生中通报批评，情节严重的可以考虑取消毕业资格，这样，可以引导学生树立正确的世界观、人生观和价值观，努力营造实事求是、自强不息、积极进取、勇于创新的优良风气。

因此，高校要加强校风建设，努力将社会主义核心价值观渗透于教风和学风建设中，形成崇尚科学、严谨治学、廉洁治校、全心全意为师生服务的良好校风，营造浓厚的育人环境，使大学生在良好的校园文化氛围中，自觉养成良好的道德品质和行为习惯，自觉地弘扬培育和践行社会主义核心价值观。

（三）重视校园文化制度建设

校园制度文化也是校园文化的重要组成部分，它作为校园文化的内在机制，主要是指为确保学校各项工作正常运转所制定的一系列规章制度，如校规校纪、管理制度、法律法规等，是广大师生的价值取向和行为准则，是维系学校正常秩序必不可少的保障机制。高校要把社会主义核心价值观的要求渗透到制度建设之中，建立和完善校规校纪、管理制度，执行和落实各项制度要求，以此来规范和引导广大师生员工的行为，促进他们对社会主义核心价值观的认同和践行。所以，要制定完善一系列校园文化管理制度，确保校园文化活动能够有章可循。

1. 要建立健全校园文化建设的各项管理规章制度

要建立健全校园文化建设的各项规章制度，特别是遵纪守纪方面，使学校各项工作有章可循。规章制度主要针对广大师生，对于师生遵纪守纪方面，一方面，对于教师的旷课、迟到、早退等现象，学校要制定严厉的规章制度，对于违反规定者，进行批评教育，情节严重者，要在全校通报批评，取消一切评优、评先进等活动；对于遵纪守纪方面的教师模范，也要在全校范围内大力表彰，评选为"最有责任的教师"，发扬榜样的力量。另一方面，对于学生的旷课、迟到、早退等现象，要制定相应的规章制度，对于违反者要进行批评教育，屡次违反者要给予警告处分，取消评优、"三好学生"等一切活动；对于遵纪守纪方面的学生模范，要在全校范围广泛宣传，评选为"最佳学生"，成为学生学习的典范。同时，学校要建立相应的褒奖机制，每年对在道德方面作出突出贡献的师生进行评选，评选出"最美学生"和"最美教师"，并颁发证书和奖金，积极传播校园正能量，弘扬校园主旋律。

2. 要建立和完善校园文化建设检查评估制度

要建立和完善校园文化建设检查评估和监控制度，以确保后续工作的顺利开展。一方面，在制定规章制度时，要本着以人为本的原则，制定符合师生实际的、切实可行的，体现科学性、人性化的规章制度。另一方面，从组织上和制度上保证校园文化建设的规范化，避免并克服个人专断和感情用事，确保校园文化建设真正具有科学性、权威性、规范性和指导性。同时，要充分发挥党团组织和学生会、学生社团在校园制度文化建设中的重要作用。要把学生、教师、院系学生管理工作者这三种校园制度文化建设的主体有机地组织起来、整合起来，形成推动校园制度文化建设的强大合力。

总之，大学要把社会主义核心价值观渗透到各项规章制度之中，以此来规范和引导广大师生的行为。高校党委要加强对校园文化建设的领导，把校园文化建设纳入学校建设与发展的长远规划和年度计划，并制定具体的校园文化建设方案，形成在学校党委的领导下，党政工团齐抓共管、分工负责的管理体制。①

(四) 开展丰富多彩的校园文化活动

校园文化活动既是校园文化建设的主要载体，又是大学生社会主义核心价值观教育的有效途径。健康、积极、向上的校园文化活动不仅可以充实大学生的课外生活，培养大学生的技能，还能提升大学生的思想，陶冶大学生的情操，因此，高校可以在学生中广泛开展多层次、多角度的校园文化活动，并努力提高校园文化品位，营造大学生社会主义核心价值观教育的良好氛围，把社会主义核心价值观教育渗透到校园文化活动之中，使大学生受到教育与陶冶，提高大学生文化修养和人文素质。围绕社会主义核心价值观来开展校园文化活动，其组织形式丰富多彩。

1. 以社会主义核心价值观为主题，发挥价值观的引领作用

高校可以通过开展以社会主义核心价值观为主题的学术讲座、专

---

① 徐洁、周全、伍晓雄：《关于加强高校校园文化建设与管理的思考》，《黑龙江教育学院学报》2010 年第 4 期。

题研讨会、大学生知识竞赛、演讲比赛等大学生喜闻乐见的校园文化活动进行社会主义核心价值观教育，这些积极、健康、生动的校园文化活动集思想性、知识性和趣味性于一体，可以让大学生在愉悦的心境中认知社会主义核心价值观的内涵及其精神实质，以增强大学生的爱国热情和民族自豪感，唤起大学生的责任心和使命感，使他们在参加校园文化活动的过程中受到教育，在文化的熏陶和感染下自觉弘扬社会主义核心价值观，进而不断增强大学生的凝聚力、感召力和向心力。因此，高校要开展丰富多彩的校园文化活动，努力把校园文化活动的开展与社会主义核心价值观教育相结合，充分发挥高校校园文化活动的育人作用和社会主义核心价值观对大学生的引领作用。

2. 以爱校荣校教育为具体形式，发挥大学精神育人作用

高校可以通过爱校荣校教育等活动，让大学生在教育活动中深刻地感受到校园悠久的历史传统、厚重的文化底蕴和美好的前景，从而可以培养大学生的荣誉感、归属感和向心力，进而鼓励他们在以后的学习和工作中，以杰出校友为榜样，以学校为骄傲，不断增强学习和工作的积极性和主动性，不断激发他们强大的内在精神动力。"通过结合自身历史，挖掘先辈学人的优良传统，以自身的光荣历史为基础，把握爱校荣校教育本身的独特优势，注重灵活性、生动性，引导大学生将道德的感性经验与理性认识相结合，让校史、校风成为大学生产生荣誉感和自豪感的强大动力。"[①] 这样，学生在形式多样、丰富多彩、生动有效的校园文化氛围中感受到一种积极向上的教育力量，使学生在丰富多彩的校园文化活动中增强对社会主义核心价值观的认同感，使学生在参与活动过程中深刻体验社会主义核心价值观的伟大力量，接受潜移默化的熏陶和教育。

3. 以大学生社团为媒介，发挥价值观教育的功能

大学生社团已成为新时代高校校园文化活动不可缺少的重要力

---

① 中共教育部党组共青团中央：《关于在各级各类学校推动培育和践行社会主义核心价值观长效机制建设的意见》，教育部门户网站，2014 年 10 月 17 日。

量。现如今，校园社团种类繁多、活动频繁，为校园文化建设增添了勃勃生机，使校园文化焕发了青春和活力。但是，存在的问题是，有些社团品位不高，质量偏低，给校园文化的发展带来了一定的负面影响。因此，应以社会主义核心价值观为主导不断提升学生社团品位，充分发挥其价值观教育的功能。为此，要深入挖掘社团活动中爱国、民主、文明、平等、公正、敬业、诚信、友善、奉献、励志等价值观教育因素，不断提升大学生社团的文化品位，使社团活动具有丰富的思想内涵和教育内涵，从而强化大学生对社会主义核心价值观的认同感，增强大学生思想政治教育的实效性。

值得注意的是，对于学生所开展的校园文化主题活动教师要进行正确的引导，避免出现"撒手不管"或"一手包办"的现象。首先，针对学生开展活动当中出现的问题，提出一些建设性的意见，做好学生参谋。教师特别是专职辅导员要密切关注校园文化的发展态势，积极参加学生所开展的校园文化主题活动，对活动中出现的失误及时给以指导，并充分利用自己在经验、组织管理等方面的优势，积极主动地为学生的主题活动献计献策。其次，教师尤其是专职辅导员要扮演好组织者、指导者的角色。教师通过设计和指导学生活动，使校园文化有条不紊地沿着正确的方向发展，从而确保校园文化活动走向自觉、持久开展的轨道。

第三节　以社会主义核心价值观为指导加强大学生社会实践

社会实践对于人的成长具有十分重要的作用。江泽民同志在首都青年纪念五四运动报告上的讲话中指出："研究社会，了解国情，理论联系实际，在实践中认识世界、改造世界。"① 在高校，社会实践活动能促进大学生更快更好地成长成才。2011 年 4 月，胡锦涛同志

① 《江泽民文选》（第 1 卷），人民出版社 2006 年版，第 127 页。

在庆祝清华大学建校 100 周年大会上提出："希望同学们把创新思维和社会实践紧密结合起来……坚持理论联系实际，积极投身社会实践，在基层一线砥砺品质，在同人民群众的密切联系中锤炼作风，在实践中发现新知、运用真知，在解决实际问题的过程中增长才干。"社会实践活动要引导学生为社会尽责、为社会主义现代化建设出力，直接参加经济建设。这既是社会的需要，也是培养、教育学生的需要。2013 年 5 月，习近平总书记在参加"实现中国梦、青春勇担当"主题团日活动时对青年人投身社会实践又提出了殷切的期望，指出："学习是成长进步的阶梯，实践是提高本领的途径……要坚持学以致用，深入基层、深入群众，在改革开放和社会主义现代化建设的大熔炉中，在社会的大学校里，掌握真才实学，增益其所不能，努力成为可堪大用、能担重任的栋梁之材。"[1] 教育部相关文件也指出："促进政府、学校、企业、社会等按照'目标共同、机制共建、资源共享、责任共担'原则建立实践育人共同体，整合各方资源、发挥集聚效应、推进深度融合，实现实践育人规范化管理、常态化服务、品牌化培育、项目化配置、信息化支撑、社会化运作。通过共同体建设，为学生实践搭建平台，提升学生创新实践能力，深化学生对社会主义核心价值观的理解和认识。"[2] 2017 年 2 月，中共中央、国务院印发《关于加强和改进新形势下高校思想政治工作的意见》中就强调："要强化社会实践育人，提高实践教学比重，组织师生参加社会实践活动，完善科教融合、校企联合等协同育人模式，加强实践教学基地建设，建立健全国家机关、企事业单位、社会团体接收大学生实习实训制度。"[3]

　　关于社会实践活动在价值观教育中的重要作用，国外也非常重

　　① 习近平：《在同各界优秀青年代表座谈时的讲话》，新华网，2013 年 5 月 4 日。
　　② 中共教育部党组共青团中央：《关于在各级各类学校推动培育和践行社会主义核心价值观长效机制建设的意见》，教育部门户网站，2014 年 10 月 17 日。
　　③ 中共中央、国务院：《关于加强和改进新形势下高校思想政治工作的意见》，《人民日报》2017 年 2 月 28 日。

视。国外教育学者普遍认为，社会实践活动是学生形成核心价值观的重要途径。因此，国外学校积极鼓励和支持学生参加各种社会实践活动，主要表现为鼓励学生参加各种社会活动和社会服务，让学生走出校门去了解社会。通过参加社会实践，不仅培养了学生的团队合作精神和社会责任感，而且还将课堂上学到的知识和价值观念具体化、生活化，达到理论与实践的统一，做到学以致用。可见，社会实践已成为高校加强大学生思想政治教育、提升人才培养质量的重要途径，也是高校加强大学生社会主义核心价值观教育的有效途径。

一 大学生社会实践活动的基本状况

我国大学生社会实践活动开始于 20 世纪 80 年代，改革开放后，一批大学生积极投身社会，了解社会。1983 年 10 月，团中央、全国学联下发了《关于纪念"一二·九"运动四十八周年开展"社会实践周"活动的通知》，首次提出了"大学生社会实践活动"的概念。1984 年 5 月，团中央确定了社会实践要坚持"受教育、长才干、做贡献"的指导方针，社会实践活动得到了蓬勃发展，逐步成为大学生理论联系实际，深入社会、了解社会、服务社会的重要途径。2004年，《中共中央、国务院关于进一步加强和改进大学生思想政治教育的意见》中指出："社会实践是大学生思想政治教育的重要环节，对于促进大学生了解社会、了解国情，增长才干、奉献社会，锻炼毅力、培养品格，增强社会责任感具有不可替代的作用。"[①] 2012 年 1 月，教育部、共青团中央等七部门联合下发了《关于进一步加强高校实践育人工作的若干意见》，站在全面落实党的教育方针，把社会主义核心价值观贯穿于教育全过程的高度出发，对实践育人工作的重要性、科学性、实效性进行了深刻阐述，对深入开展大学生社会实践工作作了全面部署。现如今，大学生社会实践已经成为高校教育的重要组成

---

① 中共中央、国务院：《关于进一步加强和改进大学生思想政治教育的意见》，2004年 10 月 15 日。

部分。经过 30 多年的发展，大学生社会实践活动逐步得到完善，现已经步入了正轨，取得了一定的成绩，但同时也暴露出了一定的问题。

（一）大学生社会实践活动取得的成绩

在各级政府、学校领导和广大教师的高度关注下，大学生社会实践已经成为高校教育的第二课堂，其组织制度较为完善，活动内容较为丰富、实施样式较为多样、参加人数不断增多。

1. 组织领导制度较为完善，为社会实践提供了制度保障

从目前来看，各级领导对社会实践都高度重视，从社会实践的方案设计、组织实施到总结考核已经形成了较为完善的制度，且逐步规范，为社会实践活动的有效实施提供了制度上的保障。首先，教育部、团中央每年都结合社会实际和时代要求对大学生社会实践工作作出统一部署，对社会实践的主题、重点等重要事项予以指导，统筹规划。其次，各省、市、自治区主管部门，各高校都会结合实际情况，就本省（市、自治区）、本校大学生的社会实践工作作出具体安排。最后，具体到学校层面，一般都形成了学校党委学工部（学生处）、校团委主抓，各学院具体组织，校院两级学生组织、班级、党团组织和学生个体积极参与的模式。各高校都相应成立了大学生社会实践活动领导机构、指导机构、组织机构和宣传机构，加强了对大学生社会实践活动的引导、宣传及追踪报道，为社会实践活动奠定了组织基础，实现了"具体落实、责任到人"的制度化管理模式。

2. 大学生参与社会实践的热情进一步提高，人数不断增多

传统观点认为，学校的课堂教育是大学生成长成才的根本途径。但是，新时代大学生已不再满足于课堂教育，他们有着自己的主见和判断力，常常用怀疑的眼光看待事物，对现成理论和说教不会盲目信服，而对于用自己的见解坚信不疑。因此，大学生对课堂教学的兴趣性下降，对社会实践的热情不断提高。现在的大学生同时在读着两本书，一本是课堂教学的书本，一本是社会实践的书本即现实社会。事实上，这两本书比起来，后者对学生的吸引力和感染力更大些。

通过问卷调查、访谈以及每年大学生申报社会实践项目的情况看，新时代，绝大多数大学生参加社会实践的积极性很高。从全国范围看，每年都有一千多万大学生参与到社会实践活动中，而且每年都在稳步增长。可以看出，越来越多的大学生已经认识到社会实践的重要性：一方面，社会实践可以帮助他们了解社会、深入社会，进而增加自身的社会经验，拓展自己的视野，从而更好地融入社会；另一方面，社会实践可以提高他们认识问题、解决问题的能力，可以培养他们的实践操作能力、理论联系实际的能力，做到学以致用。据统计，参加过社会实践的学生一致认为，社会实践能够很好地弥补课堂教学的不足，并建议学校要加大社会实践的覆盖面，尽量让更多的学生能够参加社会实践、体验社会实践。

3. 社会实践内容丰富多彩，组织形式多样

从社会实践的内容看，大学生社会实践的内容已由传统的参观考察、勤工助学等，发展为理论宣讲、教育帮扶、医疗服务、科技支农、社会调查、实习实践、创新创业等，可以说，主题越来越鲜明、内容越来越丰富，切实做到了推动社会实践与服务社会相结合、与勤工助学相结合、与择业就业相结合、与创新创业相结合。从组织形式来看，既有个体实践，又有组队实践；既有学生个人发起的团队，又有班级或党团组织发起组建的团队。从社会实践的接收单位来看，既有临时性的实践目的地，又有相对比较稳定的社会实践基地。从社会实践的时间来看，基本上形成了"课余经常性实践""双休日重点性实践"和"寒暑期集中性实践"相结合的社会实践模式，形式更加灵活多样。

4. 专项实践经费和固定实践基地的设立，为社会实践提供了物质保证

首先，从教育部、团中央到各省市、高校，都有专项的实践经费，而且每年的经费投入都在增加，并且有严格的专项经费使用管理条例，为社会实践活动提供了坚实的经济基础。其次，从教育部、团中央到各省、市，具体到各学校都设有固定的社会实践基地，为社会

实践活动的顺利开展提供了场所的保障。当然，随着实践规模的扩大，社会实践基地也在不断增多。

（二）大学生社会实践活动存在的问题

组织开展大学生社会实践的工作在取得显著成绩的同时，也暴露出一些值得重视的问题，主要表现为：

1. 长效运行体系不健全

部分高校还存在重理论、轻实践，重知识、轻能力，重课堂、轻课外的倾向，致使学生课堂学习任务繁重，甚至有学校周末安排学生上理论课的现象，这足以说明，实践教育还没有引起重视，实践教育体系还不够完善。这就需要学校各级领导从学生长远发展和学校大局出发，把社会实践纳入学校教育的高度，落实上级的社会实践精神，制定一系列的组织领导制度，确保社会实践的如期开展，促进学生的全面发展。

2. 内容、形式缺乏创新

目前，部分高校社会实践的内容和形式过于陈旧，缺乏时代的气息。社会在不断发展，时代在不断变迁，社会实践也应该结合社会的发展和时代的特点以及大学生的需求，不断丰富实践活动形式、更新实践活动内容，为社会实践及时注入新鲜的血液。否则，社会实践就得不到预期的效果，失去了意义。

二　以社会主义核心价值观为指导加强大学生社会实践的意义

社会主义核心价值观作为新时代意识形态的主要内容，理应是新时代大学生思想政治教育的核心内容。高校应当以社会主义核心价值观统领大学生思想政治教育，把社会主义核心价值观融入大学生思想政治教育，当然也包括融入大学生社会实践活动。理论来源于实践，社会主义核心价值观是在中国特色社会主义伟大实践中产生和发展起来的，只有投身于伟大的实践之中，才能对社会主义核心价值观有更加深刻、全面的认识。因此，针对当前大学生社会实践存在的问题，以社会主义核心价值观为指导加强大学生社会实践，发挥社会主义核心价值观的引领作用，增强大学生的向心力和凝聚力，进而为实现中华民族伟大复兴的中国梦作出应有的努力。

（一）大学生社会实践指导思想的需要

社会主义核心价值观能为大学生社会实践提供思想指导和行动指南。大学生社会实践是一个行为过程，在此过程中大学生作为行为主体应当做什么和应当怎么做，就需要有明确的指导思想和正确的行动方向。党的十八大报告从三个层面对社会主义核心价值观作了概括和阐释，即："富强、民主、文明、和谐"，这是国家层面的价值目标；"自由、平等、公正、法治"，这是社会层面的价值取向；"爱国、敬业、诚信、友善"，这是公民层面的价值准则。

可见，社会主义核心价值观内涵丰富，涵盖了社会生活的方方面面，不仅包括了意识形态和政治价值追求，还整合了思想观念、社会价值取向和公民道德准则。社会主义核心价值观集中体现了我国广大人民的普遍愿望和价值追求，既有国家层面的价值目标、社会层面的价值追求，也有个人层面的价值规范。同时，社会主义核心价值观既包含了世界观、人生观，又涵盖价值观、道德观，它无疑成为大学生社会实践的思想指导和行动指南。

（二）社会实践的深层次发展的需要

运用社会主义核心价值观，能够有效分析大学生社会实践的目的、意义、价值等问题，帮助大学生有针对性地选取实践内容和项目，并在实践过程中，有助于大学生分析所遇到的问题、找到有效的解决办法，分清事物矛盾的主次关系，从整体考虑问题，从局部入手解决问题，进而促使大学生在社会实践中得到锤炼，并使实践活动向更深层次发展。因为大学生在社会实践中，自觉能动性得以充分发挥，从实践课题、活动基地、调查研究、组织管理到总结评估，用自己的眼睛观察，用自己的头脑思考，又有来自社会先进文化的指导，获得的知识更深刻、更牢固。同时在社会的大环境中，大学生看待问题的视野更广阔、更新颖，更能够使大学生透过社会现象看本质，在"实践—认识—再实践—再认识"的逻辑循环中，受到的教育是其他途径无法比拟的。

在参与丰富多彩的社会实践活动过程中，大学生走出校门、走进基层的实践中，他们通过所见、所闻、所思、所感，全面了解社情民意，深刻感受到科学理论的重要性，深刻认识到社会主义制度的优越性，进而坚定跟党走的信念和决心。比如，课堂上讲构建和谐社会，如果仅仅是课堂教育，学生不会有高度的认同感。但当他们走进社会，亲身感受到社会发展所带来的地区差异、城乡差异，以及自然环境恶化时，他们将会对建设和谐社会产生高度共鸣。再比如，大学生对中国特色社会主义道路的认同也是缺乏深刻体会的，通过组织红色主题社会实践，有利于引导大学生在深入社会、了解历史的过程中，逐步形成正确的历史观，真正理解"坚持中国共产党的领导，坚持走中国特色社会主义道路"的正确抉择。或者，定期带学生到爱国主义教育基地，可以唤起他们的爱国热情、民族情怀，增强他们的民族凝聚力和向心力，从而使社会实践活动向更深层次发展。

（三）大学生弘扬、培育和践行社会主义核心价值观的必然要求

大学生所接受的世界观、人生观、价值观、道德观等方面的知识起初往往采用理论灌输的方法，而只有将其内化为大学生的心理形态，进而用以指导大学生个体的行为，才真正具有价值意义。同样，让大学生理解社会主义核心价值观的内涵是教育的第一步，也是他们接受社会主义核心价值观，并使之成为自身行为指南的前提条件。社会主义核心价值观来源于中国特色社会主义的伟大实践，社会主义核心价值观的教育，既是一种理论层面的灌输，也是一种实践层面的感知。大学生社会阅历较浅，对世情、国情、党情、社情了解较少，对国家经济社会发展状况了解不深。如果学校的思想政治教育仅仅满足于让大学生获得理论形态的认知，却不重视引导大学生把认知能力和认知水平用以提高行为选择与践行的能力和水平，那就毫无意义。如果不深入实践，不了解社会，就无法深刻理解社会主义核心价值观的内涵和精神实质，或者一知半解，或者只停留在字面上、书本上，那将是十分肤浅和形式化的。社会实践有助于大学生认识社会，了解社会。通过参加社会实践，亲身体验、亲眼所见，大学生能够了解中国

特色社会主义事业所取得的伟大成就，所面临的困难、挑战和问题，可以让大学生在理论与实践的结合中加深对社会主义核心价值观的认识，实现对社会主义核心价值观的认知由书本到现实、由抽象到具体的转变，进而做到内化于心，外化于行。因此，社会主义核心价值观融入大学生社会实践，并通过加强大学生社会实践，要促使大学生加快对社会主义核心价值观"内化"过程，提高"内化"程度，并将主观认识系统与行为系统有效地连接起来，充分实现知行转换，全面达到知行统一，克服知行分离。

大学生社会主义核心价值观教育的最终效果要通过大学生的日常生活和行为体现出来。加强大学生的社会主义核心价值观教育，就是要进一步坚定他们对马克思主义的信仰，对中国特色社会主义道路和共同理想的信念，使社会主义核心价值观内化于大学生的具体行为之中。大学生积极参加各类社会实践，从返乡调研到公益服务，从社区服务到农村支教，从科技下乡到挂职锻炼，他们利用自己所学知识服务社会、服务他人，以实实在在的行动体现对理想信念的坚定追求、对历史使命的积极回应、对时代责任的勇于担当。这本身既是接受社会主义核心价值观教育的过程，也是以自身实际行动弘扬、培育和践行社会主义核心价值观的典范。

总之，只有通过社会实践，才能使大学生更好地把握社会主义核心价值观的深刻内涵与精神实质，使大学生在实践中得到心灵的净化、思想的熏陶，增加他们对社会主义核心价值观的认同感，更加自觉地用社会主义核心价值观指导自己的言行，实现知行统一，做社会主义核心价值观最忠实的践行者，进而为国家的富强、民族的振兴和社会的和谐贡献力量。

三 以社会主义核心价值观为指导加强大学生社会实践的路径选择

实践是检验真理的唯一标准，社会实践是大学生社会主义核心价值观教育的重要途径，通过社会实践可以强化大学生对社会主义核心价值观的认同并自觉弘扬、培育和践行社会主义核心价值观。面对新形势、新任务，高校必须以社会主义核心价值观为指导采取切实有效的措施来加强大学生社会实践，推动社会实践的创新发展。2019 年 10 月 8 日，教育部关于深化本科教育教学改革全面提高人才培养质量的意见中提出："积极组织学生参加社会调查、生产劳动、志愿服务、公益活动、科技发明和勤工助学等实践活动。"① 学校"积极开展思政课实践教学改革，充分利用遵义会议会址、遵义红军烈士陵园、娄山关战斗遗址等红色载体，让抽象理论变为具体实践，实现现场与课堂的转化，让医学生身临其境学习革命文化、感悟革命信仰、体会革命精神。特别是将当初被群众传为救苦救难的'红军菩萨'——红军卫生员龙思泉烈士作为医学生教育的重点和典型，强调大医精诚、德医双馨。同时……坚持将红色教育融入文化下乡、医疗扶贫、体检义诊等活动中，引导医学生领悟生命真谛、尊重生命、敬畏生命，学生'传承红色基因、服务贵州人民'的意识和社会实践能力不断增强，实现课外实践教学从'要我做'变成'我要做'的转变。学校探索出了立体式、多层次的全员覆盖型社会实践新模式。形成了'课堂实践——校外社会实践——研究训练'的良性循环体系，教学效果明显提高"②。

（一）大力推进社团型社会实践

大学生社团作为一种非正式团体，是大学生基于共同的兴趣和愿望自发组成的，具有特定目标、组织章程和活动方式的学生群体组织。社团型实践活动能满足学生多方面的需求，在促进学生成长成才就业等方面发挥着重要的作用。当前，高校应充分发挥学生社团的作用，并不断完善学生社团的管理，引导大学生参加积极向上、健康有益的实践活动。

1. 大学生社团建设的现状

新时代，基于共同的兴趣爱好而组建起来的大学生社团数量不断

---

① 教育部：《关于深化本科教育教学改革全面提高人才培养质量的意见》，2019 年 10 月 8 日。

② 何志旭：《传承红色基因　强化立德树人》，《贵州日报》2018 年 11 月 27 日。

增多，文化品位也在不断提升。这些学生社团分别涉及政治、经济、科技、体育、文化、公益等方面，包括理论研究类、科技学术类、社会公益类和兴趣爱好类等类别。同时，随着社会的不断发展和竞争的日益激烈，大学生的主体意识和自我完善的要求日趋强烈，越来越多的大学生把大学生社团视为锻炼能力和提高素质的重要舞台。当下的大学校园里，随时都能看到大学生社团的身影，特别是在周末，丰富多彩的社团活动给校园增添了无限生机。同时，大学生社团也成为当今社会一道亮丽的风景线，在企业、福利院、敬老院等场所时常会有他们活动的身影。

2. 大学生社团型实践活动的作用

随着教育体制的改革，大学生社会实践作为学校教育的必要补充，已经越来越凸显出它在大学生成长中的重要作用。"作为自发形成的大学生群体组织，学生社团产生的基础决定了其实践活动具有自发性、多元性和开放性等特点，能充分发挥大学生自身的积极性和自主性以及大学生社团干部的能动性和示范性，让学生在自主的实践活动中提高能力和素质。"① 加强大学生社会主义核心价值观教育，就需要高校将社会主义核心价值观融入社团型实践，让他们在社会实践活动中真正感受到"富强、民主、文明、和谐"对于国家的重要意义，体会到社会对"自由、平等、公正、法治"的诉求，自觉地遵守"爱国、敬业、诚信、友善"的价值规范，这在一定程度上就是在弘扬、培育和践行社会主义核心价值观，从而不断坚定跟党走的信心，培育为中华民族伟大复兴而奋斗的崇高精神。

3. 建立大学生社团型社会实践的长效机制

由于大学生社团是自发形成的，缺乏相应的监管措施，具有开放性和多样性的特点，为确保其长期健康地发展，就要求高校相关部门担负起主要的管理和引导方面的职责，建立社团型实践的长效机制，

---

① 陈志军、浦解明、左益：《社会主义核心价值体系融入大学生思想政治教育全过程研究》，光明日报出版社2009年版，第81页。

制定完善的管理制度。同时，在社团型实践管理上要坚持"宏观控制，微观搞活"的原则，以社会主义核心价值观为原则指导社团开展实践活动，要做到管理到位、突出重点、分类指导。要充分发挥社团作为大学生自我教育、自我管理、自我服务的主要组织载体，让各类学生社团的活动各具特色，形成勇于创新、有朝气活力的社团型实践新气象。

同时，针对社团实践中出现的各种问题，例如文化品位低、组织松散、经费不足等问题，高校有关部门要采取适当的措施及时解决，从而使社团实践有序、有效地开展。要充分发挥大学生党员干部在社团实践中的模范带头作用，发挥他们在大学生中的人格魅力作用，让他们用社会主义核心价值观凝聚学生，帮助大学生健康成长与早日成才。

（二）加强大学生社会实践基地建设

"社会实践基地是大学生服务社会、传播文明、培养品格、增长才干的重要场所，可以起到聚集人才、优化资源、科技示范的作用，成为学校育人的重要载体。"[①] 同时，大学生社会实践基地是大学生实践活动顺利开展的基础和有力保障。当下的突出问题是大学生社会实践活动基地建设不足，但同时也存在重建设、轻培育、轻利用的现象，大学生社会实践基地的建设，要特别突出与"产、科、教"结合，尤其是在协助科学技术转化为生产力方面，社会、高校、企业、基地都应提供条件，给予支持。高校可以根据社会发展需要和大学生社会实践的计划，有针对性地建立形式多样的社会实践基地或大学生创新创业实训基地，其形式主要有以下几种。

1. 组织学生进行社会考察、专题调研

社会调查、专题调研能够丰富学生对社会的认识，为以后更好地融入社会打好基础。高校负责社会实践管理的部门可结合当前社会发展的需要，拟定一些社会实践课题，诸如，医患关系、民生状况、医疗保健、农村教育等，学生要想完成这些课题，就需要深入到社会的

---

①　李文信：《大学生核心价值观教育创新论》，阳光出版社 2011 年版，第 217 页。

各行各业去进行实地的社会考察，在了解和调查情况的过程中，能帮助学生更好地了解社会生活，了解国情、民情，从而激发他们的社会责任感和使命感。

2. 开展科技咨询和技术服务活动

学生可在专业教师的指导和组织下，以科技咨询、技术服务、专业实习、创业实践等形式为主。在实践内容上，要结合与专业学习相关的课题试验、生产实习、科技创新、创业实践等；与服务社会相关的理论宣传、农业科技咨询、新型小企业帮扶、法律援助、环境保护、医疗服务等。同时，高校可以开展各项科技文化活动为巩固科技实践基地奠定基础，提高学生参与科技实践基地的积极性。这些活动的开展，使大学生既为社会作出了贡献，也锻炼提高了大学生的才干，进而为国家的富强作出自己的贡献。

3. 开展青年志愿者活动

青年志愿者活动是大学生服务社会、了解民情民意加快自己社会化的极好形式。可建立青年志愿者社区服务站，为社区特殊困难群体，如养老院、孤儿院等奉献爱心、提供帮助。通过组织志愿者开展多种形式的社会服务活动，能够培养大学生无私奉献的高尚品格，自觉弘扬社会主义核心价值观。

除了上述社会实践活动形式外，还可开展勤工助学、参加各种形式的劳动等项目。这些实践活动既能有效锻炼学生的实践能力，又能开发学生的创新思路，是培养学生个性全面发展、确立科学价值观的最佳途径。

总之，社会实践基地的建设应根据实际情况而定，学校在重点建设校内创新实训基地的同时，应与社会加强联系，共同建设大学生实践实训基地，本着"共同管理、双向受益、互惠互利"的原则，整合学校和社会资源，发挥学校的学科优势和智力资源优势，争取政府、社会等各方面的支持和配合，建立足够数量而又相对稳定的社会实践基地。这样，才能既有利于大学生在实践中培养能力、锻炼才干，又有利于学校教学科研和地方经济建设。

（三）大力推进大学生社会实践信息平台建设

大学生社会实践信息平台就是通过网络的及时响应与反馈，增加教师与学生的交流机会。一方面，教师可以在网上及时地向学生征集有关社会实践活动的主题、实践活动的方式，以便制定有效的实践活动方案，避免"年年岁岁人不同，岁岁年年事相似"的情况，给社会实践注入新的活力。另一方面，大学生可以对学校开展或自己参加的一系列社会实践活动的效果评价及感想通过网络平台发表自己的见解，对出现的问题及时予以反馈。这种利用网络信息平台自由、充分地讨论交流，从而形成一种健康积极、催人上进的实践文化。同时，要建立综合运用报纸、广播、电视等传统媒体和网络、微博、微信、微视等新媒体相结合的社会实践宣传机制，抢占和巩固舆论阵地，搭建社会实践的宣传、展示和交流平台，随时随地对社会实践进行介绍和宣传，方便学校和社会了解社会实践的动态、进展、成绩和困难，也有利于学生之间交流经验、分享成果，扩大活动的收益面。

因此，高校应重视网络信息平台的建设，开展以社会主义核心价值观为主题的网上论坛、网上讨论、网上交流等活动，通过教师和学生平等交流、民主对话、积极渗透、加强监督等方式，在双方的积极配合下，正确审视社会实践活动中存在的问题，进行不断改进和提升，强化社会主义核心价值观融入社会实践，增强网络宣传的影响力和战斗力。

（四）开展以社会主义核心价值观为主题的社会实践活动

大部分高校都非常注重培养大学生的社会实践能力，将理论应用于实践。目前很多高校组织社会实践活动，通过实践完善大学生社会主义核心价值观教育，北京高校开展培育和践行社会主义核心价值观活动，成效显著。例如，北京师范大学邀请顾明远等学术大师加入青年教师的"学而书院"，定期与青年教师交流，北京交通大学组织支教学生、大学生村干部、征兵入伍学生、献身祖国西部建设的校友为毕业生开讲座，鼓励毕业生到祖国最需要的地方建功立业；首都师范大学通过"诚信驿站""免监考考场""诚信人生大讲堂"等一系列教育实践，弘扬诚信、友善等中国传统美德；在北京中医药大学，学校整合马克思主义哲学、中国哲学、医学伦理学、中医基础理论等课程力量，将社会主义核心价值观与中华优秀传统文化融入中医药文化价值的阐述之中；北京化工大学以"感恩母校，感恩成长"为主题"十个一"微行动，倡导校园文明新风，践行社会主义核心价值观的活动；在北京工业大学，学校选拔青年教师成立"青年马克思主义者培养工程班"，必修课之一是组织教师赴井冈山、兰考等实践教育基地学习；在首都经贸大学，国情考察被纳入学校中青年人才培养计划，该校定期组织中青年教师前往国内大中型企事业单位考察，鼓励中青年教师研究中国实际问题。①

另外，兰州理工大学开展实施了"1616 行动计划"培育和践行社会主义核心价值观系列活动，把社会主义核心价值观融入学校教学、科研、管理服务、大学文化建设、学生社会实践工作之中，开展了全校师生读书行动、理论宣讲行动、优质服务行动、典型引领行动、践行诚信行动、文明创建行动、志愿服务行动等 16 项行动。其中，法学院开展了学生"五不"宣誓承诺活动，土木学院进行了"那些我们不能忘却的历史"爱国主义主题教育活动，机电学院举办了"观影视红作读经典原著"党团日读书活动，材料学院开展了"亲情之谈"感恩父母活动，能动学院赴智障人士服务中心开展志愿服务活动等，让社会主义核心价值观融入大家的学习、工作、生活中，真正落地生根，融入具体实践。② 在智力密集的各大高校，创新精神一旦与社会主义核心价值观相结合，立刻激发出巨大的创造力，众多高校通过张贴宣传画、制作主题展板、悬挂灯旗条幅等形式，使社会主义核心价值观 24 字内容在校园随处可见，人人知晓。

遵义医科大学马克思主义学院积极探索实践教学改革，其中中国

---

① 施剑松：《把中国精神种在心里——北京高校培育和践行社会主义核心价值观纪实》，《中国教育报》2014 年 12 月 13 日。
② 参见尹晓军《"1616"在行动——兰州理工大学培育和践行社会主义核心价值观工作纪实》，《甘肃教育》2016 年第 23 期。

近现代史纲要教研室每年都开展重走长征路主题实践活动，让同学们实地感悟学习长征精神，缅怀革命先烈，学习他们不畏艰难、积极乐观、艰苦卓绝的奋斗精神。星星之火，可以燎原，红色基因，脉脉相传。同学们在实践中接受爱国主义教育，感悟学习长征精神，旨在激励他们进一步加深对长征及其长征精神重大意义的认识，加深对中国共产党取得革命胜利的感悟，更加坚定共产主义远大理想信念，进一步激发大学生为建设"富强、民主、文明、和谐、美丽"的社会主义现代化强国而努力拼搏，促进大学生更好地培育和践行社会主义核心价值观。同时，同学们在实践活动中坚定理想信念，时刻牢记党艰辛而又辉煌的革命历史，继承和发扬革命先辈的艰苦朴素、不畏艰辛的崇高品格和光荣传统，并且将这种精神动力和力量源泉落到实际行动中，将共产主义建设事业薪火相传，实现社会主义核心价值观的实践育人。

（五）鼓励学生积极参与社会实践活动

一种价值观要真正发挥作用，必须要融入社会生活，让人们在实践中感知它、领悟它，要注意把我们所倡导的价值观与人们的日常生活紧密联系起来，在落细、落小、落实上下功夫。"细"就是要细化，要植入头脑，要沉淀心中，只有发自内心接受，才能真正自觉行动；"小"就是要从小事做起，从个人做起，坚持不懈抓养成，积小善为大善，积小德为大德；"实"就是要行动，就是不能玩虚的，要内化于心、外化于行。社会主义核心价值观的培育和践行要贴近各类学生的日常生活和学习实际，而不是理论对接理论，空对空的口号，要让他们实实在在地感受到社会主义核心价值观就在他们身边，就在他们生活、学习的点点滴滴之中，是看得见、摸得到的，是对自己的成长有用的，从而把社会主义核心价值观的培育和践行浸透于学生的内心，收到"润物细无声"的功效，化为他们自觉的行动。因此，社会实践活动有利于大学生了解社会，了解国情，能够增强大学生的社会责任感以及服务社会、甘于奉献的精神。

1. 充分发挥大学生社会实践的主体作用

大学生参加社会实践，是自我教育的体现，必须充分尊重和发挥学生的主观能动性。学校在指导社会实践方向的前提下，应该给学生充分的自主权，鼓励学生就自己感兴趣的主题开展实践调研，进一步激发学生参与社会观察和调研实践的热情，提高学生参与实践的主动性和积极性。要形成学校主导性实践（即学校组织发布的社会实践主题）与学生自定主题的自主性实践相结合，引导学生形成发现问题、分析问题、解决问题的能力，培养对社会、对自我的责任感。在社会实践的实施过程中，搞清学生在想什么，检查学生在做什么，帮助他们解决思想和行为上的困惑。通过细致地调查研究与考核，把大学生思想情况作为开展社会实践的立足点和出发点，发现问题、解决问题，做到针对问题有的放矢，及时提出对策和建议，达到拓展学生的综合素质，改变学生的认知机构，使学生成为人格健全、知识结构合理、道德品质优秀、具有一定创新精神的复合型人才。大学生要充分认识社会实践对自己成长发展的重要性，积极主动投身到社会实践之中，深入思考、认真学习，以满足现代化社会发展的需求和适应社会发展的趋势，从而不断调节自身的学习方向和知识结构，进一步提高自身的综合素质。

2. 开展多种形式的社会实践活动

要结合文化、科技、卫生"三下乡"和科教、文体、法律、卫生"四进社区"活动，组织大学生围绕经济社会发展的重要问题，深入开展社会调查，提高他们分析问题和解决问题的能力。通过社会调研、专业实习等形式，组织大学生深入边远山区、贫困地区，走近困难群体，增强对科学发展观的理解和对构建社会主义和谐社会的认识，增强忧患意识和大局观念；组织大学生参加志愿者服务活动，如走进社区服务、西部支教活动等，弘扬中华民族的传统美德，发扬大学生集体主义和奉献精神；组织大学生学习访问劳动模范、先进工作者等，培养大学生热爱劳动、为人民服务的精神；通过参观祖国的风景名胜、文物古迹以及城乡先进单位，让大学生了解中华民族的悠久历史和灿烂文化，不断增强民族自信心和自豪感。

3. 充分借助载体开展"红色之旅"

要利用重大节假日及纪念日，积极开展"红色之旅"学习参观，在实践过程中体会马克思主义中国化的最新理论成果，认同社会主义核心价值观；组织大学生参观革命老区、历史博物馆、烈士陵园等，激发大学生的爱国热情，树立中国特色社会主义的理想信念。

值得注意的是，在大学生社会实践活动中，要注意点与面的结合。大学生社会实践活动作为一项社会性活动，就其主要意义而言，在于其参与的普遍性。可是在组织活动的过程中，不可能所有的大学生都参加社会实践，所以要努力扩大活动的参与面，让大多数学生参与其中，使在校大学生普遍受到教育，得到锻炼。就目前的情况来看，学生们参与社会实践的积极性非常高，但存在着一些制约因素，如规模大、人员多、经费问题、一些地方能否有接收能力等问题。今后的实践活动中，不仅要注意丰富活动的形式和内容，而且还要组织学生到国有大中型企业，了解那里的需要。例如，到社会主义新农村，感受改革后的农村变化；到部队中去，增强国防观念和国家安全意识，培养爱国主义、集体主义、社会主义和革命英雄主义精神，加强组织纪律观念，发扬艰苦奋斗、吃苦耐劳作风。要使社会实践活动形式多样，丰富多彩，力争以点带面，给大学生更多的选择余地，最大限度地激发他们的积极性，同时团组织、指导老师要全过程地给予关心与支持。

总之，社会主义核心价值观的培育和践行重在实践，学校应结合大学生的实际，让大学生走出课堂、走出校园，广泛深入地开展道德实践活动，坚持不懈地开展爱学习、爱劳动、爱祖国、学雷锋、做好事、讲道德、守纪律、讲文明，争做志愿者，不断丰富第二课堂。加强实习实训、拓展社会实践等实践活动，利用这些实践平台和载体，让学生进一步走近生活、走入社会，让他们切身感知到社会主义核心价值观与他们的生活、学习、成才、成长息息相关。"通过实践，既增进了他们的心智，增长了知识，又在帮助别人的同时感受到了助人的快乐；既了解社情民意、了解国情，又锻炼了能力、增长了才干；既促进了他们团队意识、合作意识的增强，又强化了他们的社会担当与责任意识。更为重要的是让他们感知了爱国、敬业、诚信、友善是具体的，实实在在的，做人做事不仅要有道德观念，还要有道德行为，有助于克服学生中普遍存在的'道德观念上是巨人，道德行为上是矮子'的知行脱节的现象，增强学生培育和践行公民核心价值观的自觉性和使命感。"① 只有通过社会实践，才能使大学生在了解社会、了解国情的基础上，更加信服、认同社会主义核心价值观，才能使大学生的能力得到提高、品性得到锻造、社会责任感和历史使命感得到增强。

四 加强大学生社会实践的长效机制建设

大学生社会实践作为思想政治教育的重要途径，也是社会主义核心价值观教育的重要形式，应该成为规范化、制度化的教育行为。为了提高教育效果，确保教育目标的实现，高校应根据社会发展的需要，紧密结合学校实际和学生实际，积极探索一条依法管理、组织大学生社会实践的路子，坚持政策导向和制度管理相结合，建立大学生社会实践的长效机制，形成国家重视、社会支持、高校努力、学生积极参加的局面。

（一）要完善领导制度

学校各有关部门，要正确认识大学生参加社会实践活动的必要性与重要性，把大学生社会实践活动作为新形势下培养合格人才的必要环节来抓，高校应建立相应的管理机构，使社会实践与专业学习、课题研究、服务社会、择业就业、创新创业相结合，并积极引导与指导大学生社会实践，为社会实践的顺利开展提供必要的技术支持和物质保障。经费是深入、广泛开展社会实践活动的基本保障。经费短缺在一定程度上制约了社会实践活动的推动，要逐步建立起以政府和高校

---

① 贺文佳、李绍先：《中华优秀传统文化与社会主义核心价值观简明读本》，四川大学出版社 2015 年版，第 12—13 页。

投入为主，政府、高校、社会和学生共同分担的社会实践经费保障机制。根据职责权限，建立起分工负责、协调高效的大学生社会实践领导机制，从组织上确保大学生社会实践活动的落实。

（二）要抓好组织联动

高校应从服务学校发展的角度规划社会实践活动，让社会实践活动架起学校与社会、教育与经济之间的桥梁。同时，要加强高校与社会、教育与经济的信息交流和互动，促进学校办学指导思想从封闭型向开放型转变，主动适应社会和经济发展需求。大学生社会实践涉及作为管理者的高校及上级主管部门、大学生、社会实践接收单位（地方政府、企事业单位等）三个方面。高校及上级主管部门要进一步加强对社会实践活动的统筹规划和指导支持，同时要转变观念，处理好指导与学生主体作用发挥的关系，从传统的组织者，转变为以指导、协调和服务为主的参与者，从而使社会实践纳入良性的轨道。社会实践也是高校、学生和社会互动的过程，要综合考虑学校、学生和社会（社会实践接收单位）的需求，避免使社会实践成为实践接收单位（地方政府、企事业单位）的"麻烦"。地方政府、企事业单位也应从自身需求出发，尤其是要从为国家和社会培养人的角度出发，支持大学生深入开展社会实践活动。

（三）完善教学培养体系与计划

要从强化大学生素质教育的高度，把社会实践活动纳入大学生素质拓展计划，纳入学校教育管理体系之中，制定与大学生各学习阶段和专业特点相适应的、系统的社会实践培养计划。计划不仅包括教学性社会实践，还应包括寒暑假社会实践等。要明确实践环节的时间比例和计划安排，制定出指导大纲，规定学分以及必要的考核手段，建立明确的科学的定量指标，以规范的形式固定下来。

（四）完善评价激励机制

高校应建立健全大学生社会实践的要求、实施、保障、评估等方面的评价激励机制。同时，高校应积极推动专业教师参与社会实践，作为计入教师职务（称）晋升、年终考核的重要条件。科学的评价激励机制有利于充分调动教师指导社会实践的积极性和大学生参与社会实践的热情。首先，高校应该制定相应的激励办法，对参与社会实践指导的教师从津贴发放、教学工作量、职称评聘等方面予以肯定和鼓励。因为，教师参与社会实践的指导，尤其是专业教师的指导，有利于提高社会实践的专业性和科学化水平，同时也是教师了解学生对理论知识、专业知识的理解程度和应用能力，进而不断改进课堂教育教学。其次，高校要进一步完善激励机制，推动社会实践与学生综合素质测评挂钩、与评奖评优挂钩、与党员发展挂钩，对一些在社会实践活动中表现突出的个人、集体和典型予以表彰，树立一批典型人物，打造一批品牌性教育活动。要将社会实践纳入学校人才培养体系和培养计划，推动社会实践学分化，为社会实践的深入开展提供长期有效的制度保障。

五 将社会主义核心价值观外化为大学生的自觉行动

所谓外化为自觉行动，就是要把社会主义核心价值观作为行动指南和座右铭，身体力行，在树立自己坚定不移的信仰和自觉的追求时，又成为自己的自觉行动。实践是落实核心价值观的具体行动，也是衡量核心价值观是否确立的标准。要把培育和践行社会主义核心价值观贯穿到工作实践中，从小事做起，从自己做起，在实践中感知，在行动中领悟，使符合核心价值观的行为受到鼓励，使违背核心价值观的行为受到制约，甚至惩罚。在现实生活中，一些人即使树立了正确的价值观，在外在的诱惑和冲击面前仍然有可能放弃自己的正确价值追求，做一些与之相悖的事情。因此，大学生不仅要将核心价值观转化为自己的精神追求，而且要矢志不渝地自觉履行核心价值观的基本要求，使之真正落实到自己的行动上，努力创建以遵守社会主义核心价值观为荣、违背社会主义核心价值观为耻的良好实践环境，使社会主义核心价值观不仅内化于心，而且外化于行，真正实现社会主义核心价值观的落地生根。

（一）培育社会主义核心价值观关键是大学生的知而后行

知行合一，知是前提、是基础，行是目的、是归宿。行是知和信的实践转化，反过来对知和信又有深化促进作用。"价值观自知和价值观自信最终必须落实到实践上，其效果必须通过实践及其结果体现出来。一种价值观要真正发挥作用，必须融入社会生活，让人们在实践中感知它、领悟它、进而坚持它。"① 因此，要实现社会主义核心价值观的落地生根，就必须在实践上下功夫，让社会主义核心价值观融入我们的行动中，落实到我们的实践上，使其像空气一样无所不在、无时不有。

培育和弘扬社会主义核心价值观，需要全社会各方面、各层次的共同参与、协力推动，并不是哪一个部门的事，也不是哪一个人的事，对于担当民族复兴大任的大学生来说，更是义不容辞的责任。大学生应以践行社会主义核心价值观为己任，从现在开始，从点滴做起，将内化为精神追求的社会主义核心价值观落实到实践上。俗话说："纸上得来终觉浅，绝知此事要躬行。"新时代，我们需要通过实践去深化对社会主义核心价值观的认知，增强认同感，并通过实践去宣传社会主义核心价值观、弘扬社会主义核心价值观，让社会主义核心价值观成为全社会、全国人民共同的行为准则。大学生要通过自己的点滴行为，去展现社会主义核心价值观的真善美，让更多的人认知、相信社会主义核心价值观，而后形成更大的力量去践行社会主义核心价值观。

社会主义核心价值观不应仅仅存在于脑子里，更重要的是要落实到实践上。没有实践，再精辟的价值观也只能沦为空谈。就像歌词说的那样，"只要人人都献出一点爱，世界将变成美好的人间"。同样，只要人人都身体力行，从自己做起，将社会主义核心价值观落实到实践中，那么全社会都会积极响应，形成弘扬和践行社会主义核心价值

---

① 陈东有、周森昆：《航标话说社会主义核心价值观》，江西人民出版社 2014 年版，第 177—178 页。

观的浓厚氛围，使人们在不知不觉中培育起社会主义核心价值观。广大青少年正处于价值观形成的关键时期，最美教师、最美妈妈、最美司机、感动中国人物、道德模范等，为学生树立榜样和标杆，这对广大学生价值观的培育起到了积极的推进作用。同时，自觉践行社会主义核心价值观，必须注重实践，把社会主义核心价值观融入日常工作生活之中。一种价值观要真正发挥作用，必须融入社会生活，让人们在实践中感知它、领悟它。离开了生活，离开了实践，再好的价值观也只能是空中楼阁，因没有说服力失去了光彩。

"大学是社会进步的发动机，是先进文化的辐射源，是引领社会发展方向的思想库。广大学生要积极参与各种公益活动和社会实践活动，在社会实践中强化实践养成。"① 大学生要充分利用学校的一切资源进行实践，特别是深入社会和基层进行调查研究，开展道德实践、志愿者服务、公益活动等主题活动，用爱心传递温暖，用真心呵护道德，在社会主义核心价值观的践行中不断加深对它的理解，增强服务人民、奉献社会、报效祖国的社会责任感，使社会主义核心价值观成为自己日常工作生活的基本遵循，以实际行动彰显自己的价值追求，让社会主义核心价值理念转化为良好的社会风尚，营造出良好的社会道德氛围。这样，我们的社会就会更加美好、更加和谐。

（二）培育社会主义核心价值观重在大学生的实践养成

知而后行是将社会主义核心价值观落实到行动上的关键一步，接下来则是更为重要的实践养成。如果社会主义核心价值观的践行只是不令不行的偶然行为，那么整个社会的核心价值观风尚便无从形成。践行社会主义核心价值观，必须持之以恒，坚持不懈，这样才能带动全社会的自觉践行，人人践行。

毋庸置疑，核心价值观的养成是一个长期的过程。对此，习近平

---

① 陈东有、周森昆：《航标话说社会主义核心价值观》，江西人民出版社 2014 年版，第 179 页。

总书记在北大师生座谈会上的讲话中明确指出："核心价值观的养成绝非一日之功，要坚持由易到难、由近及远，努力把核心价值观的要求变成日常的行为准则，进而形成自觉奉行的信念理念。不要顺利的时候，看山是山、看水是水，一遇挫折，就怀疑动摇，看山不是山、看水不是水了。无论什么时候，我们都要坚守在中国大地上形成和发展起来的社会主义核心价值观，在时代大潮中建功立业，成就自己的宝贵人生。"[①] 对我们每个人来说，我们要始终坚持用社会主义核心价值观要求自己，指导自己的行为，持之以恒，使社会主义核心价值观成为我们的行为习惯，就像吃饭、睡觉一样，不用思考，不用衡量，形成一种惯性思维。对于整个社会而言，如果越来越多的人能坚持以社会主义核心价值观的标准要求自己、规范自己，社会上就会出现越来越多的真善美，将来我们每个人的身边都充满了真善美，充满了爱，越来越多的感动中国人物、越来越多的榜样汇集起一股强大的社会正能量，我们所要营造的良好社会氛围就会变成现实。

在一定意义上可以说，社会主义核心价值观是我们心中的指路明灯，是我们觉得生活有意义而且愿意快乐生活下去的希望和勇气，是一个有理想和目标的人前进的精神力量，是指引我们实现理想的灯塔。大学生是中国特色社会主义事业的合格建设者和可靠接班人，肩负着实现民族伟大复兴的历史责任，既处于脱离家庭、迈向社会的特殊成长时期，又处于价值观培育和形成的关键时期，更应该严格要求自己，自觉培育和践行社会主义核心价值观，努力成为社会主义核心价值观的积极推动者和践行者，只有每一位大学生坚持实践，让社会主义核心价值观成为自己学习生活的基本遵循，才能营造出良好的社会氛围。

（三）培育社会主义核心价值观目标是落实成效

知行合一，最终的目的就是落成实效。行而不成，在某种意义上还不如不行。因此，在实践养成之后，更重要的是推动落实，产生真

---

① 《习近平谈治国理政》，外文出版社 2014 年版，第 174 页。

正长久的实际效果，既落地生根、开花结果，又芳菲满园、香飘万里，这才是培育和践行核心价值观的最终目标。

新时代，培育和弘扬社会主义核心价值观，没有局外人，没有旁观者，没有过路客，其成效最终要体现在我们每个人的实际行动上，体现在社会好风尚的形成上。要达到这样的效果，就必须有载体的持续推动。

十几年来，《感动中国》作为中央电视台一档年度人物评选节目，始终以巩固共同思想基础、凝聚民族精神力量、弘扬社会主义核心价值观为己任，坚持鲜明的价值导向，彰显深切的人文关怀，在社会上引起强烈的反响。新时代，大学生作为实现"中国梦"的生力军，应该从现在做起、从自己做起，"在勤学、修德、明辨、笃实上下功夫，使社会主义核心价值观成为自己的基本遵循，并身体力行大力将其推广到全社会去，努力在实现中国梦的伟大实践中创造自己的精彩人生"①。

第四节　以社会主义核心价值观为主导推进
高校网络思想政治教育阵地建设

习近平总书记指出：互联网是一个社会信息大平台，亿万网民在上面获得信息、交流信息，这会对他们的求知途径、思维方式、价值观念产生重要影响，特别是会对他们对国家、对社会、对工作、对人生的看法产生重要影响。② 互联网时代的到来，对我们的生活、学习、工作及思维方式都带来了深刻的影响，尤其是越来越多的大学生已经被网络文化的魅力所吸引，可以说，互联网已经延伸到大学生学习生活的各个角落，并且越来越成为大学生获取知识和各种信息的重要渠道，这对大学生的学习、生活乃至思想观念都产生着

---

① 陈孟：《笃行：习近平讲话用典与新时代实践观》，《北方论丛》2019 年第 1 期。
② 《习近平谈治国理政》（第 2 卷），外文出版社 2017 年版，第 335 页。

广泛而深刻的影响，也极大地改变了新时代大学生的价值观念和行为方式。高校承担着培养人、塑造人的神圣职责，积极探索网络思想政治教育的优势，切实推进网络思想政治教育阵地建设，成为当前高校教师尤其是思想政治工作者研究领域中一个亟待解决的重大问题。对此，中共中央、国务院印发的《关于加强和改进新形势下高校思想政治工作的意见》中就强调："要加强互联网思想政治工作载体建设，加强学生互动社区、主题教育网站、专业学术网站和'两微一端'建设，运用大学生喜欢的表达方式开展思想政治教育。"①

一 互联网对大学生的影响

我们不得不承认，新时代大学生已经深深地陷在网络文化之中，被它新颖的传播方式和所承载的思想内容所吸引，甚至一大部分学生已经成为网络文化的俘虏。互联网为新时代大学生认识世界、认识社会提供了便捷的方式，大大拓宽了他们的视野，激发了他们的求知欲，创建了新的求知的广阔空间。但是，我们要辩证地看待网络文化，它给大学生的生活、学习带来积极的一面，同时也不可避免地带来了消极的一面，互联网上的信息庞杂多样，泥沙俱下，还存在大量反动、迷信、黄色的内容，可以这样说，由于信息网络化的发展，已经形成了一个新的思想文化阵地和思想政治斗争阵地。可见，互联网并不是个完全纯洁、健康的虚拟天地，它在对大学生的成长、发展发挥积极作用的同时，也会对他们产生负面的影响。恩格斯曾经指出："我们当中的每一个人都或多或少地受着我们主要在其中活动的精神环境的影响。"② 随着互联网技术发展的日新月异，网络文化对大学生的影响也会越来越深刻。

---

① 中共中央、国务院：《关于加强和改进新形势下高校思想政治工作的意见》，《人民日报》2017 年 2 月 28 日。

② 《马克思恩格斯选集》（第 4 卷），人民出版社 1995 年版，第 622 页。

（一）互联网给新时代大学生带来的积极影响

互联网作为一种新型媒介，具有其他媒介所不能比拟的优越性，不可否认它对大学生带来的积极影响是广泛而深远的，有力地促进了大学生的成长成才。

1. 互联网满足了大学生积极向上的求知欲，激发了大学生的学习热情

随着社会的不断进步和现代化水平的不断提高，对人才需求特别是创新型人才的需求也在不断加大，求知、成才成为大部分人的愿望。为了早日成才以满足社会的需求，大学生表现出了极强的求知欲望。网络时代的到来，为他们求知、成才提供了新的认识工具、交流工具和学习工具。互联网为大学生提供了广阔的知识来源。在传统办学条件下，大学生的知识主要来源于课堂和学校图书馆。由于条件的限制，大学生难以涉猎到全球的知识成果。互联网的出现改变了这一状况。互联网内容无所不包，既有自然科学方面的知识，又有社会科学方面的知识，既涵盖了专业性较强的内容，又包括了普及性大众性的内容。互联网所涉猎的内容不仅广，而且还能及时、快速地将信息传递到需求者那里。对大学生来说，可谓有求必应、有问必答、随叫随到。可见，互联网时代的到来，为大学生提供了一个广阔的知识来源，进一步拓宽了他们的视野，大大满足了他们的求知欲，从而激发了他们的学习热情。

2. 互联网扩大了大学生的交往范围，提高了大学生的交往能力

马克思在《关于费尔巴哈的提纲》一文中说过，"人的本质不是单个人所固有的抽象物，在其现实性上，它是一切社会关系的总和。"[①] 其中，人与人之间的交往关系就是社会关系的主要表现形式。在没有互联网的时代，人与人之间的交往往往受到时间和地域的制约，是极其狭隘的，甚至出现了老死不相往来的现象。互联网时代的到来，极大地改变了人们的交往方式，扩大了人们的交往范围，尤其

---

① 《马克思恩格斯选集》（第 1 卷），人民出版社 1995 年版，第 60 页。

是年轻的大学生们，基于共同的兴趣、爱好、志向、信仰等在全球范围内交朋结友，形成不同的交往圈子。他们可以在网上按照自己的意愿利用搜索引擎，快速地找到自己的"兴趣团体"并加入其中，可以随心所欲地与团体中的每一个成员进行语言的交流、心灵的沟通，提高了大学生的交往能力。

同时，由于网络具有虚拟性的特点，使得大学生在交往时可以不分性别、不分年龄毫无顾忌地向对方吐露自己的心声，表现出真正自我的一面。"在虚拟的网络空间中，人们在极力地释放着人性的每一个方面，网络成了真正意义上的人性真实载体。在网络交流中，人际间的心理距离可以缩到最短，各种观点和情感的交流更具有真实性、直接性。"① 在互联网以前的社会，大学生之间的人际交往受到如经济条件、社会角色、时间、距离等条件的限制，往往局限于一个很小的圈子。互联网的出现，使得人们之间的交往不再仅仅局限于熟人之间，而且素昧平生、不同性别、不同年龄、不同民族、不同国家、不同地域、不同语言的人都可以相互交往，从而冲破了传统的交往模式，将他们的交往范围扩展到由网络连成的整个世界。

3. 互联网提高了大学生的民主意识，推动了民主发展的进程

哈贝马斯认为，只有依赖广泛的沟通对话才能寻求共识，保持持续的对话才能减少暴力和冲突的可能性。哈贝马斯指出："公领域原则上对所有公民都是开放的，在公领域里私人聚集交谈而形成一个公众，当公众很多时，就需大众传播媒体来沟通。"在当今网络时代，网络技术对于推进公领域的沟通与对话，促进"民主的民主化"具有重要意义。在网络的公共领域中大学生们可以进行民主的、理性的、互动的、双向的讨论。

网络的虚拟性和便捷性，使得人们在网络的世界里可以无拘无束、毫无顾虑地表达自己的见解和想法，而不用受到现实社会各种因

---

① 李德平：《沟通与启迪：当代大学生思想政治教育热点问题的研究》，原子能出版社 2007 年版，第 14 页。

素的影响，这无疑体现了互联网带给人们的自由、平等、民主的权利，提高了人们的民主意识，推进了民主发展的进程。而且，由于人们在网络上可以用不同的化名来表述意见。网络为大学生自我管理、自我约束、民主管理提供了便捷的条件，这大大地激发了大学生的民主参政意识。

（二）互联网给新时代大学生带来的负面影响

网络技术的发展大大提高了人们的生活水平，改善了人们的生存状况，但是，我们已经认识到，网络技术也给人们带来了一定的负面影响，例如，网络犯罪、网瘾、道德法的沦丧、主导价值观的淡化等等。可以说，新时代大学生一方面享受互联网新科技给他们带来的便利与机遇，另一方面又在互联网新科技带来的众多诱惑面前陷入困顿，对于正在形成世界观、人生观、价值观和缺乏自制力与理性判断力较差的大学生，其负面影响是多方面的，突出的表现有以下几种。

1. 部分大学生自我约束能力的缺失，致使网络成瘾，影响了学业

网络成瘾（简称 IAD），又称网络依存症或网络成瘾障碍。美国心理学者、网络成瘾研究领域的先驱者金伯利·S. 扬将它定义为"无成瘾物质作用下的上网行为冲动失控"。在网络环境中，一部分大学生由于缺乏自我约束和控制的能力，把大部分时间荒废在网上，成为网络的俘虏，严重影响了他们的学业。近些年，由于网瘾而导致学生学业荒废的例子比比皆是，这种现象值得我们深思。

2. 网络监管的缺失，使得大学生道德失范，影响了身心健康

道德是依靠人们长期形成的信念以及传统的教育而形成的用以协调人与人、人与社会之间关系的行为规范。可以看出，道德是靠人们的自觉遵守而形成的规范，是一种自律性而不是强制性规范，道德的这一特点决定了它在网络环境中的软弱无力。由于网络监管的缺失，导致了部分大学生的网络不文明行为的大量存在。网络社会的虚拟性，不具备现实社会的真实可见的方面，所以每一个置身其中的人都像是带了一个假面具，这样的隐蔽性使部分大学生在不受任何监督的

情况下，不顾道德伦理的约束，隐藏个人的真实身份，自由发表言论和信息，包括一些暴力、色情等不健康的内容，使得大学生道德失范，影响了他们的身心健康，不利于他们的成长成才。近几年关于大学生"互联网犯罪"的事件屡见不鲜，给社会造成了不良影响。

3. 网络文化霸权和语言霸权的出现，淡化了大学生的民族意识

首先，信息强国的网络文化霸权，淡化了大学生的主导价值观。美国学者弗兰克·卢斯夏诺指出："每个国家都试图去输出它的文化，并以它所能用的任何方式去传播它的文化。就目前来说，美国是国际互联网的中心，拥有大量的上网人中的 3/4 的电子商务。网络的发展在国与国之间是不平衡的，西方发达国家掌握着网络的主导权，互联网上的基本价值主张也是以西方的意识形态为中心的，网络是西方输出其价值观、进行文化霸权的一条重要渠道。"随着信息技术的不断发展、互联网的广泛应用，整个世界联系得更为紧密。人们足不出户就可以浏览全世界的信息，通过网络购买想要的产品，这有利于世界各国在经济、文化领域的交流，也使得各种文化的交流、碰撞不但存在于现实世界中，而且也存在于网络的"虚拟空间"里。大学生是民族的未来、国家的希望，他们突然间迎面撞上了一种与本国传统文化完全背离的带有文化影响力的新环境时，会作出怎样的选择必然对这个国家的未来产生很大的影响。我们很难想象穿着"耐克"、喝着"可口可乐"、吃着"麦当劳"、看着"NBA"和好莱坞影片长大的年轻一代会对本国的民族文化传统有很深的归属感。网络使大学生的民族意识日渐淡薄，同时，在网络中的"按国际惯例办事"，实际上是按西方国家的"规则"行事。正如许多学者所说的"网络是一场看不见硝烟的战争"一样，在网络迅速发展的当下，这场战争愈演愈烈。

其次，是信息强国的语言霸权。语言文字是个人和族群最重要的文化标志。信息革命全球化的结果，促使英语日益成为科学界和计算机专业的通用语言。英语是网络语言的母语，在网络环境中，人们会不知不觉地接受了英语。一个不争的事实，不识汉字的两三岁儿童在

网络游戏中就能理解英语所表达的意思。"接受一种语言就意味着接受一种新的思维方式和文化价值体系。"在网络环境中，大学生在语言霸权和文化霸权中获取信息，不断地接受其价值理念，久而久之就会使大学生产生亲近感、信任感，最后达到认同、依赖。与此同时也动摇了对自己民族与国家的自尊心、自豪感，导致大学生民族意识弱化，国家认同感降低，民族凝聚力和感召力下降。毋庸置疑，这对于一个民族、一个国家的发展来说是不利的，甚至是致命的打击。

二 高校网络思想政治教育的必要性与重要性

习近平总书记指出："我们要本着对社会负责、对人民负责的态度，依法加强网络空间治理，加强网络内容建设，做强网上正面宣传，培育积极健康、向上向善的网络文化，用社会主义核心价值观和人类优秀文明成果滋养人心、滋养社会，做到正能量充沛、主旋律高昂，为广大网民特别是青少年营造一个风清气正的网络空间。"① 对于大学生来说，上网已经成为他们生活中不可缺少的一部分，前文已经分析，互联网的出现，给大学生带来积极的影响外，也不可避免地带来了负面影响，因此，高校网络思想政治教育也就显得尤为必要。高校网络思想政治教育是提高大学生的思想道德素质、促进大学生健康成长的需要，也是弘扬、培育和践行社会主义核心价值观的重要途径。网络思想政治教育改变了以往传统思想政治教育的渠道、资源和范围。

（一）网络思想政治教育拓展了高校思想政治教育的渠道

传统的思想政治教育多采取灌输式面对面教育，而且需要一定的场所和一定的时间。而网络思想政治教育是凭借信息网络技术手段，通过网络 24 小时互动交流平台，将有关思想政治教育的内容在网上公布。与传统思想政治教育相比，互联网具有传播速度快、信息存储量大、同步交流等特点，所以，网络思想政治教育是一种更为方便、

---

① 《习近平谈治国理政》（第 2 卷），外文出版社 2017 年版，第 337 页。

快速的现代化教育方式。同时，学校教育的主、客体不再局限于老师和学生之间，可以是同学之间、朋友之间，甚至是不同学校的学生之间，教育者可以通过网络中灵活多样的教育形式把教育内容传输给学生。这样，通过网络思想政治教育，大大增强了教育工作的覆盖力、吸引力和感染力，拓宽了高校思想政治教育的渠道。

（二）网络思想政治教育丰富了高校思想政治教育的资源

可以说，网络是一个无所不包的信息宝库，与传统的枯燥无味的思想政治教育内容相比，网络思想政治教育内容具有丰富而生动的特点，特别是网络视频，能使学生在短时间内轻松愉快地达到更大的教育效果。同时，网络能使学生及时地获取所需要的教育资源。大学生可以通过网络提供的汇集大量信息资源的数据库，有选择地进行思想政治学习，增强自身的政治觉悟，不断提高自身的思想道德素质和人文修养。毋庸置疑，互联网技术的发展，为大学生学习优秀的高校思想政治教育的资源提供了很好的平台，这些优秀的思想政治教育资源通过网络这个平台进入大学生的选择范围之内，为大学生提供了新的数字化的电子教材和资料，使大学生可以选择自己感兴趣的内容学习，从而增强思想政治教育的效果。

（三）网络思想政治教育扩展了高校思想政治教育的范围

网络思想政治教育扩展了高校思想政治教育的范围，为高校思想政治教育提供了广泛的传播途径。传统的思想政治教育拥有相对狭小的教育空间，往往局限在一定的场所，而且受教育对象数量有限。网络所具有的开放性特点使得网络思想政治教育拥有全社会的、开放性的立体式教育空间，为大学生思想政治教育提供了一个更为广阔的教育空间，使得大学生思想政治教育摆脱了时间和地点的制约。这样，由网络连接起来的大学生，既可以借助网络平台共享思想政治教育资源，又可以在网上与老师进行思想沟通、与同学开展思想对话，大大扩展了高校思想政治教育的范围。同时，网络的发展也为社会各界参与高校思想政治教育提供了方便，最大限度地实现了高校思想政治工作的社会化，逐步实现了思想政治教育由学校向社会的转变。

三 高校网络思想政治教育的现状

网络思想政治教育既带来了教育手段的现代化，也使教育观念和内容现代化，成为思想政治教育发展的新机遇。网络使我们了解到更为真实的学生思想动态，从而提高了思想政治教育工作的针对性。但是，网络对大学生思想政治教育也存在消极影响。网络存在多元性、开放性、随意性特点，导致一些不健康的思想在网上传播，对大学生世界观、人生观和价值观的形成会造成负面影响，进而影响大学生的健康成长。针对网络对大学生所造成的负面影响，高校思想政治教育工作者要给予高度重视，采取必要的措施加以应对。当前，高校网络思想政治教育取得了一定的成绩，但是也存在不少问题。

（一）思想政治教育网站缺乏吸引力和注意力

随着网络对大学生影响的不断加深，大部分高校建立了大学生思想政治教育网站，构建了网络思想政治教育平台，但由于网站缺乏特色化和个性化，对大学生吸引力不大。思想政治教育网站的特色化、个性化不突出，降低了网站的吸引力和注意力。由于各高校思想政治教育网站从栏目设置到页面设计都大同小异，甚至把其他网站的内容原封不动或稍作修改就复制过来，许多网站的内容只是流于形式，没有贴近学生的实际和社会热点问题，致使网站缺乏自己的特色，这样的网站很难想象能对大学生产生吸引力。同时，在网站建设方面，思想政治教育网站的建设技术水平偏低，不少网站缺乏专业网络技术人员的维护，网页制作不精致，这样的网站很难吸引学生的眼球。

（二）网络思想政治教育缺乏双向互动性

目前，高校思想政治教育网站内容过于陈旧、信息更新不及时，且沿袭传统的理论灌输式的思想政治教育方式，没有紧密结合大学生的兴趣、爱好和专业特点，与大学生缺乏互动性。有的网站仍采用静态建站技术，缺乏能实现动态交互的部分，更多的是注重"宣传"和"教育"，简单地将思想政治理论知识往上搬，没有充分利用网络的优势来进行思想政治教育，没有达到教育者与受教育者之间平等的互动交流，更没有把网站建成一个与教育对象进行交流互动的平台与窗口。就当前高校网络思想政治教育的网站建设情况看，大多数网站存在形式单一，缺乏互动的问题，即使一些网站中设立的信箱、留言板也只是流于形式，并没有真正发挥互动交流的作用，存在只接收不解答的现象，仅仅当作一个接收器而已。

（三）网络思想政治教育缺乏专业人员

传统的高校思想政治教育对思想政治工作者来说，具备深厚的理论功底、高度的政治自觉意识就可以开展工作。而借助网络平台来开展思想政治教育，要求思想政治教育工作者必须掌握一定的网络技术。就目前形式来看，网络思想政治教育队伍存在两个方面的问题：一方面，当前高校参加网络思想政治教育工作的教师大多由于没有经过专业的理论学习和技术培训，不具备从事网络教育的理论水平，更没有从事网络教育的实践经验，他们往往将传统的思想政治教育模式简单地移植到网络思想政治教育中。这样，就不能充分发挥网络思想政治教育的优势，也不能最大限度地挖掘网络思想政治教育的潜能来弥补传统思想政治教育的缺陷；另一方面，网络思想政治教育不仅需要教育者掌握一定的网络思想政治教育的理论知识，而且还需要具备一定的实践经验和网络技能。但是，现在存在的问题是，"一些具有网络思想政治教育理论水平和实践经验的教师却缺乏网络技术，他们只重视提高自身的理论水平，往往忽视提升自己的网络技术水平，导致网络知识的缺乏，在进行网络思想政治教育时遇到一些网络问题就束手无策"①。据统计，高校从事网络思想政治教育的教师大部分是兼职教师，大都承担着高校思想政治理论课课堂教学，往往大部分时间和精力放在课堂教学的环节上，专门从事网络思想政治教育的教师相对较少。

---

① 王蕊：《当代大学生思想政治教育研究》，中国农业科学技术出版社 2012 年版，第121 页。

四 以社会主义核心价值观为主导推进高校网络思想政治教育阵地建设的路径选择

如今，互联网以其信息量大、传播速度快、覆盖面广、形象直观、感染力强等无可比拟的独特优势在大学生中普及，对他们的生活、学习产生了巨大影响，同时也冲击着他们的世界观、人生观和价值观，给传统的思想政治教育带来了难得的机遇和严峻的挑战。因此，高校要重视网络思想政治教育。以社会主义核心价值观为主导推进高校网络思想政治教育阵地建设关于网络思想政治教育的重要性，早在 2004 年 8 月，中共中央、国务院《关于进一步加强和改进大学生思想政治教育的意见》中就提出："要主动占领网络思想政治教育新阵地，使网络成为弘扬主旋律、开展思想政治教育的重要手段。"新时代，高校应该针对网络对大学生思想政治教育和价值观教育带来的影响，充分发挥网络覆盖面广、承载信息量大、更加易于操作、人们喜闻乐见的资源优势，加强网络平台建设，积极推进网络思想政治教育阵地建设，增强高校思想政治教育和社会主义核心价值观教育的影响力。

（一）加强高校网络思想政治教育队伍建设

针对当前高校网络思想政治教育队伍建设相对滞后、网络思想政治教育专职教师相对短缺这一现状，当务之急就是要加强高校网络思想政治教育队伍建设，提高高校网络思想政治教育队伍的整体素质，为有效占领网络思想政治教育阵地提供人才保障。关于高校网络思想政治教育队伍的建设问题，教育部和共青团中央《关于进一步加强高等学校校园网络管理工作的意见》就提出了明确的要求，那就是"提高素质，优化结构，主动建设，相对稳定"。

1. 提高网络队伍整体素质

加强高校网络思想政治教育队伍建设，就要不断提高网络思想政治教育队伍的整体素质，为此，网络思想政治教育者不仅需要具有较高的政治理论水平，而且还要掌握一定的网络技术，只有这样，才能使网络思想政治教育取得预期的效果。

一方面，网络思想政治教育者要具有较高的政治理论水平和深厚的政治理论基础。思想政治教育作为宣传党意识形态的主要载体和喉舌，要求思想政治教育工作者必须具有深厚的政治理论水平，能够对重大理论问题和社会现实问题作出科学的分析和合理的阐释，履行"传道授业解惑"的职责，从而不断增强理论的说服力和感染力。这样，才能在大是大非面前始终保持坚定的政治立场，坚定的马克思主义世界观、人生观和价值观，积极响应党的号召，自觉地维护党的形象。互联网时代的到来，不仅改变了大学生的生活方式和学习方式，而且也深刻影响着大学生的世界观和价值观，从而对思想政治工作者提出了严峻的挑战。面对互联网对大学生带来的多方面影响，思想政治教育工作者如果没有深厚的政治理论水平和坚定的政治立场，就可能在互联网的冲击下迷失方向，最终脱离思想政治队伍这个大家庭。另一方面，网络思想政治教育队伍除了具备深厚的理论水平外，还需要提高计算机水平、掌握一定的网络技术。要掌握甚至精通网络技术，做到"工欲其事，必先利其器"。要了解网络特征，熟练地使用网络，驾驭网络。为此，就需要对网络思想政治教育者进行专业培训和过级考试（理论考试和上机操作），实行持证上岗。只有掌握一定的网络技术，才能有效应对随时出现的各种网络问题。同时，网络思想政治工作者不仅扮演着教育者的角色，还是信息制造者、传播者和监控者。网络上的信息能否及时更新、正能量的信息能否及时传递、负面言论和消极思想能否及时删除等等都需要网络思想政治教育者掌握一定网络技术，这样，才能做好日常维护工作，及时过滤网上的不良信息，为大学生思想政治教育和社会主义核心价值观教育提供一个健康的网络平台，将负面影响减小到最低限度。要吸引精通网络技术的科技人才到思想政治工作队伍中来，共同研究网络社会大学生思想政治教育的方法与措施。高校应着手建设一支既懂计算机网络技术，又善于利用网络开展思想政治教育的队伍，占领网络空间的主动权。

2. 完善网络队伍建设机制

网络思想政治教育的关键在队伍，这支队伍必须政治素质过硬、业务精湛、应变力和沟通力强。因此，高校对网络思想工作者队伍的选人、用人、考核和评价机制等都要严格把关，做好网络思想政治工作人员的选拔、培训、监督、考核等工作，以社会主义核心价值观来指导网络思想政治工作队伍的建设。在选人制度上，要保证队伍中的每一个成员具有较高的思想政治素质、组织管理能力和学历层次。要优化结构，实现队伍的新老搭配，专业结构合理。在考核评价机制上，要根据网络教育工作者的特殊性，建立一套完善的、科学的考核办法，并根据考核结果进行奖优罚劣。根据考核结果与职称、薪酬挂钩，从而保证网络教育工作者的积极性、主动性。在培训上，要结合工作岗位到兄弟院校学习，在本校交流换岗等方式，提高网络工作者的素质，使他们尽快掌握网上工作方法。

（二）开展丰富多彩的网络思想政治教育活动

传统的思想政治课堂教学由于授课时间的限制，主要以教师讲授为主，与学生的互动有限，因而不能充分调动学生的学习积极性和兴趣性。互联网的出现，使得网络思想政治教育成为现实。随着互联网的发展，网络活动越来越被大学生认可，网络活动吸引力大，感染力强。近年来，参与网络活动的学生数量也在不断增加，网络活动成为新时期思想政治教育不可忽视的重要教育模式。高校教师特别是思想政治教育工作者要结合大学生的特点，有针对性地开展丰富多彩的网络活动，以活动为载体，把思想政治教育内容和社会主义核心价值观渗透其中。这样，学生在参与活动的过程中，可以潜移默化地受到感染、熏陶和教育，把网络思想政治教育落到实处，从而增强教育的效果。

1. 网络主题活动要与网络思想政治教育相结合

网上主题活动尽量要丰富多彩，能满足大多数学生的多方面需求。思想政治工作者可以在重大节日针对学生感兴趣的热点问题有针对性地开展网上主题教育活动。例如，在学习雷锋日，可以开展以"新时代谈谈你对雷锋精神的认识"为主题的大学生网络活动，大学生可以自由地发表自己的见解、在轻松愉快的语境中发挥想象力，提高他们的语言组织能力和表达能力。这样，他们在参与活动的过程中，使社会正气得到弘扬、正能量得到传递，也逐渐培养起他们服务社会、奉献社会的责任意识，从而达到思想政治教育和社会主义核心价值观教育的目的。

再如，在建党纪念日和国庆节期间，可以开展以"党的成长壮大"和"祖国的日益强大"为主题的网络活动，让大学生从不同的层面感受到中国共产党的正确领导和国家的繁荣富强，坚定他们跟党走的决心，培养他们的爱国情怀，并自觉投身于新时代中国特色社会主义伟大事业的实践之中。同时，还可以利用网络为学生提供成才就业服务平台。学校要推出服务网站，为学生参加社会实践、勤工助学的网上报名，网上招聘、就业信息的发布、网上心理咨询、网上学生成绩查询、选修课程等以学生为本的服务网站，通过网络也可以针对个别学生的具体问题，提供单独的指导和帮助，实施个性化思想教育，用实际行动去关心、感染和激励学生，从而使学生在享受服务过程中得到熏陶，真正感受到学校的温暖、社会的关爱，并自觉地践行社会主义核心价值观。

2. 用科学的方法指导网络思想政治教育活动

在开展网络活动中，思想教育工作者要善于将教育主题、内容和要求融合进特定的网络情境，要通过网上聊天、网上讨论、网上演示和网上评价等形式，使学生们真真切切、心悦诚服地达成思想上的共识。为此，一方面要加强网络评论员队伍建设。"在开展主题活动过程中，网络评论员要注意参与学生的讨论，必要时请有关方面的领导和专家与学生进行交流和沟通，使同学们能在虚拟世界里享受到实实在在的服务，真正找到家的感觉。"① 另一方面要选好主题活动。要结合大学生的特点和大学生关注的热点开设活动栏目，比如网上开展医患关系讨论、民生问题讨论、杰出人物评选、网上诚信问题的讨

---

① 李德平：《沟通与启迪：当代大学生思想政治教育热点问题的研究》，原子能出版社2007年版，第34页。

论、道德问题讨论、幸福观讨论、文明生活健康成才、社会主义核心价值观的弘扬、培育和践行等网上主题活动，紧扣时代主题，及时捕捉社会热点，把握学生思想脉搏，激发学生的参与热情。另外，可以在网上开展学生直接参与的活动，如"网上辩论赛"、FLASH 小品动画设计比赛、网上演讲、网上知识竞赛等活动。通过参与这些活动，可以充分调动学生的积极性，学生的才能也得到施展，大大激发学生的参与热情，并在兴奋的活动中潜移默化地接受教育，思想修养进一步提升。

（三）丰富网络思想政治教育内容

互联网的发展为思想政治教育工作提供了前所未有的机遇，开创了思想政治教育的新渠道、新手段。借助互联网平台进行信息传播，具有时效快、范围广、容量大、成本低的特点。网络媒体可以集成图像、声音、文字和色彩为一体的立体结构式传递方式，可视性强，现代感强，增强了思想政治教育的吸引力。因此，高校思想政治工作者应该主动抢占网络这一阵地，积极开展网络思想政治教育。

高校网络思想政治教育开展的状况可以通过大学生浏览和关注思想教育类网站的程度集中反映出来。目前来看，思想教育类网站的点击率偏低，这就要求网络思想工作者要进一步创新网站建设形式，丰富教育内容，增强吸引力和注意力。

1. 加强网络平台建设以占领网络教育阵地

网络思想政治教育平台建设的主旨目标应该为，建立立场鲜明、思想性强、富有吸引力和感召力的思想政治教育主题网站，牢牢把握网络思想政治教育的主动权。要充分利用互联网载体，及时地、多角度地捕捉社会动态以及学生感兴趣的话题和社会热点问题，并运用马克思主义的立场、观点和方法进行科学的分析和阐释，不断提高思想政治教育的说服力、影响力和感召力。同时，要及时解答大学生学习中遇到的问题，帮助学生克服学习中遇到的困难，让他们全身心地投入到学习中去。要利用互联网平等、互动的平台，改变过去单向的说教方式。在网上建立一批有质量、有层次、有特色、同学喜闻乐见、有科技内涵和竞争优势、能够吸引学生，有利于学生成长成才的思想政治教育网站，要利用网络基地来宣传科学的理论、传播先进文化。网络思想教育基地要真正占领网络阵地，必须在内容上、形式上和互动上下功夫。

首先，要做好高校思想政治教育网站的内容要求。在内容上，要旗帜鲜明地以马克思主义为指导思想，认真贯彻落实党的方针政策、积极响应党的号召，及时上传马克思主义中国化的最新理论成果，用马克思主义理论武装大学生。这样，有利于维护国家的意识形态安全，有利于弘扬和培育社会主义核心价值观。

其次，要做好高校思想政治教育网站的页面设计。在形式上，要结合当前大学生的特点，充分利用现代电子技术，开发融文字、声音、图像于一体的超文本结构的电子教材，使大学生视觉、听觉均产生立体之感，思想政治教育信息要定期更新、不断丰富信息资源，始终保持信息的生机与活力，尽量避免呆板枯燥的模式，以增强思想政治教育的实效性、吸引力和感染力。

最后，要做好高校思想政治教育网站的互动交流。在互动方式上，要针对一些大学生的现实情况，充分发挥教师的主导作用，通过建立专门的大学生网上心理咨询机构、设立校园 BBS 等形式，及时与学生沟通交流，解决学生生活中的烦恼和思想困惑等，做好在线辅导，为发挥基地网络思想政治教育的作用，引导学生主动学习，为学生自学网上内容提供咨询和解答，不断增强思想政治教育的辐射力、吸引力与感染力，使网络真正成为对大学生进行思想政治教育的新阵地、新渠道。例如，在校园网上建立大学生社会主义核心价值观主题网站时，需要注意：网站的定位要准确、定位要鲜明，要突出大学生社会主义核心价值观的育人功能；主页的内容要做到严肃活泼，既要把握形式的美感，又要把握丰富、权威的内容和热点问题讨论来吸引人；网页中的页面、板块之间的链接要易于检索并符合学生的浏览习惯，防止页面文字单调呆板，也要防止插入大量图片导致网页加载过慢等。

2. 要使马克思主义理论进网络以科学的理论武装学生

马克思主义作为我们立党立国的根本指导思想，任何时候我们都要坚持。高校思想政治理论课作为对大学生进行思想政治教育的主渠道，承担着对大学生进行系统的马克思主义理论教育的任务。当前，要充分发挥思想政治理论课的作用，用马克思主义理论武装当代大学生，不仅让马克思主义理论"进教材、进课堂、进学生头脑"，而且还要让马克思主义理论"进网络"，将网上教育与网外教育相结合，共同发挥思想政治教育的育人作用。

首先，要建立马克思主义理论课教学网站。教师要掌握一定的计算机技术，充分发挥网络的优势，将教学计划、教学大纲、多媒体教学课件上网，使学生可以在任何时间、任何地点进行学习，从而改变传统的以教师讲授为主的课堂教学方法。同时，网站的内容要密切联系实际，及时上载马克思主义理论最新成果，诸如社会主义核心价值观、中国梦、依法治国、"四个全面"等理论，并且能够运用马克思主义的立场、观点和方法来分析、解决现实问题，增强马克思主义理论的说服力，充分体现马克思主义理论的时代魅力和社会价值。另外还可以直接利用网络进行现代化教学，实现局域网内的网络化教育教学，从而提高学生的学习兴趣，不断增强马克思主义的影响力。

其次，要通过网站平台及时跟学生沟通交流。教师不能只将教学内容上网，更重要的是利用网络平台加强与学生的沟通，创造文明、和谐、平等、自由、诚信、友善的情境，解决学生关心的热点问题、疑难问题，帮助学生运用马克思主义的立场、观点和方法来认识、分析和解决问题，拨开学生的层层迷雾，从而正确地认识马克思主义理论，使学生真正感受到马克思主义理论的魅力，不断增强思想政治教育的吸引力。

3. 要使党团教育进网络以高尚的情操塑造学生

高校作为培养社会主义事业合格建设者和接班人的摇篮，党团组织教育是高校思想政治教育的重要部分。大学生是积极要求进步的青年群体，高校党团组织要善于树立先进，用身边的先进人物、感人事迹对学生进行示范教育。"示范教育是思想政治教育的重要方法，它不仅充分尊重受教育者的主体性，而且把教育者的施教与受教育者的主动学习结合起来，它是指个体思想道德观念的生成首先是学习，它是受教育者在一定的情境中体验教育内容、与他者的角色互动而获得。"① 因此，思想政治教育要充分发挥网络资源的优势，结合大学生的特点，在网上开展丰富多彩的教育活动。一是学校组织部要在网上开展"网上党校"。网上党校可以不受时间的限制让更多的学生学习党的知识，满足追求政治进步的需求。"网上党校"要开设党的历史知识、党员之家、入党积极分子学习心得等栏目，以及近年来在各条战线上涌现出来的优秀党员、优秀干部和劳动模范，如孔繁森、焦裕禄、杨善洲，中央电视台每年举办的"感动中国"中的感人事迹，发挥他们的示范引导作用，形成良好的社会风尚。二是团委要在网上开设"网上团校"。学校团组织要高度重视大学生思想政治教育工作，充分发挥团委在组织、教育和联系学生的优势，真正承担起为学生办事的责任，树立服务学生的理念。三是利用网上博客树立正面典型。高校还可以利用网络流行的网络博客、微信平台树立先进正面典型，并鼓励正面典型在博客中记录自己的先进行为，以及真实的思想动机。这样，教育工作者就可以采用生动活泼的形式大力宣传博客的先进事迹，从而不断弘扬社会正气、有效传播社会正能量，进而使受教育者不知不觉地受到熏陶和教育。

---

① 张耀灿：《思想政治教育学前沿》，人民出版社 2006 年版，第 421 页。

第六章　社会主义核心价值观融入大学生思想政治教育的长效机制

任何一种思想的产生都有其深刻的社会背景，社会主义核心价值观也是在建设中国特色社会主义的伟大实践中应运而生的，体现了国家、社会、公民三个层面的价值诉求，既立足于中国特色社会主义伟大实践的现实需求，又植根于中华民族几千年优秀传统文化的丰厚土壤，同时还面向国际吸收了其他文明的优秀成果，适应了社会的发展和广大人民的意愿。理论来源于实践，并对实践具有指导作用，但是理论要发挥对实践的指导作用，必须为群众所掌握，正如马克思所说："批判的武器当然不能代替武器的批判，物质力量只能用物质力量来摧毁；但是理论一经掌握群众，也会变成物质力量。"① 同样，社会主义核心价值观融入大学生思想政治教育要对发挥其所应有的物质力量，就必须为大学生所掌握。社会主义核心价值观作为新时代中国的精神食粮要被大学生所掌握需要一个过程。因此，社会主义核心价值观融入大学生思想政治教育，要遵循其自身规律，建立完善的长效机制，才能确保融入的时效性、长期性，才能真正达到弘扬、培育和践行社会主义核心价值观的目的。教育部相关文件就明确指出："将培育和践行社会主义核心价值观作为一项长期性系统性工作，不断创新方式方法、探索有效形式、形成长效机制，对于深化教育领域

---

① 《马克思恩格斯选集》（第 1 卷），人民出版社 1995 年版，第 9 页。

综合改革，培育德智体美全面发展的社会主义建设者和接班人，实现中华民族伟大复兴中国梦具有十分重要的意义。"① 2017 年 2 月，中共中央、国务院印发《关于加强和改进新形势下高校思想政治工作的意见》，指出："坚持全员全过程全方位育人。把思想价值引领贯穿教育教学全过程和各环节，形成教书育人、科研育人、实践育人、管理育人、服务育人、文化育人、组织育人长效机制。"②

关于机制，张耀灿指出："机制，原指有机体各部分的构造、功能、特性及其相互联系、相互作用等。"③ 李明华等认为："'机制'这个术语，在一般意义上，是指复杂系统结构各个组成部分相互联系、相互制约、相互作用的联结方式，以及通过它们之间的有序作用而完成其整体目标、实现其整体功能的运行方式。"④ 综合上述关于机制的论述，可以把新时代大学生社会主义核心价值体系教育机制定义为：教育者、大学生、教育目标、教育方法和手段、教育环境、教育评估、教育反馈和调控等新时代大学生社会主义核心价值体系教育的构成要素由于某种机理而形成的因果联系和运转方式。

第一节　加强理论研究，为大学生社会主义核心价值观教育提供学术涵养

大学生作为国家的希望和民族的未来，弘扬、培育和践行社会主义核心价值观，是新时代每个大学生所义不容辞的责任，这既是维护国家意识形态安全的迫切需要，也是加强社会主义先进文化建设的必然要求，更是凝聚社会共识，重建社会价值秩序的战略举措。实践的发展需要理论来指导。社会主义核心价值观融入大学生思想政治教育

---

① 中共教育部党组共青团中央：《关于在各级各类学校推动培育和践行社会主义核心价值观长效机制建设的意见》，教育部门户网站，2014 年 10 月 17 日。

② 中共中央、国务院印发：《关于加强和改进新形势下高校思想政治工作的意见》，《人民日报》2017 年 2 月 28 日。

③ 张耀灿：《思想政治教育学前沿》，人民出版社 2006 年版，第 257—258 页。

④ 李明华、余少波、叶蓬：《精神文明建设机制论》，广州出版社 1997 年版，第 2 页。

也需要加强理论研究，为融入提供持久的理论指导和学术涵养。

一　探究社会主义核心价值观与大学生思想政治教育所具有的契合点，为有效融入提供切入点

社会主义核心价值观融入大学生思想政治教育，需要首先解决的是为什么要融入的问题，这需要作出理论的解答。思想政治教育与社会主义核心价值观具有理论与现实的契合点，表现为：作为国家层面的"富强、民主、文明、和谐"是共同理想教育的核心；作为社会层面的"自由、平等、公正、法治"是社会价值教育的导向；作为公民层面的"爱国、敬业、诚信、友善"是公民道德教育的根本。只有将基本的理论问题研究透彻了、论证清楚了、阐释全面了，才能增强理论的说服力、感染力，才能给大学生讲清楚、说明白，让他们深刻感受到社会主义核心价值观融入大学生思想政治教育的必要性和社会主义核心价值观所具有的强大感召力、生命力和凝聚力，进而自觉地将社会主义核心价值观内化于心、外化于行。

因此，弘扬、培育和践行社会主义核心价值观，将社会主义核心价值观有效融入大学生思想政治教育，就要从理论上深入研究，除了研究社会主义核心价值观理论本身，阐述社会主义核心价值观产生的时代背景、所具有的深刻内涵和三个层次表述的内在逻辑外，还要深刻研究社会主义核心价值观与大学生思想政治教育所具有的契合点，为有效融入提供科学的切入点和理论指导。同时，要根据时代的变迁和社会实践的发展不断丰富完善其理论体系，以增强理论的说服力和感染力。

二　加强对大学生思想政治品德形成规律的研究，为有效融入提供方法指导

人的思想政治品德形成与转化需要一个过程，具有渐进性，是"按照心理——思想——行为和习惯的程序，由简单到复杂、由低级

到高级、由不稳定到稳定、由不完善到完善发展的"①。

不言而喻，大学生思想政治品德的形成与转化也需要经历一个渐进的过程，大致要经过感知—内化—外化，才固化逐步发展、提升、完善。因此，社会主义核心价值观融入大学生思想政治教育必须遵循大学生思想政治品德形成转化规律，结合大学生身心发展的特点和水平，因材施教、循序渐进，在不同的阶段由易到难、由简到繁、由低到高地设置阶段性、层次性的教育目标。如果用一个统一的高标准目标采取一刀切的方法去强制性要求所有大学生，其结果必然会令很多大学生望而生畏，感到高不可攀、达成无望，不仅会丧失积极性，甚至会产生逆反心理，从而导致社会主义核心价值观在大学生中失去其应有的广泛的感召力、震撼的凝聚力和强大的引领力；反之，如果用一个统一的低标准目标去强制要求所有大学生，则会使他们感到无挑战性，就无法充分激发他们的内在潜能。可见，在社会主义核心价值观教育目标上搞一刀切，是达不到预期目的的。

因此，社会主义核心价值观融入大学生思想政治教育，要确立具有层次性、渐进性的教育目标，采取分层次、分阶段、渐进式的教育模式，才能充分体现社会主义核心价值观的广泛适用性，才能不断增强大学生对社会主义核心价值观的认同感，也才能最大限度地形成新时代大学生的思想共识和价值共识。这样，才能使社会主义核心价值观发挥其应有的凝聚力和感召力，真正成为联结大学生群体的思想桥梁和精神纽带，才能充分发挥社会主义核心价值观的强大引领力，不断提升新时代大学生的思想政治素养。

三　加强对大学生认知规律的研究，为有效融入提供理论依据

人的认知有其自身规律，培育和宣传一种新的理论，要遵从认知的基本规律。因此，大学生社会主义核心价值观教育要遵循一定的规律，要结合大学生的认知特点，研究新时代社会历史条件下大学生理

---

① 邱伟光、张耀灿：《思想政治教育学原理》，高等教育出版社1999年版，第94页。

解、接受和践行社会主义核心价值观的基本规律，既要坚持教育的主导性，又要尊重大学生价值观的独特性、多样性，在兼容并蓄中强化引导，从内心深处引起大学生的认知共鸣。成功的价值观教育不应是强制性的灌输，而应是通过"随风潜入夜，润物细无声"式的教育方式使受教育者在潜移默化中不知不觉地受到心灵的感染、情操的陶冶、智慧的启迪。社会主义核心价值观教育是高校思想政治教育的重要内容，要加强对大学生思想政治教育规律的研究，积极探索社会主义核心价值观教育融入高校大学生思想政治教育的有效途径，开展有目的、有计划、有组织的教育活动，起到培养、矫正大学生价值观的作用，使社会主义核心价值观入脑、入心，进而于行。

第二节　创新教育模式，为大学生社会主义核心价值观教育搭建平台

教育模式直接关系到教育的效果，开展大学生社会主义核心价值观教育要在深入研究大学生认知规律和思想政治教育规律的前提下，结合大学生的特点不断创新教育模式，提高教育的科学化水平，增强思想政治教育的实效性。

一　推动第一课堂教育与第二课堂教育紧密结合

所谓第一课堂，主要是指课堂教学，与之相比，第二课堂是指实践教学。党的十八大报告明确指出，"深入实施马克思主义理论研究和建设工程，建设哲学社会科学创新体系，推动中国特色社会主义理论体系进教材进课堂进头脑"。为此，要充分发挥第一课堂作为思想政治教育主阵地作用，把社会主义核心价值观教育融入第一课堂。抓好思想政治理论课教学，充分发挥教师对课堂教学的主导作用，自上而下，坚持正面教育和引导。坚持把社会主义核心价值观教育渗透到专业课教学之中，结合专业知识的学习、研究和应用实践开展教育活动，增强教育的说服力。

同时，在注重第一课堂教学的同时，也要重视第二课堂教学所发挥的巨大作用。实践是检验真理的唯一标准，实践也是提高大学生创新能力的重要途径。高校要积极安排和组织学生在校内的实验室试验和模拟实习，在校外的社会调查和现场实习等，充分利用第二课堂在思想政治教育方面灵活性、互动性、共鸣性强的特点，尊重和发挥学生在教育中的主体地位，自下而上，贴近学生思想和实际设计教育活动。这样，能够有效实现他们对社会主义核心价值观的感性认识和理性认识的双重拓展，弥补课堂理论与社会现实之间的差距，廓清他们对社会主义建设事业长期性、艰巨性的认识迷雾。

另外，要充分运用专题研讨、主题班会等教育方式。专题研讨、主题班会等教育方式是社会主义核心价值观课堂教育方式的重要补充，是课堂教育的进一步延伸，可以使学生获得更多深刻、直观的价值观教育。同时这种方式还能促进浓郁的价值观文化教育校园氛围，也促进社会主义核心价值观、人文与自然和谐融合的校园环境的形成。因此，各高校要高度重视专题研讨、主题班会等价值观文化教育方式的科学运用，有效提升大学生的思想道德修养，激励大学生立志成才，报效祖国，让广大大学生更好地接受社会主义核心价值观教育，促进大学生思想政治教育的科学发展。

二 推动灌输式教育与体验式教育紧密结合

关于灌输方法的作用，前面在讲到社会主义核心价值观融入大学生思想政治教育的原则时已论述，在此不再赘述。灌输式教育是思想政治教育的传统方法，在思想政治教育中发挥着重要的作用。强调受教育者的主体地位，注重思想政治教育方法和模式的创新，并不能否定灌输式教育在大学生社会主义核心价值观教育中的必要性，有时候一种理念被人所接受不一定是靠春风化雨的教育，而是直截了当的宣传。在大学生中开展社会主义核心价值观教育，要做到旗帜鲜明，通过集中、持久、直接的灌输式教育，使社会主义核心价值观为大学生所熟知、记住，进而为产生相应的思想共鸣打下基础，这种教育模式往往在教育的初级阶段是最为有效的。实践证明，人们的价值观产生和形成于日常生活，又通过其日常生活体现出来，并在这其中不断地矫正、强化。

当然，社会主义核心价值观教育不同于单纯的科学知识教育和传授，它必须与大学生日常学习和社会生活紧密结合，尤其要关注大学生群体日常生活中所遇到的价值困惑、价值冲突，以疏导这些困惑和冲突为目标来设计和开展教育活动，凸显教育的生活化、体验式，引导学生在日常生活的亲身体验和实践中而不是死记硬背中感悟并最终确立社会主义核心价值观为自己的行动指南。"如果仅着眼于社会现实理性，显然缺乏凝聚力和感召力；而脱离社会现实理性提出过高的价值理想追求，则会让社会公众感到遥不可及，从而使核心价值观形同虚设，产生信仰危机，加剧社会道德失范的现象。"① 在教育教学中，高校教师可以积极搜寻切合大学生实际、影响大学生心理的典型案例加以阐释和说明，引起学生的共鸣，提高学习的实效。因此，大学生社会主义核心价值观教育要注重灌输式教育与体验式教育有机结合，努力达到教育内容与生活实践的统一，使教育更具说服力。

三　推动实体思想教育与网络思想教育紧密结合

随着社会的不断进步和科学技术的日新月异，大学生社会主义核心价值观教育除了课堂教育、社会实践、校园文化、生活体验等实体思想教育方式外，还应该积极开辟新的教育平台。新时代，上网已成为大学生学习生活不可或缺的重要组成部分，网络、网络活动和网络文化对大学生的社会认知和价值观形成发挥着重要的作用，因此，要充分利用网络的资源优势进行社会主义核心价值观教育，以推动实体思想教育与网络思想教育的紧密结合。关于实体思想教育在前面已经多次论述，这里重点论述关于社会主义核心价值观教育网站的问题。

---

① 涂成林：《社会主义核心价值观的培育路径》，《光明日报》2012 年 11 月 17 日。

（一）建立社会主义核心价值观的教育网站

建立社会主义核心价值观的教育网站有着重要的意义。专门的社会主义核心价值观教育网站能够为大学生学习马克思主义理论提供丰富的学习资源和精神食粮，使大学生能够随时在网上查阅马克思主义经典著作并吸取其精华，逐步培养起马克思主义的世界观、人生观和价值观，用以指导自己的言行。在网站上开设专栏，宣传马克思主义、社会主义核心价值观以及马克思主义中国化的最新理论成果，宣传党和国家的路线、方针、政策，并通过视频播放功能，开展网络课堂，让学生观看马列主义、毛泽东思想、邓小平理论相关的教学片，欣赏优秀的爱国主义影视片以及先进人物、先进事迹的宣传片等。同时，可以设置师生互动栏目，利用互联网平台的交互性就学生关注的热点问题展开对话与讨论，在互动的过程中，可以促进彼此的了解，加深师生的感情，从而不断提高社会主义核心价值观教育网站的时效性和影响力。

（二）加强大学生社会主义核心价值观教育网站的建设

习近平总书记指出："网络空间是亿万民众共同的精神家园。网络空间天朗气清、生态良好，符合人民利益。网络空间乌烟瘴气、生态恶化，不符合人民利益。谁都不愿生活在一个充斥着虚假、诈骗、攻击、谩骂、恐怖、色情、暴力的空间。互联网不是法外之地。利用网络鼓吹推翻国家政权，煽动宗教极端主义，宣扬民族分裂思想，教唆暴力恐怖活动，等等，这样的行为要坚决制止和打击，决不能任其大行其道。利用网络进行欺诈活动，散布色情材料，进行人身攻击，兜售非法物品，等等，这样的言行也要坚决管控，决不能任其大行其道。没有哪个国家会允许这样的行为泛滥开来。"[①] 因此，政府应该进一步采取积极有效的措施，打击网络色情、网络暴力、网络谣言等非法行为，净化社会网络环境，确保社会主义核心价值观网络教育的良好环境。高校要积极搭建一批贴近大学生生活，符合大学生信

[①] 《习近平谈治国理政》（第2卷），外文出版社2017年版，第336—337页。

息获取和人际交往偏好的网络平台，抢占网络思想政治教育阵地。对此，2017 年 2 月，中共中央、国务院印发的《关于加强和改进新形势下高校思想政治工作的意见》中就明确指出："要加强互联网思想政治工作载体建设，加强学生互动社区、主题教育网站、专业学术网站和'两微一端建设'，运用大学生喜欢的表达方式开展思想政治教育。"① 加强大学生社会主义核心价值观教育专题网站的建设，就要培养一支素质过硬的网络思政队伍、一批真正的网络意见领袖，加强对网络舆论环境的引导，坚持弘扬主旋律，传播正能量，净化社会风气。要充分发挥网络平台优势，开展丰富多彩的网络教育活动，将社会主义核心价值观教育寓于活动之中，使学生在参与活动的过程中自觉得到教育。

第三节　加强教师队伍建设，为大学生社会主义核心价值观教育奠定人才基础

建立社会主义核心价值观融入大学生思想政治教育的长效机制，不仅要加强理论研究、创新教育模式，而且要建设一支高素质的教师队伍。温家宝曾经讲过：教育是心灵与心灵的沟通、灵魂与灵魂的交融、人格与人格的对话。教师在高校人才培养中的作用举足轻重，一支高素质的教师队伍不仅培养社会主义合格建设者和可靠接班人的重要保障，更是开展大学生社会主义核心价值观教育的人才基础。对此，2017 年 2 月，中共中央、国务院印发《关于加强和改进新形势下高校思想政治工作的意见》中指出："要加强教师队伍和专门力量建设。强调要提升教师思想政治素质，加强思想政治工作，建立中青年教师社会实践和校外挂职制度，加强师德师风建设，增强教师教书育人的责任担当。要完善教师评聘和考核机制，增加课堂教学权重，

---

① 中共中央、国务院：《关于加强和改进新形势下高校思想政治工作的意见》，《人民日报》2017 年 2 月 28 日。

引导教师将更多精力投入到课堂教学上，完善教师职业道德规范，实施师德'一票否决'。"① 2019 年 3 月 18 日，习近平总书记主持召开的学校思想政治理论课教师座谈会中也强调："办好思想政治理论课关键在教师，关键在发挥教师的积极性、主动性、创造性。思政课教师，要给学生心灵埋下真善美的种子，引导学生扣好人生第一粒扣子。"②

一　加强高校教师的师德建设

师德是衡量高校教师素质的重要水准。所谓师德，可以从两个方面来规范：从共性上讲，高校教师必须爱岗敬业、严谨治学、热爱学生、为人师表等；从特殊性上讲，高校教师必须以崇尚学术为基础；以培养杰出人才为标志；以疏远名利为行为准则；以教育创新为前提。关于师德，习近平总书记认为，"师德是深厚的知识修养和文化品位的体现。师德需要教育培养，更需要老师自我修养。做一个高尚的人、纯粹的人、脱离了低级趣味的人，应该是每一个老师的不懈追求和行为常态。好老师要有'捧着一颗心来，不带半根草去'的奉献精神，自觉坚守精神家园、坚守人格底线，带头弘扬社会主义道德和中华传统美德，以自己的模范行为影响和带动学生。"③ 同时，习近平总书记还特别指出："核心价值观，其实就是一种德，既是个人的德，也是一种大德，就是国家的德、社会的德。国无德不兴，人无德不立。"④

所以，做一名优秀的高校教师必须做到：具有献身科技、服务社会的使命感和责任感，具有实事求是的科学精神和严谨治学的态度，

---

① 中共中央、国务院：《关于加强和改进新形势下高校思想政治工作的意见》，《人民日报》2017 年 2 月 28 日。

② 习近平：《在学校思想政治理论课教师座谈会上的讲话》，新华网，2019 年 3 月 18 日。

③ 习近平：《做党和人民满意的好老师：同北京师范大学师生代表座谈时的讲话》，人民出版社 2014 年版，第 7 页。

④ 习近平：《核心价值观其实就是一种德》，人民网，2014 年 5 月 5 日。

在自己的科研与教学中有创新意识，并承诺要自觉地树立法制观念，不做任何学术道德失范的事，始终忠诚于人民的教育事业，敬业奉献，教书育人。同时，在教书育人的实践中，要努力实施"爱的教育"。高校教师特别是思想政治理论课教师要加强自身的理论修养，坚定马克思主义的信仰，丰富中国特色社会主义理论知识，不断增加自己对所授课程的热爱。教师只有热爱所授的课程，才能充分发挥主观能动性，上好每一节课。对此，教育部相关文件要求，全面落实《关于建立健全中小学师德建设长效机制的意见》和《关于建立健全高校师德建设长效机制的意见》，"创新师德教育，加强师德宣传、健全师德考核、强化师德监督、注重师德激励、严格师德惩处，推动广大教师坚定理想信念、遵守职业道德、承担育人职责、永怀仁爱之心。充分激发教师加强师德建设的自觉性，鼓励教师弘扬重内省、重慎独的优良传统，在细微处见师德，在日常生活中守师德，养成师德自律习惯，将师德规范积极主动融入教育教学、科学研究和服务社会的实践中，提高师德践行能力"①。对此，习近平总书记在 2016 年 12 月召开的全国高校思想政治工作会议上指出："要加强师德师风建设，坚持教书和育人相统一，坚持言传和身教相统一，坚持潜心问道和关注社会相统一，坚持学术自由和学术规范相统一，引导广大教师以德立身、以德立学、以德施教。"② 社会主义核心价值观作为新时代意识形态的集中体现和普遍的价值追求，也是高校教师师德建设的必要内容。高等学校要积极响应中央号召，认真落实党的教育方针，以社会主义核心价值观为主旨，坚持立德树人的根本任务，切实加强教师队伍师德建设，积极弘扬、培育和践行社会主义核心价值观，使高校教师真正承担起为中国特色社会主义事业培养合格建设者和可靠接班人的神圣使命。

---

① 中共教育部党组共青团中央：《关于在各级各类学校推动培育和践行社会主义核心价值观长效机制建设的意见》，教育部门户网站，2014 年 10 月 17 日。

② 中共中央、国务院：《关于加强和改进新形势下高校思想政治工作的意见》，《人民日报》2017 年 2 月 28 日。

综观今日大学，一部分教师道德失范、诚信缺失，热衷于物质追求，越来越关注功利目的，坠入了一种急功近利满足功利需求的平庸情趣中，这种现象值得我们深思。要扭转这种局面，大学教师必须以社会主义核心价值观为精神引领，把追求真知与真理获取广博的知识教育学生，并以自己的美德影响社会，要成为社会生活中"道德最好的人"，从而为弘扬、培育和践行社会主义核心价值观提供人才基础。

二 增强高校教师的政治自觉

2015 年 1 月，中共中央办公厅、国务院办公厅印发《关于进一步加强和改进新形势下高校宣传思想工作的意见》，指出，意识形态工作是党和国家一项极端重要的工作，高校作为意识形态工作前沿阵地，肩负着培育和弘扬社会主义核心价值观，为实现中华民族伟大复兴的中国梦提供人才保障和智力支持的重要任务。

2019 年 3 月 18 日习近平总书记在学校思想政治理论课教师座谈会中对教师提出了六点要求，其中就包括"政治要强，让有信仰的人讲信仰，善于从政治上看问题，在大是大非面前保持政治清醒"[①]。高校教师要肩负起时代所赋予的历史重任，就需要具有很强的政治自觉，为此，必须做到：掌握一定的马克思主义的基本理论，及时了解党的路线、方针和政策，并能自觉地贯彻执行；具有共产主义的坚定信念，忠诚于党和人民的事业；在思想上、政治上始终与党中央保持高度一致，敢于同各种错误思潮和违法乱纪行为作斗争；在大是大非面前立场坚定，旗帜鲜明。高校教师，特别是从事思想政治教育的教师，要始终保持高度的政治自觉，扮演好意识形态维护者的角色，肩负起时代所赋予的重任。

总之，高校教师，在任何时候都要保持很强的政治辨别力和高度的政治责任感，始终坚守高校这块意识形态的前沿阵地，有效维护国家的意识形态安全。

---

① 《习近平谈治国理政》（第 3 卷），外文出版社 2020 年版，第 330 页。

三 提升高校教师的业务素质

对于教师的业务素质，习近平总书记指出："扎实的知识功底、过硬的教学能力、勤勉的教学态度、科学的教学方法是老师的基本素质，其中知识是根本基础。学生往往可以原谅老师严厉刻板，但不能原谅老师学识浅薄。'水之积也不厚，则其负大舟也无力。'知识储备不足、视野不够，教学中必然捉襟见肘，更谈不上游刃有余。……在信息时代做好老师，自己所知道的必须大大超过要教给学生的范围，不仅要有胜任教学的专业知识，还要有广博的通用知识和宽阔的胸怀视野。"① 因此，高校教师要努力学习马克思主义基本理论、教育理论、科技人文知识和教育方法等，必须具备哲学、政治经济学、科学社会主义、党的建设和党的历史等基本理论知识，懂得教育学、心理学、伦理学、社会学、法学、管理学等的基本知识，以及中外历史、语言学、逻辑学、文学、科技等方面的辅助知识。同时，还要具有调查研究的能力，分析判断的能力，科学决策的能力，组织协调的能力和语言表达的能力等，不断提升自己的业务素质。这样，才能成为教书育人的行家里手，才能依靠真理的力量，以理服人。

教师是教育活动的主导者，教师的言行举止是其人格特征和价值观的具体体现，直接影响着学生价值观和道德品质的塑造。高校教师要博览群书，用知识来武装自己，不断提高自身的业务水平和业务素质，只有这样，才能保障教师地位，维护教师权益，使教师成为受人尊重的职业。正所谓，学为人师、行为世范。只有教师人格高尚，才可能有学生心灵的纯洁。教书者必须先强己，育人者必先律己。教师不仅要注重教书，更要注重育人，不仅要注重言传，更要注重身教。同时，要加强教师的能力培养，尤其是加强思政课教师的社会实践和

---

① 习近平：《做党和人民满意的好老师：同北京师范大学师生代表座谈时的讲话》，人民出版社 2014 年版，第 8—9 页。

挂职锻炼，提高他们的社会阅历，使思政课教师上得讲堂、下得工厂，以广博的理论知识和丰富的人生阅历引领学生，既能够解决学生的思想问题，又能够解决学生的现实问题，成为学生服气、敬仰的"人生导师"。

社会主义核心价值观为新时代人们的基本行为提供了一个价值准则，高校教师应当将 24 字核心价值观的精神实实在在地贯彻到日常的行为活动中，并在教学过程中，要将社会主义核心价值观的内涵贯穿到整个教学过程中，并通过广大教师的人格魅力和示范作用来感染学生和影响学生。因此，广大教师应注重加强自身修养，自觉学习和践行社会主义核心价值观，培养高尚的道德情操和优良的思想道德风尚，做社会主义核心价值观的弘扬者、培育者和示范者。

总之，高素质的教师队伍是培养高素质大学生群体的基础，而在弘扬、培育和践行社会主义核心价值观中，教师队伍更是起着重要的推广和示范作用。所以，要不断提高教师队伍自身思想道德水平，自觉把社会主义核心价值观融入日常教学科研、生活之中，勇于作社会主义核心价值观的示范者和践行者。

第四节　健全管理机制，为大学生社会主义核心价值观教育提供制度保障

加强大学生社会主义核心价值观教育是一项长期的战略任务，涉及教育的原则、实践路径，既要有整体思路、具体举措，也要健全管理机制，形成制度化的建设机制，为深入持久地开展这项工作提供制度保障。对此，习近平总书记也强调："要发挥政策导向作用，使经济、政治、文化、社会等方方面面政策都有利于社会主义核心价值观的培育。要用法律来推动核心价值观建设。各种社会管理要承担起倡导社会主义核心价值观的责任，注重在日常管理中体现价值导向，使符合核心价值观的行为得到鼓励、违背核心价值观

的行为受到制约。"[①] 新时代大学生社会主义核心价值观教育机制包括教育者、新时代大学生、教育目标、教育方法和手段、教育环境、教育评价等因素。

一 完善大学生社会主义核心价值观教育的领导机制和协作机制

社会主义核心价值观有着丰富的思想内涵和深厚的哲学底蕴。加强大学生社会主义核心价值观教育是社会主义大学使命的内在要求，是关系中国特色社会主义事业兴衰成败和中华民族伟大复兴能否顺利实现的关键所在。因此，要不断完善社会主义核心价值观教育的领导机制和协作机制，这是确保社会主义核心价值观教育顺利开展的重要保障，各高校领导班子对此要高度重视。

首先，学校领导班子要发挥学校教育的作用，在学校统一领导和部署下，学校党委宣传部、学工部、组织部、教务处、研究生院等部门和各学院齐抓共管、相关部门各负其责、全校师生上下共同参与的工作机制，确保形成全方位、全过程的育人合力。"能不能讲好思政课，也是一个领导干部政治素质、理论水平、工作作风的体现。为深入贯彻落实习近平总书记在学校思想政治理论课教师座谈会上的重要讲话精神，切实办好高校思想政治理论课，高校党政领导班子成员要充分发挥模范表率作用，以高度的政治责任感和饱满的政治热情带头讲好思政课。"[②] 核心价值观教育不能只靠思想政治理论课教师单方努力，要发动全社会的力量，营造出全民共抓、上下共管的良好社会氛围。

其次，学校领导班子要切实承担起自身的责任，认真研究并制定教育过程的总体规划，并按照规划对各项具体执行措施加以细化，使这项"软工作"更加具体化、可视化。为此，就要做到：第一，把社会主义核心价值观的精神实质写入校规校纪、融入教风学风中，从

① 《习近平谈治国理政》，外文出版社 2014 年版，第 165 页。
② 刘建国：《高校领导干部要带头讲好思政课》，《贵州日报》2019 年 7 月 24 日。

而增强对师生的教育引导；第二，把大学生社会主义核心价值观教育纳入学校人才培养整体规划和具体培养方案，从而为价值观教育提供政策保障；第三，把价值观考核纳入学校的管理体制，并采取一票否决制，对于违背社会主义核心价值观的言论和行为的师生在评优、评先进等活动中实行一票否决。

最后，学校领导班子还应当及时组织相关人员对学生教育开展情况及其效果进行及时了解和分析，找出存在的问题，并针对问题进一步修改完善总体工作制度和具体执行措施，制定出有针对性的具体工作方案，确保社会主义核心价值观教育的有序进行，达到教育的预期目的。

二　构建大学生社会主义核心价值观教育的典型选树机制和推广机制

树榜样，立典型，发挥榜样和典型的示范、引导作用，是社会主义核心价值观教育的重要方法。教育部相关文件也明确指出："发掘身边好人好事，开展践行社会主义核心价值观先进个人寻访、优秀集体创建和校歌、班歌征集与宣传活动。以'校园好故事'、'校园好声音'、'校园好集体'等主题活动为载体，选树在热爱祖国、敬业奉献、勤奋学习、志愿服务、热心助人、见义勇为、诚实守信、孝老爱亲等方面表现突出的青少年学生楷模以及优秀班团集体。"[①] 要在全校范围内培育和宣传一批典型人物，充分发挥先进人物的示范引领功能。因为先进典型代表着社会发展的前进方向，反映了社会发展的价值取向。利用典型的表率和示范作用进行社会主义核心价值观教育，更容易引起大学生的共鸣，使大学生追有目标，赶有方向，见贤思齐。作为社会印象的典型一旦为人所接受，就具有了相对的稳定性。与理论教育相比较，人们在生活中更容易相信实际生活中的典型。这就给典型示范教育方法的运用提出了更高的要求。

---

① 中共教育部党组共青团中央：《关于在各级各类学校推动培育和践行社会主义核心价值观长效机制建设的意见》，教育部门户网站，2014 年 10 月 17 日。

1. 要善于发现典型、挖掘典型

各类先进典型是时代的先锋、社会的典范、群众的楷模。尽管他们所处的时代不同，工作岗位不同，先进事迹不同，但他们的先进思想和模范行动都是在工作、学习和生活中形成的，具有一致的思想内涵和精神实质。思想政治教育工作要善于发现这些典型，用他们看得见、摸得着的先进事迹来引导大学生、教育大学生。

2. 要慎重选择典型，合理宣传典型

每推出一个典型，都要深入学生中间调查，听取各方意见，着重考虑典型的群众性、先进性和时代性，务必使推出的典型人物和先进事迹可亲、可敬、可信、可学。只有大学生熟悉的先进典型，学起来才会可亲、可敬，只有贴近群众的先进事迹，大学生才会感到可信、可学。值得注意的是，对被选出的先进典型，学校宣传部门要集中力量进行宣传，抓住典型身上体现时代精神的闪光点，根据每个典型的不同特点，重点介绍他们的先进思想和感人事迹。

3. 要正确对待先进典型

对于树立起来的先进典型，一定要合理使用，充分发挥他们的感染力和影响力。同时，要爱护他们，帮助他们，教育他们，使他们能够正确地对待荣誉，正视身上存在的不足，从而在工作中扬长避短，使自身不断完善和提高。

4. 要善于运用反面典型

与正面典型相比，反面典型是落后的、错误的思想的反映。社会主义核心价值观教育坚持以正面典型教育为主，反面典型为辅。利用反面典型进行教育，需要把握一定的度，切不可将反面典型进行过度的渲染，否则将收到适得其反的效果。因此，在运用反面典型时要有效地控制其消极影响，并把消极影响转化为积极影响。当然，反面典型的积极作用是有限的，只有巧妙使用，才能最大限度地发挥其教育作用，从而有效地配合、突出正面典型教育，使正面典型教育更真实、更鲜活、更有力。正所谓："说一千道一万，不如干来看一看。"

三 完善社会主义核心价值观教育的评估机制

所谓社会主义核心价值观教育评估考核机制就是通过社会主义核心价值观教育，建立社会主义核心价值观教育效果的反馈系统，全面完善科学地对新时代大学生社会主义核心价值观教育中的内容、方式、方法进行评估，并达到所需要的效果。评估的主要目的是通过总结经验教训，进一步为大学生社会主义核心价值观教育活动提供反馈信息和决策依据，从而不断提高教育的水平。

为此，要把开展社会主义核心价值观教育的情况纳入考核评价体系，各省、市建立督查评价机制，成立专门的工作组，深入本省、本市各高校，进行实际调查研究，对各学校的工作情况予以评估，并挖掘推广好的经验做法，督促后进。对评估结果优秀的学校进行表彰；对评估不合格的学校进行教育批评，指出所存在的问题，并责令改正，争取通过下次评估。同样，各学校也要建立自己的督查评价机制，成立专门的工作组，深入各部门进行摸底。要对评估较好的部门在全校范围内进行表彰，对在推动大学生社会主义核心价值观教育方面工作不力的部门要予以批评和惩戒。

大学生社会主义核心价值观教育评估是对教育过程各要素、各环节和教育效果各方面的评估，具有复杂性。从评估机构看，既要有学校的评估，也要有教育行政主管部门的评估和其他机构很多部门的评估；从评估的对象上看，既有对大学生社会主义核心价值观教育工作部门的评估，又有对大学生社会主义核心价值观教育队伍的评估；从评估的内容看，既有对大学生社会主义核心价值观教育效果的评估，又有对思想政治理论课教学效果的评估和对大学生思想政治素质的评估。

要想构建完善的大学生社会主义核心价值观教育评价机制，需要完善以下机制：

1. 健全大学生社会主义核心价值观教育的评估指标体系

根据大学生社会主义核心价值观教育整体目标和受评对象的整体

实际，制定出评价的指标，指标制定尽量具体和明细化，以切实解决评价软、问责缺、激励不足等问题。一是学校职能部门、院系层面的考核指标。以大学生社会主义核心价值观教育为主线，完善学校职能部门和二级院系工作成效评估标准与机制。在年度考核和评优活动中，对开展社会主义核心价值观教育不容乐观的职能部门和二级院系实行一票否决制。二是学生层面的评价指标。学校要设立专项课题，组织开展深入研究，将学生对社会主义核心价值观的认知、认同与践行上的表现具体化，建立相应指标体系，及时把握学生成长过程中思想和行为变化情况，密切跟踪，引导学生自觉把社会主义核心价值观作为思想与行动的指南，教育学生不仅要学会学习和做事，更重要的还要学会做人。三是教学督导层面的考核指标。完善学校教育教学督导制度，将核心价值观教育情况纳入教学督导的内容，尤其是思想政治课教学，要把社会主义核心价值观教育作为督导的重要内容。对于开展核心价值观教育不明显的教师进行沟通，并通过督导及时发现问题、总结经验，为下一步更好地开展工作提出加强和改进的建议。

2. 完善大学生社会主义核心价值观教育评估过程

首先，确立大学生社会主义核心价值观教育评估的原则。评估原则应遵循科学的原则，才能保障评估活动的有效进行和正常开展。评估原则一般包括方向性原则、客观性原则和全面性原则。其次，重视大学生社会主义核心价值观教育评估的客体。所谓评估客体是指大学生社会主义核心价值观教育评估中"评估什么"的问题。评价客体一般包括教育要素的评估、教学过程的评估和教学效果的评估。

3. 完善大学生社会主义核心价值观教育评估方法

"评估方法一般包括调查评估法、自我评估法和他人评估法、定型评估和定量评估法。"[①] 评估方法的主要目的是充分激发广大师生践行社会主义核心价值观的积极性和创造性。学校要设立专门奖项，

---

① 中共中央、国务院：《关于进一步加强和改进大学生思想政治教育的意见》，2004年10月15日。

将理论上和实践上破解社会主义核心价值观培养的重点、难点问题的成果作为评选内容，表彰在学生核心价值观培养实践中卓有成效的优秀学生、优秀教师和院系。不管采用哪种方法，都不能偏离评估教育的正确目的，要将评估结果与有效推动新时代大学生社会主义核心价值观教育工作紧密结合起来，真正起到评估的导向与激励作用。

参考文献

一 专著

《马克思恩格斯全集》（第 1 卷），人民出版社 1956 年版。

《马克思恩格斯全集》（第 21 卷），人民出版社 1965 年版。

《马克思恩格斯全集》（第 2 卷），人民出版社 1957 年版。

《马克思恩格斯全集》（第 3 卷），人民出版社 1960 年版。

《马克思恩格斯全集》（第 45 卷），人民出版社 1985 年版。

《马克思恩格斯全集》（第 47 卷），人民出版社 1985 年版。

《马克思恩格斯全集》（第 7 卷），人民出版社 1959 年版。

《马克思恩格斯全集》（第 8 卷），人民出版社 1960 年版。

《马克思恩格斯全集》（第 16 卷），人民出版社 1964 年版。

《马克思恩格斯全集》（第 18 卷），人民出版社 1964 年版。

《马克思恩格斯全集》（第 20 卷），人民出版社 1965 年版。

《马克思恩格斯全集》（第 25 卷），人民出版社 1965 年版。

《马克思恩格斯全集》（第 38 卷），人民出版社 1960 年版。

《马克思恩格斯全集》（第 4 卷），人民出版社 1958 年版。

《马克思恩格斯全集》（第 6 卷），人民出版社 1961 年版。

《马克思恩格斯文集》（第 10 卷），人民出版社 2009 年版。

《马克思恩格斯文集》（第 1 卷），人民出版社 2009 年版。

《马克思恩格斯文集》（第 2 卷），人民出版社 2009 年版。

《马克思恩格斯文集》（第 5 卷），人民出版社 2009 年版。

《马克思恩格斯选集》（第 1 卷），人民出版社 1995 年版。

《马克思恩格斯选集》（第 4 卷），人民出版社 1972 年版。

《马克思恩格斯选集》（第 1 卷），人民出版社 1972 年版。

《马克思恩格斯选集》（第 2 卷），人民出版社 1972 年版。

《马克思恩格斯选集》（第 3 卷），人民出版社 1972 年版。

《列宁全集》（第 36 卷），人民出版社 1985 年版。

《列宁全集》（第 42 卷），人民出版社 1987 年版。

《列宁全集》（第 43 卷），人民出版社 1987 年版。

《列宁选集》（第 1 卷），人民出版社 1995 年版。

《列宁选集》（第 4 卷），人民出版社 1965 年版。

《毛泽东邓小平江泽民论青少年和青少年工作》，中国青年出版社
    2003 年版。

《毛泽东选集》（第 2 卷），人民出版社 1991 年版。

《毛泽东选集》（第 3 卷），人民出版社 1991 年版。

《邓小平同志重要谈话》，人民出版社 1987 年版。

《邓小平文选》（第 2 卷），人民出版社 1994 年版。

《邓小平文选》（第 3 卷），人民出版社 1993 年版。

《江泽民论社会主义精神文明建设》，中央文献出版社 1999 年版。

《江泽民文选》（第 1—3 卷），人民出版社 2006 年版。

《建设有中国特色的社会主义》（增订本），人民出版社 1987 年版。

《社会主义核心价值观学习读本》编写组：《社会主义核心价值观学
    习读本》，新华出版社 2013 年版。

《十四大以来重要文献选编》（下），人民出版社 1999 年版。

《十四大以来重要文献选编》（上），人民出版社 1996 年版。

《十四大以来重要文献选编》（中），人民出版社 1997 年版。

《十一届三中全会以来党的历次代表大会中央全会重要文件选编》
    （下），中央文献出版社 1997 年版。

《习近平谈治国理政》（1—3 卷），外文出版社 2014、2017、2020

年版。

《中国社会主义意识形态建设纵论》，上海人民出版社 2003 年版。

爱德华·泰勒（Edward Bumett Taylor）：《原始文化》，连树声译，广西师范大学出版社 2005 年版。

陈伯强、林修果：《毛泽东邓小平思想政治教育理论与实践》，厦门大学出版社 1994 年版。

陈万柏、张耀灿主编：《思想政治教育学原理》，华中师范大学出版社 2009 年版。

陈芝海：《大学生社会主义核心价值观教育研究》，光明日报出版社 2012 年版。

陈志军、浦解明、左益：《社会主义核心价值体系融入大学生思想政治教育全过程研究》，光明日报出版社 2009 年版。

崔华前：《当代大学生社会主义核心价值体系教育机制研究》，合肥工业大学出版社 2012 年版。

第一讲坛编写组编：《第一讲坛》，红旗出版社 2014 年版。

丁俊萍：《毛泽东思想和中国特色社会主义理论体系概论》（第 2 版），武汉大学出版社 2013 年版。

杜晶波主编：《思想政治教育学原理新编》，东北大学出版社 2016 年版。

范希春、朱喜坤：《社会主义核心价值体系青少年读本》，人民教育出版社 2014 年版。

红旗大参考编写组编写：《建设社会主义核心价值体系大参考》，红旗出版社 2012 年版。

呼勤、黄少平主编：《高校思想政治教育学原理》，电子科技大学出版社 2016 年版。

胡振平：《市场经济与价值观》，上海社会科学院出版社 1998 年版。

黄鸣奋：《需要理论及其应用》，中华书局 2004 年版。

黄小军、应竞丽、王华标：《爱国主义教育概要》，四川大学出版社 2005 年版。

黄颖黔、李铁:《行为科学导论》,华南理工大学出版社2000年版。

教育部社会科学司、思想政治工作司:《时事报告大学生版》增刊,
　　时事报告杂志社编辑部出版社2014年版。

李德平:《沟通与启迪:当代大学生思想政治教育热点问题的研究》,
　　原子能出版社2007年版。

李明华、余少波、叶蓬:《精神文明建设机制论》,广州出版社1997
　　年版。

李清霞:《沉溺于超越》,中国社会科学出版社2008年版。

李文信:《大学生核心价值观教育创新论》,阳光出版社2011年版。

李忠军:《意识形态安全与大学生政治价值观研究》,东北师范大学
　　出版社2008年版。

梁村发、陈先奎:《马克思主义史》(第3卷),《马克思主义在社会
　　主义胜利中发展》,人民出版社1996年版。

刘金如:《思想政治教育实效性研究》,团结出版社2007年版。

刘景泉、邵云瑞:《毛泽东思想概论》,南开大学出版社2004年版。

刘小新:《当代大学生主导价值观研究》,首都师范大学出版社2005
　　年版。

骆郁廷主编:《高校思想政治理论课程论》,武汉大学出版社2006
　　年版。

马福运:《江泽民思想政治教育理论研究》,中共中央党校出版社
　　2009年版。

聂月岩:《邓小平思想政治教育理论与实践研究》,首都师范大学出
　　版社2000年版。

邱伟光、张耀灿:《思想政治教育学原理》,高等教育出版社1999
　　年版。

沈壮海:《兴国之魂:社会主义核心价值体系释讲》,湖北教育出版
　　社2015年版。

宋惠昌:《社会主义核心价值观(专题解读)》,中共中央党校出版社
　　2010年版。

孙正聿：《哲学通论》，辽宁人民出版社1998年版。

天津市社会科学界联合会中共中央编译局马恩室编：《马克思恩格斯学说集要》（下册），天津人民出版社1995年版。

王建成、郭幼茂：《社会主义核心价值观五讲》，江苏教育出版社2012年版。

王蕊：《当代大学生思想政治教育研究》，中国农业科学技术出版社2012年版。

王燕文主编：《社会主义核心价值观研究丛书 总论》，江苏人民出版社2015年版。

王永坚、张丽华、千舒：《领导干部讲党课》，红旗出版社2014年版。

王玉梁：《理想、信念、信仰与价值观》，陕西人民出版社2001年版。

吴辉、袁为海：《核心价值与共性要求》，陕西师范大学出版总社有限公司2014年版。

吴新文：《社会主义核心价值观》，重庆出版社2009年版。

辛世俊、腾世宗：《邓小平人学思想》，大象出版社1999年版。

严中华、蔡美德、彭文晋：《大学生自我管理技能开发》，华南理工大学出版社2000年版。

叶宝生：《小学科学教育的理论和方法》，首都师范大学出版社2012年版。

袁贵仁：《价值学引论》，北京师范大学出版社1991年版。

张慧欣、靳玉军、周琪主编：《思想政治教育学原理》，西南师范大学出版社2015年版。

张明、丁祖豪：《论邓小平思想》，山东大学出版社1989年版。

张世欣：《思想政治教育接受规律论》，生活·读书·新知三联书店2005年版。

张耀灿：《思想政治教育学前沿》，人民出版社2006年版。

郑少鹏：《基于转型期价值观转变的中国建筑创作研究》，中国建筑工业出版社 2009 年版。

中共中央文献研究室：《毛泽东邓小平江泽民论世界观人生观价值观》，人民出版社 1997 年版。

中共中央文献研究室：《习近平总书记重要讲话文章选编》，中央文献出版社 2016 年版。

中央编译局编译：《费尔巴哈》，人民出版社 1988 年版。

中央编译局编译：《共产党宣言》，人民出版社 1992 年版。

周方遒：《大学生思想政治教育理论与实践研究》，辽宁大学出版社 2009 年版。

二　期刊论文

蔡伟：《论斯大林的思想文化模式》，《当代世界社会主义问题》1994 年第 4 期。

陈静、周丽：《社会主义核心价值观基本内涵探要》，《马克思主义研究》2007 年第 6 期。

陈俊：《社会主义核心价值观融入〈毛泽东思想和中国特色社会主义理论体系概论〉课教学的思考》，《佳木斯大学学报》2014 年第 6 期。

陈孟：《笃行：习近平讲话用典与新时代实践观》，《北方论丛》2019 年第 1 期。

陈先达：《论马克思主义哲学创新之路》，《哲学动态》2014 年第 1 期。

陈志鸿：《以人为本——高校思想政治教育的核心理念》，《北京理工大学学报》（社会科学版）2008 年第 1 期。

代武社：《关于加强高职院校社会主义核心价值观培育的几点思考》，《学校党建与思想教育》2018 年第 2 期。

戴木才、田海舰：《论社会主义核心价值体系与核心价值观》，《中国党政干部论坛》2007 年第 2 期。

管向群：《"三个代表"重要思想关于大学生思想政治教育创新理论

述要》，《江苏广播电视大学学报》2005 年第 12 期。

郭健宁：《论坚持文化主体性与增强价值观自信》，《中国特色社会主义研究》2014 年第 12 期。

郭永胜：《勃列日涅夫时代苏联意识形态僵化与持不同政见者运动》，《内蒙古师范大学学报》2006 年第 1 期。

韩振亮：《对苏东剧变原因和历史教训的再认识》，《宁波大学学报》（人文科学版）2002 年第 1 期。

李蓉：《网络时代加强大学生思想政治教育新探》，《学校党建与思想政治教育》2007 年第 1 期。

李思聪：《社会主义核心价值观融入高校思想政治教育的长效机制》，《亚太教育》2006 年第 6 期。

马岩：《意识形态与苏联解体》，《马克思主义研究》1997 年第 3 期。

盛春辉：《从价值观形成的规律看价值观教育》，《求索》2003 年第 4 期。

宋天征：《社会主义核心价值观与核心价值体系的比较分析》，《福建论坛》（社科教育）2009 年第 2 期。

吴翠丽：《以社会主义核心价值观对虚拟社群价值引领的路径探讨》，《南京社会科学》2018 年第 1 期。

谢晓娟：《大众文化影响下的大学生价值观教育》，《教学与研究》2012 年第 1 期。

徐洁、周全、伍晓雄：《关于加强高校校园文化建设与管理的思考》，《黑龙江教育学院学报》2010 年第 4 期。

张雷声：《试论思想政治理论课教师的素质构成》，《思想理论教育导刊》2006 年第 2 期。

张利华：《试论社会主义核心价值体系的结构和内涵》，《中国特色社会主义研究》2007 年第 4 期。

张明志：《高校校园文化建设的要义与方略》，《黑龙江高教研究》2009 年第 8 期。

张然:《社会主义核心价值观如何融入创新实践》,《人民论坛》2018
    第 3 期。

张中飞:《增强马克思主义基本原理概论教学实效性的思考》,《科教
    文汇(下旬刊)》2008 年第 12 期。

赵国栋、武琪:《社会主义核心价值观进校园的困境与反思》,《教学
    与管理》2018 第 3 期。

钟澳、戴钢书:《以中华传统文化三大要素涵养社会主义核心价值观
    建设》,《毛泽东思想研究》2018 年第 1 期。

三 学位论文

包海涛:《构建高校网络思想政治教育机制研究》,硕士论文,信阳
    师范学院,2013 年。

陈垠亭:《教育现代化进程中学校德育体系问题研究》,博士论文,
    郑州大学,2014 年。

高地:《中国共产党核心价值观教育研究》,博士论文,东北师范大
    学,2011 年。

江佳玉:《大学生社会主义核心价值观教育研究》,硕士论文,北京
    交通大学,2016 年。

林海燕:《马克思自由观及其当代价值研究》,博士论文,华侨大学,
    2011 年。

刘明海:《大学生社会主义核心价值观教育生活化研究》,硕士论文,
    淮北师范大学,2017 年。

孙建青:《当代中国大学生社会主义核心价值观教育研究》,博士论
    文,山东大学,2013 年。

王烨:《大学生社会主义核心价值观的认同研究》,硕士论文,南京
    师范大学,2014 年。

王中丽:《当代大学生社会主义核心价值观教育研究》,硕士论文,
    陕西师范大学,2014 年。

夏泽宏:《马克思恩格斯文明思想研究》,博士论文,武汉大学,

2013 年。

余佳:《网络环境下大学生社会主义核心价值观教育研究》,硕士论文,山东师范大学,2016 年。

周双双:《高校社会主义核心价值观教育中大学生主体性研究》,硕士论文,西南大学,2016 年。

四 报纸

何志旭:《传承红色 基因 强化立德树人》,《贵州日报》2018 年 11 月 27 日。

刘建国:《高校领导干部要带头讲好思政课》,《贵州日报》2019 年 7 月 24 日。

马龙闪:《以科学社会主义观认识苏共意识形态的消亡》,《学习时报》2010 年 4 月 8 日。

施剑松:《把中国精神种在心里——北京高校培育和践行社会主义核心价值观纪实》,《中国教育报》2014 年 12 月 13 日。

田宗远:《"入耳、入脑、入心"扎实推进"三进"工作的实践探索》《贵州日报》,2019 年 9 月 18 日。

涂成林:《社会主义核心价值观的培育路径》,《光明日报》2012 年 11 月 17 日。

习近平:《在纪念孔子 2565 周年诞辰国际学术研讨会暨国际儒学联合会第五届会员大会开幕会上的讲话》,《光明日报》2014 年 9 月 24 日。

中共中央办公厅:《关于培育和践行社会主义核心价值观的意见》,《人民日报》2013 年 12 月 24 日。

中共中央国务院:《关于加强和改进新形势下高校思想政治工作的意见》,《人民日报》2017 年 2 月 28 日。

中共中央国务院:《关于进一步加强和改进大学生思想政治教育的意见》,《人民日报》2004 年 10 月 15 日。

中共中央国务院:《加强和改进新形势下高校宣传思想工作》,《人民日报》2015 年 1 月 20 日。

五　网页

教育部：《关于深化本科教育教学改革全面提高人才培养质量的意见》，教育部门户网站，2019 年 10 月 8 日。

习近平：《在学校思想政治理论课教师座谈会上的讲话》，新华网，2019 年 3 月 18 日。

习近平：《在纪念马克思诞辰 200 周年大会上的讲话》，新华网，2018 年 5 月 4 日。

中共教育部党组共青团中央：《关于在各级各类学校推动培育和践行社会主义核心价值观长效机制建设的意见》，教育部门户网站，2014 年 10 月 17 日。

严书翰：《社会主义核心价值观是实现民族复兴中国梦的强大精神力量》，人民网，2014 年 1 月 20 日。

附录 2016 年高校大学生思想政治教育状况调查问卷

您好！我是遵义医学院的一名教师，现从事思想政治教育教学与科研工作。为更好地培育和践行社会主义核心价值观，促进大学生思想政治教育与社会主义核心价值观的有机融合，现对当前大学生思想政治状况和社会主义核心价值观践行情况进行调查研究，以期提出可行的意见和建议。调查问卷中所涉及的个人隐私都会为您保密，请您放心作答。谢谢您的合作配合！

注：如无特别说明，请您在题后的【　　】内填写选择的序号。

1. 您的性别是【　】

（1）男 　　　　　　　　　（2）女

2. 您的年龄是_____周岁

3. 您的民族是_____族

4. 您现在是【　】

（1）专科生 　　　　　　　（2）本科生

（3）硕士研究生 　　　　　（4）博士研究生

5. 您的年级是【　】

（1）一年级 　　　　　　　（2）二年级

（3）三年级 　　　　　　　（4）毕业班

（5）其他年级

6. 您的专业所属学科门类是【　】

（1）哲学 　　　　　　　　（2）经济学

（3）法学　　　　　　　　（4）教育学

（5）文学　　　　　　　　（6）历史学

（7）理学　　　　　　　　（8）工学

（9）农学　　　　　　　　（10）医学

（11）军事学　　　　　　（12）管理学

（13）艺术学

7. 您入学前的户籍在【　　　】

（1）城镇　　　　　　　　（2）农村

8. 您的政治面貌是【　　　】

（1）中共党员（含中共预备党员）　　　（2）共青团员

（3）民主党派成员　　　　　　　　（4）群众

9. 以习近平同志为核心的新一届中央领导集体自开始工作以来，给您留下的深刻印象是：（可多选，请在所选择的项目序号上打"√"）

（1）亲民　　　　　　　　（2）自信

（3）实干　　　　　　　　（4）坚定

（5）务实　　　　　　　　（6）稳重

（7）清醒　　　　　　　　（8）其他（　　　）

10. 对下列观点，您的态度是（请在选项相应的空格内打"√"）

	①非常赞同	②比较赞同	③说不清楚	④不太赞同	⑤很不赞同
（1）必须坚持马克思主义在我国意识形态领域的指导地位，不能搞指导思想多元化。					
（2）我国必须坚持走中国特色社会主义道路，不能搞民主社会主义和资本主义，既不走封闭僵化的老路，也不走改旗易帜的邪路。					
（3）我国的市场经济体制还有待于进一步完善。					

续表

	① 非常 赞同	② 比较 赞同	③ 说不 清楚	④ 不太 赞同	⑤ 很不 赞同
（4）中国共产党是中国特色社会主义事业的领导核心。					
（5）中国共产党有能力把自身建设搞好。					
（6）增强各族人民对祖国的认同、对中华民族的认同、对中国特色社会主义道路的认同是巩固各族人民共同团结奋斗、共同繁荣发展思想基础的重要内容。					
（7）社会主义核心价值观是兴国之魂，决定着中国特色社会主义发展方向。					
（8）党的一系列方针政策是我们取得成功的可靠保证。					
（9）人民民主是社会主义的生命，党内民主是党的生命。					
（10）对马克思主义的信仰，对社会主义和共产主义的信念，是共产党人的政治灵魂，是共产党人经受住任何考验的精神支柱。					

11. 您认为当前影响我国社会稳定的最主要因素是（　　　　）（限选3项）

（1）群体性冲突事件

（2）敌对势力的意识形态渗透

（3）腐败问题

（4）看病难问题

（5）地方黑恶势力

（6）诚信缺失问题

（7）物价上涨过快

（8）就业难，无业、失业人口多

（9）暴力犯罪和团伙犯罪

（10）区域发展不平衡，个人收入差距扩大

（11）民族分裂势力、宗教极端势力

（12）其他（请填写）＿＿＿＿＿＿＿＿＿

12．您对当前大学生在以下一些方面表现的评价（请在选项相应的空格内打"√"）

	① 非常强（好）	② 比较强（好）	③ 一般	④ 比较弱（差）	⑤ 非常弱（差）
（1）爱国热情					
（2）民族意识					
（3）理想信念					
（4）奉献精神					
（5）社会责任感					
（6）维权意识					
（7）团队合作精神					
（8）诚信意识					
（9）功利主义意识					
（10）人际交往能力					
（11）吃苦耐劳精神					
（12）创新精神					
（13）实践能力					
（14）法制和纪律观念					
（15）心理素质					
（16）道德修养					

在上表的各项中，您认为哪几项素质对自己的成长尤为重要（　　　）（限选 3 项）

13．对于以下说法，您的态度是（请在选项相应的空格内打"√"）

	①非常赞同	②比较赞同	③说不清楚	④不太赞同	⑤很不赞同
（1）诚信是做人之本。					
（2）人民，只有人民才是历史的真正创造者。					
（3）每个人的幸福要通过自己的奋斗才能获得。					
（4）国家的繁荣、社会的发展离不开个人，个人的发展也离不开国家和社会。					
（5）人生的价值在于奉献。					
（6）大学生应成为社会主义核心价值观的积极弘扬者和践行者。					
（7）理想是灯塔，没有远大的理想，很难成就一番事业。					
（8）爱国、敬业、诚信、友善是每一个公民必须遵循的价值准则。					
（9）对一切违反党纪国法的行为，都必须严惩不贷，决不能手软。					
（10）大学生要积极投身于当前中国特色社会主义伟大事业中。					

14. 对下述现象在校园中的存在程度，您的看法是（请在选项相应的空格内打"√"）

	①非常普遍	②比较普遍	③不普遍	④个别现象	⑤不存在
（1）考试作弊					
（2）铺张浪费					
（3）沉迷网络游戏					

续表

	① 非常 普遍	② 比较 普遍	③ 不普遍	④ 个别 现象	⑤ 不存在
（4）学习态度不端正、学习无目标					
（5）不尊重老师					
（6）逃课，上课迟到，上课期间做与课程无关的事情，如发短信、看视频、吃东西等					
（7）攀比之风					
（8）功利主义、个人主义					
（9）不注意锻炼身体					
（10）在课桌、墙壁等地方的"乱涂鸦"					

15. 您是否参加过志愿服务活动【　　　】

（1）经常参加　　　　　　（2）偶尔参加

（3）从不参加　　　　　　（4）没有机会参加

您认为参加志愿服务活动最主要的目的是【　　　】（单选）

（1）拓宽视野　　　　　　（2）增长才干

（3）磨炼意志　　　　　　（4）服务社会

（5）了解社会　　　　　　（6）提高交际能力

（7）实现人生价值　　　　（8）其他（请填写）

16. 您认为现在大学生积极要求入党的最主要动机是【　　　】

（单选）

如果您是学生党员或入党积极分子，那么您入党的最主要动机是

【　　　】（单选）

（1）追求理想和信念　　　（2）寻求政治荣誉感

（3）谋求仕途发展　　　　（4）增强就业竞争力

（5）对党的执政地位和执政理念有信心

（6）其他（请填写）＿＿＿＿＿＿＿

17. 如果您尚未加入中国共产党，您有入党的愿望吗【   】

（1）有   （2）没有   （3）还没想好

如果您选择（1），请跳过。

如果选择（2）、（3），那么您最主要是基于什么考虑【   】（单选）

（1）身边党员干部先进性不明显，部分党员干部腐败

（2）对党的奋斗目标和中国特色社会主义事业信心不足

（3）对自身发展意义不大   （4）与自身的信仰冲突

（5）觉得自己不需要任何信仰   （6）对政治不感兴趣

（7）其他（请填写）_____

18. 您觉得学校最应加强对学生哪方面的培养【   】（单选）

（1）思想道德素质   （2）社会责任感

（3）学习、科研能力   （4）实践能力

（5）心理调适能力   （6）创新、创业能力

（7）人际交往能力   （8）组织领导能力

（9）团队协作能力   （10）国际视野

（11）其他（请填写）_____

19. 您对本校下列工作的总体评价是（请在选项相应的空格内打"√"）

	① 非常满意	② 比较满意	③ 一般	④ 不太满意	⑤ 很不满意
（1）专业和课程设置					
（2）教材与教学内容					
（3）教学设施					
（4）思想政治理论课教学					
（5）辅导员工作					
（6）党团组织建设和作用发挥					

续表

	① 非常 满意	② 比较 满意	③ 一 般	④ 不太 满意	⑤ 很不 满意
（7）大学生学术科技创新活动					
（8）大学生社团活动					
（9）大学生社会实践活动					
（10）家庭经济困难学生资助工作					
（11）心理健康教育与咨询服务					
（12）就业指导与服务					
（13）校园网络建设与管理					
（14）校风学风建设					

20. 您如果对学校的工作有意见需要反映，您首先会选择 【 　 】
（单选）

（1）向辅导员、班主任或导师反映

（2）通过 BBS、微博等网络平台发帖

（3）给校长、书记信箱写信

（4）找学校相关部门或学生会反映

（5）与媒体联系

（6）向任课教师反映

（7）向同学或家长倾诉

（8）其他（请填写）＿＿＿＿＿

21. 您认为辅导员在您学习生活中所起的作用 【 　 　 】

（1）很大　　　　（2）比较大　　　　（3）一般

（4）较小　　　　（5）没有作用

22. 您认为辅导员最应具备的素质是 【 　 　 　 】（限选 3 项）

（1）品德高尚　　（2）作风正派　　（3）学养深厚

（4）阅历丰富　　（5）关爱学生　　（6）善于沟通

（7）甘于奉献　　（8）亲和力强

（9）其他（请填写）_____

23. 为了更好地帮助大学生就业，您认为学校最应该做什么【　】（单选）

（1）加强就业指导，开拓就业市场，提供就业信息与服务

（2）开展创业教育，提供创业支持

（3）适应市场需求，调整专业设置，更新教学内容

（4）提高教学质量，强化实践环节，提升就业能力

（5）其他（请填写）_____

24. 您毕业后最愿意到哪种类型的用人单位就业【　　】

（1）政府部门　　　（2）事业单位　　　（3）国有企业

（4）民营企业　　　（5）外资企业　　　（6）自主创业

（7）其他（请填写）_____

25. 您是否信仰宗教【　　】

（1）是　　　　　（2）否

若选择"是"，您信仰的宗教是【　　】

①佛教　　　　　②道教　　　　　③伊斯兰教

④天主教　　　　⑤基督教（新教）　⑥其他（请填写）____

26. 您在大学期间最大的压力来自【　　】（单选）

（1）学习科研问题　　　　　（2）经济压力

（3）人际关系问题　　　　　（4）就业和发展前景问题

（5）情感问题　　　　　　　（6）家庭问题

（7）自身适应问题　　　　　（8）身体健康问题

（9）其他（请填写）_____

27. 当您感到自己有心理压力时，您最倾向于选择下列哪种方式应对【　】（单选）

（1）自己查询相关知识

（2）向学校心理咨询中心求助

（3）向校外专业人士、专业机构求助

（4）向辅导员求助

（5）向亲戚、朋友、同学倾诉

（6）参加文体活动

（7）通过吸烟、喝酒、暴饮暴食、购物等来发泄

（8）闷在心里，自己忍受

（9）通过网络倾诉

（10）向专业课教师求助

（11）其他（请填写）＿＿＿＿＿＿＿

28. 您通过网络主要进行的活动是【　　　　】（限选三项）

（1）了解新闻　　　　　　（2）参与网上讨论

（3）搜索信息、查阅资料（4）聊天或交友

（5）玩游戏　　　　　　　（6）观看影视作品

（7）收发邮件　　　　　　（8）进行电子商务活动

（9）撰写个人博客、微博（10）下载课件资料、提交作业

（11）其他（请填写）＿＿＿＿＿＿＿

29. 您是否使用微博【　　　】

（1）是　　　　　　　　　（2）否

如果选择（2），请跳过。

如果选择（1），您登录微博主要是做什么【　　　　】（可多选）

（1）发表自己的观点或更新状态

（2）浏览动态、了解信息

（3）提出问题，希望获得更多人的建议

（4）其他（请填写）＿＿＿＿＿＿＿

30. 您明确自己的价值观吗【　　　】

A. 明确　　　　　B. 不明确　　　　　C. 不清楚

31. 您认为以下何种因素对自己价值观形成的影响最大【　　　】

A. 学校教育　　B. 家庭教育　　C. 媒体信息　　D. 朋友圈子

32. 您了解的社会主义核心价值观的内容有哪些【　　　　】（多选）

A. 富强、民主、文明、和谐

B. 自由、平等、公正、法治

C. 爱国、敬业、诚信、友善

33. 您认为自己是否已经树立了社会主义核心价值观【　　】

　　A. 已经树立　　　　B. 还未树立　　　C. 我树立的是其他价值观

34. 您认为身边的同学是否以社会主义核心价值观来指导自己的言行【　　】

　　A. 是　　　　　　　B. 没注意　　　C. 不是

35. 您认为学校开展的哪类活动对大学生核心价值观的形成影响最大【　　】（多选）

　　A. 马克思主义理论课和思想政治教育课

　　B. 校园文化活动

　　C. 讲座

　　D. 志愿者活动

　　E. 其他

36. 您更愿意通过哪种途径来学习社会主义核心价值观【　　　】（限选 2 项）

　　A. 电视广播等大众传媒　　　　B. 学校教育

　　C. 家庭教育　　　　　　　　　D. 社区宣传教育

　　E. 志愿者活动

37. 您认为以下哪种途径更有利于宣传社会主义核心价值观【　　　】（多选）

　　A. 评选道德模范　　　　　　　B. 媒体宣传

　　C. 文艺演出　　　　　　　　　D. 志愿者活动

　　E. 社区活动　　　　　　　　　F. 其他

38. 您认为当前开展的社会主义核心价值观培育活动【　　　】

　　A. 形式单一，内容空洞

　　B. 教育与实践两张皮，缺乏有效的联系

　　C. 宣教活动富有实效，有助于树立正确的理念和信念

39. 您认为应该怎样做才能更好地把社会主义核心价值观融入大学生的学习、生活中？

【　　】（多选题）

A. 搞好课堂教学，加大思想政治课改革力度

B. 积极开展志愿者服务活动等社会实践

C. 在校园文化建设中体现社会主义核心价值观

D. 在非思政课教学中渗透社会主义核心价值观

40. 你认为怎样才能更好地将"社会主义核心价值观融入大学生思想政治教育"，请提出您宝贵的建议？

后 记

　　《社会主义核心价值观融入大学生思想政治教育研究》系贵州省 2014 年度社科规划课题一般项目结项成果，该成果于 2016 年 4 月结题，结题时成果字数仅有十多万字，在结题后的几年时间里，本人及课题组成员结合自己教学阅历的增多和研究视域的不断拓宽，对成果有了更加深入地研究，对既有成果不断修改完善。2019 年该成果获贵州省第四届教育科学研究优秀成果奖二等奖。

　　现在呈现在读者面前的这部拙作，还存在诸多需要深入探究的地方，诸如第五章社会主义核心价值观融入大学生思想政治教育的实践路径中"以社会主义核心价值观为主旨加强高校思想政治理论课课堂建设"部分，笔者一直打算把社会主义核心价值观如何有效融入高校思想政治理论课五门课程（中国近现代史纲要概论、马克思主义基本原理概论、思想道德修养与法律基础、毛泽东思想与中国特色社会主义理论体系概论、形势与政策），并结合五门课程的特色专门做一探究，但是由于承担了研究生、本科生的大量教学任务、科研任务以及教研室工作等原因，笔者没有更多时间完成这一专门研究。

　　在笔者看来，社会主义核心价值观融入大学生思想政治教育研究还有许多尚需深入研究的领域和突破的地方。在以后的时间里，笔者将不遗余力地将研究继续推向纵深发展，力争多出高质量成果。本书即将出版，笔者感到非常欣慰。本书凝聚着笔者近 6 年时间对该研究的艰辛探索和辛勤付出。在此，非常感谢遵义医科大学学校党委历来对学术著作出版的高度重视和大力支持，学校科技处专门拟定了"遵义医科大学优秀学术著作出版资助项目"文件，正是得益于该项目的资助，解决了绝大部分出版资金的困扰。同时，还要感谢马克思主义学院谷松岭院长对专著出版的支持。另外，还要感谢学校科技处李晓飞处长、李晓副处长和唐亮老师对专著出版的支持。

本书出版之前，中国社会科学出版社的田文编辑对书稿尤其是对引文进行了多次认真校对，在此深表感激。同时也对出版社的其他工作人员表示谢意。我深知，没有大家的辛勤付出，就不会有本书的顺利出版。

在此，特别感谢北京大学孙熙国教授多年以来对我工作上的关心与鼓励，得知本书即将出版，孙熙国教授在百忙之中欣然应允为本书作序，对本书的学术价值和现实意义予以肯定，此乃对我最大的鼓励。

同时，还要特别感谢爱人王纪鹏，作为课题组成员，他承担了课题和书稿部分内容的研究，无论之前课题研究还是结题之后书稿的修改与完善都给予了很大的帮助。

另外，本书是在借鉴了学界同仁已有研究成果的基础上完成的，在此，向各位同仁表示最真诚的谢意。同时，引用的地方绝大部分已经标注，如有疏漏，还请各位同仁海涵。但是对于学术研究来说，由于笔者研究能力、理论水平、写作功底有限，书中难免存在缺憾与不足，所以衷心地希望各位同仁给予批评指正，笔者将不胜感激。

邢瑞娟

2020 年 11 月 22 日